Interlignes

Cycle 3 - CE2

Étude de la langue

Sous la direction de :

Catherine Castera
Agrégée de lettres modernes,
professeur d'IUFM

Marielle Gastellier
Certifiée de lettres modernes,
formateur en IUFM

Isabelle Verkindre-Ripard
PEMF, formateur en IUFM

Explorer, manipuler, construire

- Grammaire
- Conjugaison
- Orthographe
- Vocabulaire

éditions sed

CRÉDITS ICONOGRAPHIQUES

p. 33 : © Durand Florence / SIPA – **p. 49** : © DR – **p. 43** : © DR – **p. 75** : **a)** © Medialp / SDP ; **b)** © G. Martin-Raget / HOA-QUI – **p. 122** : *Le Balcon*, Édouard Manet, © Musée d'Orsay – **p. 128** : *L'été*, Arcimboldo, Photo RMN / © Jean Gilles Berizzi – **p. 151** : **a)** © Prevot Isabelle / SUNSET ; **b)** © Atkinson Katie / OSF/BIOSPHOTO ; **c)** © Juniors Bildarchiv / SUNSET ; **d)** © Horizon / SUNSET – **p. 163** : **a)** © Bringard Denis / SUNSET ; **b)** © Bringard Denis / SUNSET – **p. 172** : **a)** © Poupinet Étienne / SUNSET ; **b)** © Conte Henri / SUNSET ; **c)** © Bringard Denis / SUNSET ; **d)** © Durand Philippe / SUNSET – **p. 175** : **a)** © Le Robert junior 2007 ; **b)** © Le Robert junior 2007.

Illustrations : Marc Goubier.

© Éditions Sed, 2008
2, rue Chappe – 78130 Les Mureaux
Tél. : 01 34 92 78 78 – Fax : 01 34 92 82 50
Site internet : www.editions-sed.fr

ISBN : 978-2-35247-067-0
Réf. : 44400

Tous droits de traduction, de reproduction et d'adaptation réservés pour tous les pays.

Avant-propos

Les nouveaux programmes et le socle commun réaffirment l'importance de la maîtrise de la langue afin que chaque élève puisse *accéder à tous les domaines du savoir* et *acquérir toutes les compétences*.

L'étude de la langue est à ce titre présentée comme le domaine privilégié qui vise à construire *une pensée précise ainsi qu'un raisonnement rigoureux*. Ce n'est qu'à cette condition que l'élève pourra, après s'être exercé lors de séances spécifiques, *lire, comprendre et écrire des textes dans différents contextes*.

Pour atteindre ces objectifs, différents axes ont été privilégiés dans cet ouvrage :
- la mise en place d'une réelle situation d'apprentissage, qui permette à l'élève d'observer et d'analyser des éléments linguistiques pour construire la notion abordée. L'élève peut ainsi mobiliser différentes ressources : représentations, savoirs antérieurs et stratégies, tant à l'oral qu'à l'écrit ;
- des exercices d'entraînement variés et nombreux, conçus sous la forme de parcours différenciés après une évaluation formative ;
- un réinvestissement systématique en lecture ou en écriture et dans les différentes disciplines, afin de mettre en évidence les liens avec l'expression, la compréhension et l'activité rédactionnelle ;
- la possibilité d'enrichir le vocabulaire de chaque élève en lui proposant de multiples occasions de découvrir et d'utiliser de nouveaux mots. Une mise en pratique régulière dans chaque chapitre est complétée et approfondie par des pages spécifiques présentant des champs lexicaux en relation avec les différents domaines disciplinaires. Il s'agit ainsi d'aider l'élève à se repérer dans le monde et à pouvoir le nommer dans sa diversité ;
- un réinvestissement régulier des notions acquises par la pratique de dictées ciblées et variées.

En outre, les notions retenues sont celles strictement définies par les nouveaux programmes dans les domaines de la grammaire, de l'orthographe et du vocabulaire. Elles suivent une progression logique qui prend en compte les prérequis indispensables, tout en laissant au maître la possibilité d'organiser et programmer les apprentissages au sein de sa classe. Il s'agit avant tout de construire un parcours cohérent et signifiant pour l'élève, qui lui permettra de mieux lire « entre les lignes ».

Les auteurs

Présentation du manuel

ORGANISATION DU MANUEL

Le manuel est organisé en *trois parties principales* : grammaire, orthographe et vocabulaire. Il prend en compte le découpage des contenus d'enseignement définis par les programmes et celui traditionnellement instauré dans les classes. En effet, si les domaines de la grammaire, du vocabulaire et de l'orthographe restent représentés, celui de la conjugaison est désormais intégré au programme de grammaire en tant qu'étude des variations formelles du verbe. C'est pourquoi la partie grammaire se trouve découpée en deux sous-parties distinctes, d'une part l'organisation de la phrase et l'approche des classes et fonctions des mots, d'autre part le verbe (emploi des temps et conjugaisons). La partie orthographe rappelle les principales correspondances grapho-phonologiques et aborde les règles lexicales et grammaticales. La partie vocabulaire, quant à elle, traite des relations sémantiques et morphologiques des mots et de l'utilisation des outils.

Chacun des *quatre domaines* est aisément repérable par un code couleur et par l'initiale du domaine abordé en tête de chapitre : G pour la grammaire, C pour la conjugaison, O pour l'orthographe et V pour le vocabulaire. Pour aborder le verbe, nous avons conservé l'appellation traditionnelle de conjugaison, qui reste celle couramment employée par les enseignants. De plus, le guidage de l'élève est renforcé par la présence pour chaque partie d'un personnage enfant facilement identifiable.

PROGRESSION

Une progression précise, fondée sur le principe du plus simple au plus complexe, articule les contenus de chaque domaine tant sur le *cycle* que sur l'*année* et intègre les propositions officielles de répartition des notions par niveau. Dans un premier temps, l'observation et les classements des faits de langue sont privilégiés pour être précisés, définis et nommés ultérieurement. Ainsi en est-il, par exemple, de l'approche de l'adjectif qualificatif. En CE2, les élèves le manipulent par ajout et suppression à l'intérieur du groupe nominal, puis vont découvrir dans les autres niveaux ses différentes fonctions, à l'intérieur du groupe nominal en tant qu'épithète, et dans le groupe verbal en position d'attribut.

L'organisation logique de chaque domaine peut être suivie par l'enseignant, mais elle ne constitue pas en soi une stricte programmation.

STRUCTURE D'UN CHAPITRE

La structure de chaque chapitre présente les différentes phases d'une situation d'apprentissage qui s'inscrit dans une démarche de découverte et d'analyse. L'élève, par la manipulation d'éléments linguistiques variés, opère des classements, dégage des ressemblances et des différences, repère les régularités de la langue pour mieux en comprendre le fonctionnement.

Petit problème

Un problème initial ou une situation de recherche confronte l'élève à l'*observation* et à l'*analyse* d'un corpus linguistique qui se présente sous différentes formes (observation et/ou comparaison de textes, présentation d'éléments contradictoires, textes à compléter ou à réorganiser, images à légender). Les situations proposées se veulent proches de l'univers personnel, affectif, scolaire de l'élève, afin que ce dernier se sente impliqué, et ce d'autant plus qu'elles lui sont présentées par le personnage référent du domaine concerné.

Coup de pouce

Une aide est apportée dans la résolution du problème. Elle réactive des *connaissances antérieures* ou propose *des procédures*. Le maître, en fonction des besoins de chaque élève, peut décider du moment auquel il fait intervenir cette aide lors de la résolution du problème.

Construisons la règle

Un questionnement précis à partir d'un corpus rigoureusement sélectionné invite l'élève à construire et formuler des *hypothèses* discutées en groupe puis confrontées à *la règle*. Cette dernière permet de formaliser et fixer les connaissances et les capacités sous une forme rédigée, conforme aux prescriptions des programmes.

Jeu oral

Une activité ludique centrée sur *l'oral* invite l'élève à confirmer son nouveau savoir et à le réinvestir par le biais de nouvelles manipulations, en petit groupe ou en classe entière.

Test

Une *évaluation formative* constituée de 5 questions permet à l'élève de se situer et de sélectionner son parcours d'entraînement.

Entraînement

Une série d'*exercices d'application* permet d'assurer la fixation des procédures et des connaissances, selon une progression déterminée du plus simple au plus complexe. En premier lieu, il est proposé à l'élève des exercices d'observation et de reconnaissance, puis des substitutions et enfin des productions écrites ou orales. Ils se présentent sous la forme de deux itinéraires *différenciés* : les objectifs des exercices restent identiques, mais la formulation des consignes peut présenter des variantes ainsi que les aides spécifiques ; de même les phrases ou les textes choisis sont de complexité et de longueur adaptées.

Récréation

Une activité ludique (charade, devinette, rébus, mots fléchés ou croisés...) présente une nouvelle situation de réinvestissement.

As-tu bien compris ?
Une série de 10 questions, scindée en 5 questions/exemples et 5 questions/connaissances portant sur la règle, propose une *évaluation sommative* des connaissances et des capacités acquises.

Autour des textes
Un texte authentique, ou produit par des élèves, accompagné d'un bref questionnement aide l'élève à *mobiliser ses connaissances* et à les *réinvestir* en situation de *compréhension* et/ou d'*écriture*. Il peut ainsi apprendre à résoudre certains problèmes de compréhension face à des textes plus complexes ou spécifiques à une discipline, et approcher des phénomènes de langue portant sur l'ensemble du texte et non sur des phrases isolées. Ainsi, il comprend mieux en quoi l'étude de la langue favorise la compréhension des textes et lui permet d'améliorer son expression.

Règle
Cette rubrique correspond à l'énonciation des *règles* qui régissent la langue française. Sa place *en fin de chapitre* est justifiée par le fait que les élèves, construisant eux-mêmes la règle, ne l'ont pas à portée de regard, mais qu'ils peuvent s'y référer chaque fois que le besoin s'en fait sentir.

Les mots du jour
Des mots sont systématiquement sélectionnés dans chaque chapitre, afin d'*accroître le lexique* des élèves et provoquer leur curiosité, en proposant une *approche variée et structurée* des mots en fonction de l'intérêt qu'ils présentent (étymologie, formation, orthographe, sens). Ils sont signalés par un astérisque.

PAGES OUTILS
Les pages outils répondent à différents objectifs :
– se repérer dans le manuel : sommaire général, présentation de la structure d'un chapitre, pages de sommaire pour chacun des domaines, index des mots du jour ;
– apporter des aides spécifiques : compréhension des consignes, glossaire des termes métalinguistiques, tableau des homophones grammaticaux, liste des mots invariables les plus fréquents, tableaux de conjugaison, tableau des déterminants.

PAGES ANNEXES
Les dictées
Elles visent le *réinvestissement* des règles étudiées et l'*évaluation* des acquis, tant en orthographe lexicale que grammaticale. Chaque texte est conçu à partir des mots de vocabulaire vus dans la leçon correspondant à la notion abordée. Les dictées sont courtes (entre quinze et vingt mots), mais fréquentes et deviendront plus conséquentes sur les autres niveaux du cycle.

La *différenciation* est pensée en termes de longueur de texte sur la partie finale de la dictée, typographiquement repérable en gras. Pour permettre au maître de *varier les situations*, trois types de dictées sont présentées en alternance sur chaque page : l'auto-dictée, la dictée à trous et la dictée préparée.

L'*auto-dictée*, qui demande un effort de mémorisation du texte, comporte le plus souvent des structures de phrase plus simples et un vocabulaire de base.

Le texte de la *dictée préparée* est étudié plusieurs jours à l'avance ; les problèmes posés sont identifiés, ainsi que les mots nouveaux. Le jour de la dictée, aucune aide n'est apportée par le maître.

La *dictée à trous* ou dictée à compléter est présentée dans le manuel avec un code couleur, qui distingue les mots qui seront écrits par les élèves : le maître propose le texte écrit de la dictée en matérialisant les trous ; sous sa dictée, les élèves le complètent.

Il est bien évident que, quel que soit le type de dictée choisi, celles-ci sont toutes préparées au préalable dès lors qu'on les considère comme des situations d'apprentissage.

Les champs lexicaux

Au nombre de cinq, ils visent *l'accroissement du lexique* par la rencontre de mots nouveaux et par leur structuration lors de séances spécifiques où l'élève peut découvrir, mémoriser et utiliser des mots nouveaux ou qu'il emploie approximativement. Les thèmes retenus sont proches de l'univers des élèves (les mots de la maison ou de l'école), mais aussi en lien avec des domaines scolaires (les mots de mon manuel, l'école, les cinq sens ou le temps). Les activités proposées permettent de réinvestir des notions abordées dans les différents chapitres du point de vue de la langue, de comprendre et d'employer les mots dans un contexte particulier, ainsi que de les lier à des aspects historiques et culturels.

FICHIER RESSOURCES

L'enseignant y trouvera :
– **des propositions de programmation** ;
– **des séquences d'apprentissage commentées** : objectifs du maître, compétences des élèves, approche théorique de la notion et choix effectués, déroulement de la séquence, corrigés des exercices et des tests proposés dans le manuel ;
– **des bilans** pour chaque notion ;
– **des outils pour la classe** (étiquettes mots pour les activités de tri lors des situations de recherche et tableau de classement, tests et règles à photocopier, textes des dictées à trous, tableau des sons) ;
– **des tableaux de compétences à photocopier**.

Sommaire

GRAMMAIRE
La phrase, le nom, le verbe

GRAMMAIRE

LA PHRASE

- **G1 Reconnaître la phrase** .... p. 14
  Qu'est-ce qu'une phrase ?
- **G2 Les groupes dans la phrase** .... p. 17
  Comment la phrase est-elle construite ?
- **G3 L'accord sujet-verbe** .... p. 20
  Quels sont les liens entre le sujet et le verbe ?
- **G4 Les types de phrases** .... p. 23
  Des phrases pour quoi faire ?
- **G5 Les formes affirmative et négative** ... p. 26
  Comment transformer les phrases ?

NATURES ET FONCTIONS

- **G6 La nature des mots** .... p. 29
  Comment reconnaître la nature d'un mot ?
- **G7 Les compléments d'objet** .... p. 32
  Pourquoi et comment compléter le verbe ? (1)
- **G8 Les compléments circonstanciels** ... p. 35
  Pourquoi et comment compléter le verbe ? (2)
- **G9 Les constituants du groupe nominal** ... p. 38
  Comment le groupe nominal est-il construit ?
- **G10 Les noms propres et les noms communs** ... p. 41
  Comment reconnaître les différentes catégories de noms ?
- **G11 Les déterminants** .... p. 44
  Comment employer les déterminants ?
- **G12 Les expansions du nom** .... p. 47
  Pourquoi et comment compléter le groupe nominal ?

LA PHRASE

- **G13 La ponctuation** .... p. 50
  La ponctuation pour quoi faire ?
- **G14 Les mots de liaison** .... p. 53
  Comment relier les mots entre eux ?

Dictées .... p. 56

CONJUGAISON

- **C1 Reconnaître le verbe** .... p. 58
  Comment reconnaître le verbe dans la phrase ?
- **C2 Les variations du verbe : les temps** ... p. 61
  Pourquoi le verbe change-t-il de forme ? (1)
- **C3 Les variations du verbe : les personnes** ... p. 64
  Pourquoi le verbe change-t-il de forme ? (2)
- **C4 Les trois groupes** .... p. 67
  Comment classer les verbes ?
- **C5 Le présent du 1er groupe** .... p. 70
  Comment conjuguer les verbes du 1er groupe au présent ?
- **C6 Le présent du 2e groupe** .... p. 73
  Comment conjuguer les verbes du 2e groupe au présent ?
- **C7 Le présent du 3e groupe** .... p. 76
  Comment conjuguer les verbes du 3e groupe au présent ?
- **C8 Le présent de être et avoir** .... p. 79
  Comment conjuguer les verbes être et avoir au présent ?
- **C9 Le futur** .... p. 82
  Comment conjuguer les verbes au futur ?
- **C10 L'imparfait** .... p. 85
  Comment conjuguer les verbes à l'imparfait ?
- **C11 Le passé composé** .... p. 88
  Comment conjuguer les verbes au passé composé ?

Dictées .... p. 91

PAGES OUTILS

Les consignes de ton manuel .... p. 12	Index des mots du jour .... pp. 184-185
Tableau des principaux déterminants .... p. 180	Tableau phonétique des voyelles .... p. 186
Les homophones grammaticaux .... p. 181	Tableau phonétique des consonnes .... p. 187
Les mots que tu dois connaître .... p. 182	Tableaux de conjugaison .... p. 188
Glossaire des termes techniques .... p. 183	

ORTHOGRAPHE
Orthographe grammaticale et lexicale

ORTHOGRAPHE

LES SONS ET LES LETTRES

01 Les correspondances lettres/sons .... p. 94
Comment écrire ce que l'on entend ?
Comment prononcer ce que l'on voit ?

02 Les sons [s] et [z] .... p. 97
Comment écrire les sons [s] et [z] ?

03 Les sons [g] et [ʒ] .... p. 100
Comment écrire les sons [g] et [ʒ] ?

04 Le son [k] .... p. 103
Comment écrire le son [k] ?

05 Les accents sur le -e .... p. 106
Pourquoi met-on des accents sur la lettre -e ?

ORTHOGRAPHE LEXICALE

06 La transformation du -n en -m devant -p, -b et -m .... p. 109
Quand le -n se transforme-t-il en -m ?

07 Chercher l'orthographe d'un mot .... p. 112
Comment chercher l'orthographe d'un mot dans le dictionnaire ?

08 Les homophones lexicaux .... p. 115
Comment écrire les mots qui se prononcent de la même façon ?

ORTHOGRAPHE GRAMMATICALE

09 Le féminin des noms .... p. 118
Comment forme-t-on le féminin des noms ?

010 Le féminin des adjectifs .... p. 121
Comment forme-t-on le féminin des adjectifs ?

011 Le pluriel des noms et des adjectifs .... p. 124
Comment forme-t-on le pluriel des noms et des adjectifs ?

012 Les accords dans le groupe nominal .... p. 127
Comment fait-on les accords dans le groupe nominal ?

Dictées .... p. 130

VOCABULAIRE
Sens et formation des mots

VOCABULAIRE

LE DICTIONNAIRE

V1 L'ordre alphabétique .... p. 132
Comment et pourquoi classer les mots par ordre alphabétique ?

V2 Chercher dans le dictionnaire .... p. 135
Comment chercher un mot dans le dictionnaire ?

LE SENS DES MOTS

V3 Les différents sens d'un mot .... p. 138
Comment trouver le sens d'un mot ?

V4 Noms abstraits et noms concrets .... p. 141
Comment classer les noms ?

V5 Le sens propre et le sens figuré .... p. 144
Quel sens exact donner à un mot ?

LA FORMATION DES MOTS

V6 Les familles de mots .... p. 147
Comment reconnaît-on les mots de la même famille ?

V7 La construction des mots .... p. 150
Comment les mots sont-ils construits ?

V8 Les préfixes .... p. 153
Comment construire des mots nouveaux ? (1)

V9 Les suffixes .... p. 156
Comment construire des mots nouveaux ? (2)

LE SENS DES MOTS

V10 Les synonymes .... p. 159
Comment trouver des mots de sens proche ?

V11 Les contraires .... p. 162
Comment dire le contraire ?

Dictées .... p. 165

CHAMPS LEXICAUX

CL1 Les mots de l'école .... p. 168
CL2 Les mots des cinq sens .... p. 170
CL3 Les mots du temps .... p. 172
CL4 Les mots de la maison .... p. 174
CL5 Les mots de mon manuel .... p. 176
CL6 Comment classer les mots ? .... p. 178

Comment fonctionne ton livre ?

Avec Lucie, Manon, William et Arthus, tu vas approfondir tes connaissances sur la langue pour pouvoir mieux t'exprimer, comprendre les textes et en écrire à ton tour.

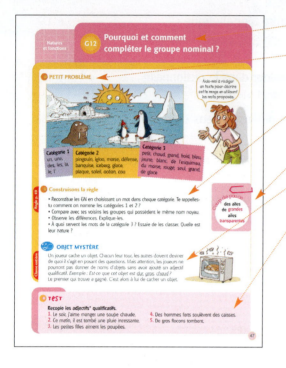

Le titre : ce que tu vas apprendre.

Petit problème : une activité de recherche te permet de découvrir une nouvelle notion.

Construisons la règle : tu manipules la langue et tu essaies de trouver la règle.

Coup de pouce : un indice pour te mettre sur la piste.

Jeu oral : tu commences à t'exercer à l'oral en groupe.

Test : tu t'évalues pour choisir l'itinéraire le mieux adapté.

Entraînement : tu t'exerces à l'écrit, parfois à l'oral.

Récréation : tu joues avec la langue.

As-tu bien compris ? : tu évalues ce que tu as compris et ce que tu sais.

Autour des textes : tu vérifies tes connaissances en lisant et en écrivant des textes en littérature, mais aussi en histoire, en sciences et dans d'autres disciplines.

Les mots du jour : pour comprendre les mots des exercices et pour enrichir ton vocabulaire.

La règle : ce que tu dois retenir.

Chaque enfant, élève de CE2 comme toi, va t'accompagner dans son domaine.

Lucie
pour la phrase,
les natures et les fonctions

Manon
pour le verbe

William
pour l'orthographe

Arthus
pour le vocabulaire

Tu pourras aussi préparer tes **dictées**.

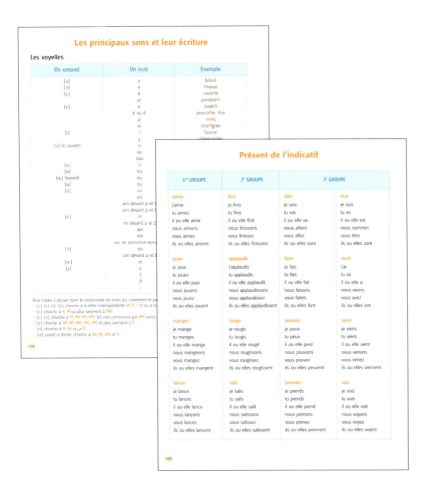

Au début et à la fin de ton manuel,
des pages t'aideront dans tes recherches et tes révisions :
– une aide pour comprendre les consignes ;
– des tableaux de conjugaison ;
– des tableaux des sons ;
– un tableau des déterminants ;
– une liste des mots que tu as appris dans les leçons ;
– une liste des mots que tu dois connaître ;
– des règles d'orthographe.

11

Les consignes de ton manuel

Pour t'aider à mieux comprendre les consignes des exercices et à travailler seul, voici une liste récapitulative des mots employés. Il te suffit de chercher le **verbe** ou le **mot** selon son classement alphabétique.

Ajoute : tu dois écrire sur ton cahier les éléments qui manquent.

Associe : tu dois trouver les deux mots ou groupes de mots qui vont ensemble et les réunir.

Classe : tu dois trouver comment ranger les lettres, les mots ou les phrases proposés.

Classe dans le tableau : tu dois remplir le tableau en mettant les mots dans la colonne qui convient.
Par exemple : classe les mots *arbre, carafe, bateau, arme, balle*, par ordre alphabétique.

a	b	c
arbre, arme	balle, bateau	carafe, clé

Complète : tu dois écrire le ou les mots qui manquent.
Ex. : L'arbre n'a pas de ... . → L'arbre n'a pas de *fruit*.

Compte : tu dois noter sur ton cahier le nombre d'éléments trouvés.

Conclus : tu dois chercher une règle.

Correspondant(e) :
Par exemple : écris les mots dans la colonne *correspondante* signifie *dans la colonne qui convient*.

Décris : tu dois dire ou écrire ce que tu vois sur une image.

Écris : tu dois noter ta réponse sur ton cahier.

Encadre : encadrer

Enrichis : tu dois ajouter des mots dans les phrases ou le texte proposé. Contraire de *réduis*.
Ex. : la ... fille → la *petite* fille.

Entoure : entourer

Intrus : mot qui ne doit pas se trouver à l'endroit où il a été placé.

Invente : tu dois chercher d'autres possibilités.

Justifie : tu dois expliquer pourquoi tu as choisi ta réponse.

Observe : tu dois bien regarder l'image ou le texte proposés.

Recopie : tu dois écrire sur ton cahier le mot, la phrase ou le texte proposés de la même manière.

Reconstitue : tu dois former un mot, une phrase, un texte à partir d'éléments mélangés (lettres, mots, phrases). Par exemple : enfant un sage → un enfant sage.

Récris : tu dois écrire sur ton cahier le mot, la phrase ou le texte proposés en apportant des changements.

Réduis : tu dois enlever des mots dans un groupe pour le rendre plus court. Contraire de *enrichis*.
Ex. : Les petits enfants jouent dans la cour.
→ Les enfants jouent.

Relève : tu dois rechercher des mots et les recopier.

Relie : arbre • • fruit → arbre •——• fruit

Relis : tu dois lire le mot ou le texte une deuxième fois.

Remplace : tu dois mettre un mot à la place d'un autre.
J'aime les *pommes*. → J'aime les *fraises*.
Manon aime le chocolat. → *Elle* aime le chocolat.

Rétablis : tu dois retrouver des éléments qui ont disparu et les écrire sur ton cahier.

Série : suite de mots qui ont des points communs.

Souligne : tu dois tracer un trait avec ta règle *sous* le mot. (souligner)

Supprime : tu dois enlever des éléments.
Ex. : les ~~premières~~ dents.

Transforme : tu dois changer la forme du mot, de la phrase ou du texte proposé, en ajoutant ou en enlevant certains éléments.

Trie : tu dois chercher comment regrouper les lettres, les mots ou les phrases proposés.

GRAMMAIRE

G1. Qu'est-ce qu'une phrase ?........... p. 14

G2. Comment la phrase est-elle construite ?.. p. 17

G3. Quels sont les liens entre le sujet et le verbe ?.................... p. 20

G4. Des phrases pour quoi faire ?....... p. 23

G5. Comment transformer la phrase ?...... p. 26

G6. Comment reconnaître la nature d'un mot ?.................... p. 29

G7. Pourquoi et comment compléter le verbe ? (1).............. p. 32

G8. Pourquoi et comment compléter le verbe ? (2).............. p. 35

G9. Comment le groupe nominal est-il construit ?.................... p. 38

G10. Comment reconnaître les différentes catégories de noms ?................ p. 41

G11. Comment employer les déterminants ?................ p. 44

G12. Pourquoi et comment compléter le groupe nominal ?................ p. 47

G13. La ponctuation pour quoi faire ?...... p. 50

G14. Comment relier les mots entre eux ?.. p. 53

Dictées .... p. 56

La phrase

G1 Qu'est-ce qu'une phrase ?

PETIT PROBLÈME

Lucie Coucou,
tu ? Comment vas-
Je vacances en suis dans maison. une immense
Il très fait chaud.
beaucoup. Tu manques me
Je t'embrasse.
Manon

Mon amie Manon a perdu la tête ! Je ne comprends rien à sa lettre. Peux-tu m'aider à la récrire ?

coup de pouce
1. La fillette
2. joue
3. avec
4. ses amis.

Construisons la règle

Règle p. 16

- Qu'as-tu fait avec les mots ? Pourquoi ?
- Comment as-tu retrouvé le premier mot des phrases ?
- Comment as-tu retrouvé le dernier mot des phrases ?

LA FABRIQUE DE PHRASES

4 joueurs

Chaque joueur prépare deux étiquettes : sur la première, il écrit un mot désignant un objet et, sur la seconde, un mot désignant une action. *Exemple :* chanson   pleure
Ensuite, tous les joueurs placent leurs étiquettes dans une boîte. L'un des joueurs tire quatre mots. *Exemple :* chanson   pleure   enfant   joue
Le premier qui réussit à construire une phrase qui ait du sens, en utilisant le plus de mots possibles, a gagné. *Exemple : L'**enfant** **pleure** en écoutant une **chanson**.*

TEST

Voici cinq phrases : lesquelles sont correctes ?
1. Mon copain dans pleure la rue.
2. mon papa et ma maman vont au restaurant.
3. Chaque jour je regarde la mer
4. Aujourd'hui, les élèves sont sages.
5. Partir et reviens.

Entraînement

G1. Qu'est-ce qu'une phrase ?

Itinéraire A

1. Recopie les étiquettes dans l'ordre pour donner du sens à ces trois phrases.

les 4 œufs Ajouter dans un grand saladier.
la rue. jouent dans Les enfants
est de l'addition. le résultat La somme

2. Compte les phrases du texte.
Le relief de la France est varié. Le Nord et l'Ouest sont des régions de plaines et de plateaux. À l'est et au sud, des montagnes et des vallées se partagent de vastes espaces.

3. Recopie le texte en enlevant les mots en trop.
Ex. : Je suis ~~le~~ en vacances.
Éric a fabriqué un jouet avion en papier. Il le lance déchire par la fenêtre. L'avion plane, puis descend lentement vite dans la rue. Il se pose juste sur la tête d'une dame fleur.
– Vous avez un drôle lapin de chapeau ! dit sa voisine.

4. Recopie en complétant avec le mot qui manque.
l' - que - vu - grosses
L'énorme crocodile arriva à □ endroit où il avait □ de nombreux cocotiers. Il savait □ des enfants y venaient souvent chercher de □ noix de coco.

5. Retrouve les deux phrases du texte suivant et recopie-les en ajoutant la ponctuation*. N'oublie pas les majuscules.
des poneys, il y en a des noirs, des blancs, des café au lait et des tachetés il y en a de tout petits, tout poilus comme les poneys shetlands

6. Complète les groupes avec la bonne proposition pour former une phrase qui ait du sens.
- Papa et maman   jouent dans la cour.
                   font les courses.
- Le directeur   signe des autographes.
                   vérifie les signatures des parents.

7. Recopie les deux phrases en séparant les mots et rétablis la ponctuation.
Ex. : Ilfaittrèschaud. → Il fait très chaud.
Luciea10eurosdanssatirelireetelleveutacheterun jouetà5euroscombienluirestera-t-ilsiellel'achète

Itinéraire B

8. Recopie les étiquettes dans l'ordre pour donner du sens à ces phrases.

s'appelle la jument La femelle le poulain.
du cheval et le petit

de kilomètres parcourus le nombre
en une heure ? Quel est

9. Compte les phrases.
Pour dessiner une carte géographique, on reproduit les contours en premier. Puis, on choisit des symboles et des couleurs adaptés à ce que l'on veut représenter. Enfin, on indique le nom des lieux.

10. Recopie en enlevant les mots en trop.
Le jeu de puces
On peut jouer à 2, 3 ou 4 joueurs bleus.
Il faut un tapis brodé de jeu, un petit récipient et six jetons oreillers par joueur, de couleurs différentes : ce sont les puces.

11. Recopie ce texte en complétant avec le mot qui manque.
Comme Thierry □ content ! Valérie a promis de lui donner un des trois jolis □ de sa chatte grise.
– Lequel veux-□ ?
– Celui qui a l'air d'avoir □ chaussettes et des gants blancs.

12. Recopie ce texte en ajoutant la ponctuation.
le néolithique* est aussi appelé âge de la pierre polie* il débute en 9000 avant J.-C. et se termine en 3000 avant J.-C. à cette époque le climat se réchauffe

13. Complète les groupes soulignés avec la bonne proposition pour former une phrase qui ait du sens.
Les hommes préhistoriques *chassaient et pêchaient.* / *pêchaient les canards.* - La peau des bêtes / La chair des bêtes leur servait pour se protéger du froid.

14. Recopie en séparant les mots et les phrases.
unfleuristeareçu55rosesilpréparedesbouquets de5rosesilvendchaquebouquet7eurosàlafin delajournéeilavendutouslesbouquetscombien d'argenta-t-ilreçu

G1. Qu'est-ce qu'une phrase ?

⚪ As-tu bien compris ?

VRAI ou FAUX ?
1. Les phrases commencent toujours par une majuscule.
2. Les phrases veulent toujours dire quelque chose.
3. L'ordre des mots n'est pas important dans une phrase.
4. Les phrases se terminent toujours par un point.
5. Les phrases ont toujours plusieurs mots.

Est-ce une phrase ?
6. Blag dou sif du ?
7. Ma maison se situe près de la tienne.
8. Jambe ma mamie dort...
9. jus de fruit
10. Chut, ma mamie dort.

récréation

RÉBUS*

Chouette, pas d'école ! Je vais au ski.
(chouette / pas / dé / colle / jeux / v' / haie / eau / ski)

⚪ AUTOUR DES TEXTES

• Observe cette image extraite d'un livre et réponds aux questions par une phrase.
1. Quels éléments remarques-tu sur cette image ?
2. Quelle partie du livre est représentée par cette image ?
3. Combien y a-t-il de personnages sur l'illustration ?
4. Qui sont-ils ?

• À ton tour, choisis une image dans un livre et pose des questions à ton voisin, qui devra répondre par une phrase.

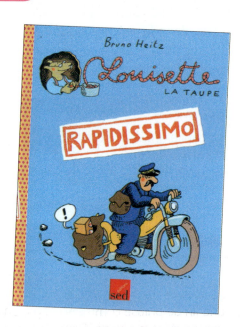

⚪ RECONNAÎTRE LA PHRASE

RÈGLE

• Une phrase se compose de **mots ordonnés** :
Ce matin, Lucie a reçu une lettre.

• Elle a un **sens** :
On peut jouer à 2, 3 ou 4 joueurs.

• Elle commence par une **majuscule** et se termine par un **point**, un **point d'interrogation** ou un **point d'exclamation**.
Il fait très chaud. / Qui sont les personnages ? / Quelle drôle d'image !

⚪ Les mots du jour

• La **ponctuation** : ensemble de signes qui permettent d'indiquer les divisions d'un texte.
• Le **néolithique** : du grec *neo* (nouveau) et *lithos* (pierre). C'est la période préhistorique de la pierre polie.
• **Poli(e)** : adjectif qui a plusieurs sens ; ici : dont la surface est lisse.
• Un **rébus** : mot d'origine latine qui veut dire *chose*. C'est une suite de dessins qui, une fois décodée, révèle une phrase.

La phrase

G2 — Comment la phrase est-elle construite ?

PETIT PROBLÈME

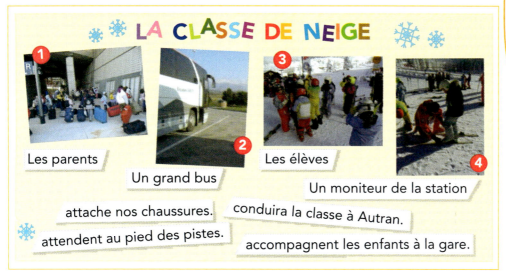

J'ai fait tomber l'affiche sur laquelle j'avais collé les photos de ma classe de neige. Les légendes* des images se sont mélangées. Peux-tu m'aider à les reconstituer* ?

Construisons la règle

- Comment as-tu fait pour reconstituer les phrases ?
- À quoi sert le premier mot de la deuxième partie ? Sais-tu comment on l'appelle ?
- À quoi sert la première partie ? Et la deuxième ?

coup de pouce

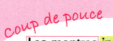
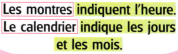

Les montres indiquent l'heure.
Le calendrier indique les jours et les mois.

Règle p. 19

LE CADAVRE EXQUIS*

2 joueurs

En laissant le hasard s'occuper des mots, on peut créer des textes poétiques ou drôles.
Le premier joueur prend une feuille sur laquelle il écrit en secret le début d'une phrase (groupe sujet). Puis, il plie la feuille en accordéon pour cacher ce qu'il a écrit. *Exemple : La maman de Pierre.* Le second joueur écrit une fin de phrase commençant par un verbe. *Exemple : joue dans la rue.* Ensuite, les joueurs déplient le papier pour lire la phrase. *Exemple : La maman de Pierre joue dans la rue.*

TEST

Encadre le groupe sujet avec « C'est … qui ».
Ex. : Le bateau rentre au port.
→ **C'est** le bateau **qui** rentre au port.

1. Le papillon vole autour de la lampe.
   → C'est … qui … .
2. L'air occupe tous les espaces libres.
   → C'est … qui … .
3. Dans le ciel, s'élève l'air chaud.
   → C'est … qui … .
4. Parfois, les déplacements d'air provoquent les vents. → C'est … qui … .
5. Le pilote du planeur* utilise les courants d'air chaud. → C'est … qui … .

Entraînement

G2. Comment la phrase est-elle construite ?

Itinéraire A

1. Associe le groupe sujet (GS) à son groupe verbal (GV) pour former une phrase.

a. La forêt
b. Les enfants
c. Papa et maman
d. Nous

1) allons dormir.
2) sortent ce soir.
3) jouent aux billes.
4) reste silencieuse.

2. Recopie tous les GS.
Ex. : Le bruit envahit la classe. → *le bruit.*
La route est dangereuse en hiver.
Mon frère ne joue plus dans le jardin.
De nombreux oiseaux nichent dans les greniers.

3. Recopie les phrases en encadrant le verbe et en soulignant le sujet.
Ex. : Les plantes |cherchent| *le soleil.*
Les plantes vertes puisent l'eau dans le sol. Sans lumière, elles ne peuvent utiliser cette eau. L'eau et les sels minéraux montent jusqu'aux feuilles.

4. Recopie en complétant les phrases, puis souligne le sujet. *n'obéissent - imposent - construisent*
Au Moyen Âge, les seigneurs □ des châteaux. Ils □ leur autorité. Ils □ plus au roi.

5. Transforme chaque phrase en ajoutant « C'est ... qui » et souligne le sujet.
Ex. : Lucie écrit son journal intime. → *C'est Lucie qui écrit son journal intime.*
Sa tortue est morte. Elle lui a fait une tombe.
Ses parents attendent un bébé. Sa tante Martine rêve de le voir.

Mon Je-me-parle, S. Pernush, © Éditions Sed.

6. Complète les phrases avec le verbe qui convient.
traverse - est - comprends - est
Mon fauteuil □ vide, mais je □ que le fantôme □ là, lui. Je □ ma chambre d'un bond.

7. Reconstitue des phrases en utilisant un GS et un GV. N'oublie pas la ponctuation.

GS :
mon chien
les pilotes
cette robe

GV :
te va très bien
court dans le jardin
roulent très vite

Itinéraire B

8. Associe le groupe sujet (GS) à son groupe verbal (GV).

a. La piscine
b. Les roses et les tulipes
c. Ils
d. Ma mère et moi

1) aimons la poésie.
2) chantent faux.
3) sont des fleurs.
4) reste ouverte.

9. Recopie tous les GS.
Le 11 septembre, le cyclone Ivan s'abattait sur la Jamaïque. Il provoqua des pluies battantes et des vents terribles. Vingt-sept personnes sont mortes.

10. Transforme la phrase en ajoutant « C'est ... qui » pour identifier le sujet. Souligne le sujet.
Ex. : Manon aime les glaces. → *C'est Manon qui aime les glaces.*
Le lapin se nourrit de carottes.
Le cheval galope dans la prairie.
Les chats poursuivent les souris.

11. Recopie les phrases en encadrant le verbe et en soulignant le sujet.
Les citoyens élisent le président. Il est élu pour cinq ans. Le président de la République réside à Paris.

12. Complète les phrases avec le verbe qui convient, et souligne le sujet.
goûteront - s'enferme - s'occupent - aime
Luc et Lucie ne □ pas beaucoup de leurs doudous. Il □ dans sa chambre. - Lili-Lapin □ bien jouer dehors. - Les enfants □ bientôt.

13. Complète les phrases avec un verbe.
Mes parents □ les champignons.
Les enfants □ dans la cour.
La cuisinière □ des gâteaux.

14. Écris des phrases pour décrire cette image.

G2. Comment la phrase est-elle construite ?

As-tu bien compris ?

VRAI ou FAUX ?
1. Le verbe est un mot qui change de forme.
2. Le sujet dirige l'action.
3. Le sujet est toujours au début de la phrase.
4. La phrase se compose d'un GS et d'un GV.
5. Pour trouver le sujet, on change le temps.

Le verbe conjugué est-il encadré, le groupe sujet est-il souligné ?
6. Les conteurs racontent des histoires.
7. Une longue nuit répare la fatigue.
8. Le soir, Lucie aime lire.
9. Après la pluie, l'herbe est mouillée.
10. Loin des rêves, les enfants grandissent.

récréation

CHARADE

Mon premier est un chiffre et un nombre,
mon deuxième mange des carottes,
mon troisième n'est pas long,
mon quatrième est pour la petite souris,
mon cinquième se boit le matin,
mon sixième n'est pas loin,
mon tout est une phrase.

Un lapin court dans les prés.

AUTOUR DES TEXTES

Conversation

(Sur le pas de la porte, avec bonhomie)
Comment ça va sur la terre ?
– Ça va ça va, ça va bien.

Les petits chiens sont-ils prospères ?
– Mon dieu oui merci bien.

Et les nuages ?
– Ça flotte.

Et les volcans ?
– Ça mijote.

Et les fleuves ?
– Ça s'écoule.

Et le temps ?
– Ça se déroule.

Et votre âme ?
– Elle est malade
le printemps était trop vert
elle a mangé trop de salade.

Jean Tardieu, in *Le Fleuve caché*, © Éditions Gallimard.

• **Observe :**
Et les nuages ?
– Ça flotte.
Et les nuages ?
Les nuages flottent.

• Retrouve les noms remplacés par *ça* et *elle*.

• À ton avis, pourquoi l'auteur a-t-il utilisé ces deux mots ?

LES GROUPES DANS LA PHRASE

• La **phrase verbale** est constituée de **deux groupes obligatoires** : un **groupe sujet (GS)** et un **groupe verbal (GV)**. En général, le GS est placé avant le GV :

Les élèves se retrouvent à la gare de Lille.
groupe sujet (GS) ↗ groupe verbal (GV)

• Le **groupe de mots qui peut être encadré par « C'est ... qui »** est le **groupe sujet du verbe** :
***C'est** un client bizarre **qui** entre dans la librairie.*

RÈGLE

Les mots du jour

• Les **légendes** : phrases qui commentent des images.
• **Reconstituer** : *re* montre que l'action se répète ; il s'agit de redonner la forme originale.
• **Exquis** : (adj.) délicieux.
• **Un planeur** : avion sans moteur qui se déplace en planant.

La phrase

G3 — Quels sont les liens entre le sujet et le verbe ?

PETIT PROBLÈME

Un client bizarre entre dans la librairie. Il paraît vraiment curieux.
Il flotte à dix centimètres du sol. Il saisit un petit bouquin. Il écarte les pages, plante une paille au milieu des mots et aspire.

Le Buveur d'encre, D. Sanvoisin, © Éditions Nathan.

Des clients bizarres entrent dans la librairie.
Ils paraissent vraiment curieux. Ils flottent à dix centimètres du sol. Ils saisissent un petit bouquin. Ils écartent les pages, plantent une paille au milieu des mots et aspirent.

D'après *Le Buveur d'encre*, D. Sanvoisin, © Éditions Nathan.

Je dois comparer ces deux textes. Peux-tu m'aider à trouver ce qu'ils ont de différent ?

Construisons la règle

- Dans chaque phrase, et pour chaque texte, retrouve le verbe et le groupe sujet (GS).
- Quelles sont les différences entre les verbes du premier et du second texte ?
- Qu'en conclus-tu ?

Règle p. 22

Coup de pouce
Les enfants jou**ent**.
Ils jou**ent** bien.
Un enfant jou**e**.
Il jou**e** bien.

QUI EST-CE QUI ?

2 joueurs

Un joueur pose une question à son voisin sur le modèle suivant :
Exemple : Qui est-ce qui sort de la cheminée ? (*Sort est le verbe.*)
Son voisin doit alors répondre à la question. *Exemple : le père Noël.* (*Le père Noël est le groupe sujet.*)
Il doit ensuite identifier* le verbe et le premier joueur, le sujet du verbe. Puis, les joueurs échangent les rôles. On marque un point par réponse juste. Celui qui a le plus de points a gagné.

TEST

Relève le GS.
1. Le Soleil se lève à l'est.
2. La nuit, les étoiles brillent.
3. Notre planète s'appelle la Terre.
4. Parfois, le soir, tu peux voir des étoiles filantes.
5. La Terre appartient au système solaire*.

Entraînement

G3. Quels sont les liens entre le sujet et le verbe ?

Itinéraire A

1. Recopie les phrases en séparant les deux groupes : souligne le groupe nominal sujet (GNS) et encadre le groupe verbal (GV).
Ex. : <u>Marie</u> vivait dans la savane .
Les plantes vertes puisent l'eau dans le sol.
Sans lumière, elles ne peuvent utiliser cette eau.
Elles fabriquent leurs aliments.

2. Recopie les phrases en soulignant le GNS et en encadrant le verbe.
Ex. : <u>Ses yeux</u> étaient bleus.
L'éléphant d'Afrique est un des plus gros mammifères. La puce peut peser un gramme. La souris mesure quelques centimètres. Certains éléphants dépassent trois mètres de hauteur.

3. Complète les phrases avec le verbe qui convient.
mangent - prépare - adorent
William et Arthus □ les gâteaux. Ils en □ souvent. Le soir, leur mère les □ dans la cuisine.

4. Écris les sujets manquants en utilisant ces mots :
ils, elle, les enfants, la nuit. **Évite les répétitions.**
Ex. : <u>Papa</u> rentre tard le soir. <u>Il</u> travaille beaucoup.
Tous les jours, □ patinaient ensemble. □ se retrouvaient sur le grand lac gelé.
Chaque soir, □ tombait. □ était sombre.

5. Récris chacune des phrases en remplaçant le GNS par un pronom personnel.
Ex. : <u>Les vacances</u> arrivent. → <u>Elles</u> arrivent.
Le soleil brille sur la plage.
Les bateaux rentrent au petit matin.
Maman et Manon vont acheter du poisson.

6. Récris chacune des phrases en remplaçant le pronom personnel sujet par un GNS.
Ex. : <u>Ils</u> s'amusent bien. → <u>Les enfants</u> s'amusent bien.
À la Chandeleur,
elle fait sauter les crêpes.
Derrière la porte, il la guette.
Mais ils sont plus rapides.

Itinéraire B

7. Recopie les phrases en séparant les deux groupes : souligne le groupe nominal sujet (GNS) et encadre le groupe verbal (GV).
Les habitants sont nombreux sur le continent asiatique.
La cité du Vatican est le plus petit État du monde.

8. Recopie les phrases en soulignant le GS et en encadrant le verbe.
François Ier règne de 1515 à 1547. Dès le début de son règne, il remporte la victoire de Marignan. Avec son armée, il livre de nombreuses guerres contre Charles Quint qui domine alors l'Europe. Il entreprend de grandes réformes.

9. Complète les phrases avec le verbe qui convient.
monte - s'envolent - inventent
Les frères Montgolfier □ la montgolfière*. Un mouton □ le premier, puis une poule et un canard. Et des hommes □ aussi l'année suivante.

10. Écris les sujets manquants en évitant les répétitions.
Le chien flaire un gibier. □ s'arrête soudain. □ sort de son terrier. □ vise, tire et le rate. □ range son fusil et appelle son chien.

11. Souligne en bleu les GNS formés d'un seul nom et en vert les GNS formés de plusieurs noms.
L'eau et les sels minéraux montent jusqu'aux feuilles. La plante verte fabrique ses aliments grâce à la lumière. La feuille et la tige sont des parties de la plante.

12. Récris chacune des phrases en remplaçant le GNS par un pronom personnel.
Les abeilles butinent au printemps. La ruche est pleine de miel. Enzo et son frère le recueillent avec précaution. Ensuite, leurs parents le mettront dans des pots.

13. Récris chacune des phrases en remplaçant le pronom personnel sujet par un GNS.
Elle coulait dans le lavabo. Il fut trempé. Elle se mit en colère. Elle dut tout nettoyer. Elle le gronda. Il n'était pas content.

21

G3. Quels sont les liens entre le sujet et le verbe ?

As-tu bien compris ?

VRAI ou FAUX ?
1. Le sujet est le mot qui change de forme dans la phrase.
2. On trouve le groupe sujet en l'encadrant par « C'est … qui ».
3. Le verbe peut être remplacé par un pronom personnel.
4. Le verbe s'accorde toujours avec son sujet.
5. Le sujet peut être formé de plusieurs groupes nominaux.

Le sujet est-il souligné ?
6. <u>Ma grand-mère</u> est détective amateur*.
7. <u>Mon père</u> et <u>mon frère</u> aiment skier.
8. <u>À la ferme</u>, les cochons se roulent dans la boue.
9. <u>Elle</u> deviendra écrivain.
10. La nuit, très tard, <u>ils</u> se cachent.

AUTOUR DES TEXTES

Il était une fois une tortue qui s'ennuyait. Alors qu'elle se promenait, elle rencontra des écureuils.
La tortue demanda :
– Est-ce que je peux jouer avec vous ?
– Oui, tu peux jouer avec nous, on grimpe aux arbres.
– Mais, je ne sais pas grimper !
Et la tortue s'en alla…

Elle vit des lapins :
– Est-ce que je peux jouer avec vous ?
– Oui, on fait une course !
– Mais vous courez trop vite !
Et la tortue s'en alla.
[…]
La tortue et tous les animaux se promenèrent et devinrent bons amis. Depuis ce jour-là, la tortue ne s'ennuie plus.

• Écris une histoire qui ressemble à celle-ci. Les héros sont un papillon et une libellule qui rencontrent les mêmes animaux. Voici le début :

Il était une fois un papillon et une libellule qui s'ennuyaient. Alors qu'ils se promenaient, ils rencontrèrent des écureuils.

L'ACCORD SUJET-VERBE

RÈGLE

• Le verbe s'accorde toujours en nombre (singulier ou pluriel) avec son sujet : *Un enfant joue dans la rue.*

• Le sujet peut être formé de plusieurs groupes nominaux :
<u>Manon</u> et <u>sa sœur</u> lisent un livre.

• Le groupe nominal sujet (GNS) peut être remplacé par **un pronom personnel** (il, ils, elle, elles…) :
<u>Les fillettes</u> lisent un livre. → <u>Elles</u> lisent un livre.

Les mots du jour

• **Identifier** : du latin *idem*, le même. Reconnaître quelqu'un ou quelque chose.
• Le **système solaire** : combinaison de planètes formant un ensemble autour du Soleil (Mercure, Vénus, Terre, Mars, Jupiter, Saturne, Uranus, Neptune).
• Une **montgolfière** : ballon gonflé à l'air chaud auquel est suspendue une nacelle.
• Un **amateur** : personne qui pratique une activité sans en faire une profession.

La phrase

G4 Des phrases pour quoi faire ?

PETIT PROBLÈME

D'après Le Petit Spirou, Dis bonjour à la dame !, Tome et Janry, © Éditions Dupuis.

Impossible de comprendre cette histoire ! Retrouve les paroles des personnages en t'aidant des signes indiqués dans chaque vignette*.

Étiquettes : Couche-toi au sol — STOP — Pour quoi faire — Que voulez-vous — Je commence — Je vous en prie — Fais-moi vingt pompes — Continue

Construisons la règle

- Comment s'appellent les points qui sont sur l'image ?
- Quand utilises-tu ces points ?
- Compare les phrases qui se terminent par « ! ». Que remarques-tu ?

Coup de pouce
Tais-toi !
Où vas-tu ?
Je t'aime.
Que tu es belle !

IMPROVISATIONS*

Matériel : trois petits papiers sur lesquels sont tracés en assez gros un **?**, un **!** et un **.**
Règle du jeu : les papiers sont placés dans une corbeille*. À tour de rôle, les joueurs doivent prendre un papier au hasard et inventer une phrase qui corresponde au signe de ponctuation* tiré au sort.
Exemple : Je suis belle ! Pour chaque phrase correcte, le joueur marque un point.
Conseil : il est préférable d'utiliser un sablier pour limiter le temps.

TEST

Ajoute le point final.
1. Comment t'appelles-tu
2. Que tu es jolie
3. J'adore les cerises
4. Je suis en CE2
5. Tous les mercredis, je vais à la piscine

Entraînement

G4. Des phrases pour quoi faire ?

Itinéraire A

1. Recopie les phrases exclamatives.
Ça serait meilleur avec une pomme de terre ! - Ça serait meilleur avec une pomme de terre ? - Tu crois ? - Tu crois ! - Il jette la pomme de terre dans la marmite.

2. Recopie les phrases déclaratives.
Tiens, le voilà, ton chaudron ! Tu peux la cuire, la soupe aux cailloux. Si tu me permets, je la goûterais bien. Je vais la partager avec toi.

3. Recopie les phrases interrogatives.
Les Gaulois sont nos ancêtres. Quelle était la tribu gauloise qui vivait dans notre région ? Y a-t-il des traces de la présence gauloise ? Décrivons les maisons gauloises.

4. Associe les phrases au verbe qui convient et recopie-les. *Ex. : Viens me voir ! → ordonna-t-elle.*
1) Hansel, pourquoi t'arrêtes-tu ? - 2) Je regarde mon pigeon sur le toit, - 3) Allons, dépêche-toi ! - 4) Mais, je suis tellement fatiguée !
a) pleurnicha Margot. - b) ordonna son père. - c) demanda le bûcheron. - d) répondit Hansel.

5. Associe la phrase déclarative à la phrase interrogative correspondante.
Ex. : Arthus est parti. → Est-ce qu'Arthus est parti ?
1) Tu as mangé ton dessert. - 2) Manon part en vacances. - 3) Arthus a terminé son exercice.
a) Est-ce que Manon part en vacances ? - b) Est-ce qu'Arthus a terminé son exercice ? - c) Est-ce que tu as mangé ton dessert ?

6. Recopie ces phrases interrogatives employées à l'oral en ajoutant *Est-ce que*.
Ex. : Manon vient ce soir ? → Est-ce que Manon vient ce soir ?
Arthus part en colonie ? - Tu viens avec nous ? - Nous jouons aux charades ? - Vous aimez les bananes ?

7. Lis ces phrases à voix haute en mettant l'intonation.
C'est à moi que vous parlez ?
Je pense.
Avez-vous déjà eu une contravention ?
Et vous ?

Itinéraire B

8. Recopie les phrases exclamatives.
Le bon roi Dagobert a mis sa culotte à l'envers ! Le grand saint Éloi lui dit :
– Oh, mon roi ! Votre Majesté est mal culottée.
– C'est vrai, lui dit le roi, je vais la remettre à l'endroit.

9. Recopie les phrases déclaratives.
« En tant qu'invité, je me sers le premier !
– C'est bien naturel. Mais dépêche-toi ! »
Renart a la bouche pleine.
« Pourquoi manges-tu à toute allure ?
– C'est pour manger plus vite. »
D'après *Le Roman de Renart*.

10. Recopie les phrases interrogatives.
Cherchons dans le dictionnaire !
Comment obtient-on de la farine ?
Où garde-t-on le blé ?
Les Gaulois sont d'habiles paysans.
Qui a attaqué Rome en 386 avant Jésus-Christ ?

11. Relie les phrases au verbe qui convient et recopie-les.
Apprenez-moi l'orthographe !   • • questionna-t-elle.
Je vous aiderai,   • • s'émerveilla-t-elle.
Comment se fait le B ?   • • lui répondit-il.
Que cela est beau !   • • demanda-t-elle.

12. Associe la phrase déclarative à la phrase interrogative correspondante.
a) As-tu aimé ce film ? - b) A-t-il visité le musée du Louvre ? - c) Manon va-t-elle à la piscine ?
1) Tu as aimé ce film. - 2) Manon va à la piscine. - 3) Il a visité le musée du Louvre.

13. Récris ces phrases interrogatives employées à l'oral.
Comment tu as fait ? - Où tu vas ? - Vous avez eu une bonne note ? - Il a réussi son test ?

14. Lis ce texte à voix haute en mettant l'intonation.
« Au voleur ! Au voleur ! À l'assassin ! Qui est-ce ? Qu'est-il devenu ? On m'a dérobé mon argent. Où est-il ? Où se cache-t-il ? »
D'après *L'Avare*, Molière.

G4. Des phrases pour quoi faire ?

As-tu bien compris ?

VRAI ou FAUX ?
1. On appelle *types de phrases* les différentes sortes de phrases.
2. Pour poser une question, on utilise le point d'interrogation.
3. On appelle *impératives* les phrases qui interrogent.
4. Il existe deux types de phrases.
5. Les phrases qui donnent des ordres sont dites *impératives*.

Le type de phrase indiqué convient-il ?
6. Où habites-tu ? → *phrase interrogative*
7. Tais-toi ! → *phrase exclamative*
8. Comment t'appelles-tu ? → *phrase interrogative*
9. Comme ta maison est grande ! → *phrase déclarative*
10. Je voudrais une poupée. → *phrase déclarative*

Récréation

SAC À SYLLABES

Retrouve les trois types de phrases dont les syllabes se sont mélangées.

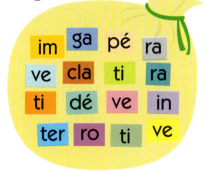

déclarative - impérative - interrogative

● AUTOUR DES TEXTES

Interview d'un danseur

Réalisée par des élèves d'une classe de CM1, auprès d'Alfred Alerte (A. A.)

ROMAIN : Quel âge avez-vous ?
A. A. : Je suis né le 7 avril 1963.
ALEXANDRA : Depuis combien de temps dansez-vous ?
A. A. : Je danse depuis une vingtaine d'années.
MARIE : Est-ce qu'Alfred Alerte est votre vrai nom ?
A. A. : Oui !
YOHANN : À quel âge avez-vous commencé la danse ?
A. A. : Vers 18 ans […]
NICOLAS : Est-ce qu'une personne vous a donné envie de faire de la danse ? Qui ?
A. A. : Les enfants avec qui j'ai toujours dansé.
CLÉMENT : Est-ce que la danse était votre rêve ?
A. A. : Pas du tout !
ALEXANDRA : Est-ce que la danse est importante pour vous ?
A. A. : Oui, c'est ma vie.

• Repère les phrases interrogatives. Pourquoi sont-elles aussi nombreuses dans ce texte ?

LES TYPES DE PHRASES

Les différentes sortes de phrases se nomment les **types de phrases**.
• Certaines servent à poser des questions : ce sont les **phrases interrogatives**. Elles se terminent par **un point d'interrogation** : *Qui vous a appris à danser ?*
• D'autres expriment une émotion : ce sont les **phrases exclamatives**. Elles se terminent par **un point d'exclamation** : *Qu'il fait beau !*
• D'autres donnent des ordres : ce sont des **phrases impératives**. Elles se terminent par **un point ou un point d'exclamation** : *Retiens bien tout cela. Retiens bien tout cela !*
• Celles qui donnent des informations sont les **phrases déclaratives**. Elles se terminent par **un point** : *J'ai commencé la danse à 18 ans.*

RÈGLE

Les mots du jour

• Une **vignette** : mot utilisé en BD pour désigner une image.
• Une **improvisation** : fait de produire quelque chose sans préparation.
• Une **corbeille** : panier sans anse, corbeille à pain ou à papier.
• La **ponctuation** : de la famille de *point* ; *ponctuer* signifie *mettre des points*.

La phrase

G5 Comment transformer les phrases ?

🔴 PETIT PROBLÈME

RÈGLEMENT DE LA CLASSE

★ Je peux travailler dans le calme.
★ Je ne peux pas me lever sans autorisation.
★ Je peux me lever calmement quand j'ai fini mon travail.
★ Je peux m'occuper quand j'ai terminé.
★ Je ne peux pas mâcher de chewing-gum.
★ Je ne peux pas être violent.
★ Je ne peux pas faire de bruit.

La maîtresse nous a demandé d'écrire le règlement* de la classe. Maintenant, je dois faire un tableau pour séparer les droits et les interdits. Peux-tu m'aider ?

coup de pouce
Qui aime les glaces ?
J'aime les glaces.
Je n'aime pas les glaces.

🟠 Construisons la règle

Construis le tableau et remplis-le.
• Compare les deux colonnes. Que remarques-tu ?
• Quels mots encadrent le verbe dans la colonne des « interdits » ? Entoure-les.
• À quoi servent-ils ? En connais-tu d'autres qui ont le même rôle ?
• Sais-tu comment on appelle les phrases de la première colonne et celles de la seconde ?

😊 J'AIME, JE N'AIME PAS

Le premier joueur invente une phrase qui commence par « j'aime ». *Exemple : J'aime les glaces.* Le joueur suivant doit finir la phrase en continuant par « mais je n'aime pas ». *Exemple : mais je n'aime pas les poireaux.*
Variantes* : suivant le nombre de joueurs, on peut inverser les rôles. On peut aussi limiter le temps et utiliser un sablier*. Il est possible alors de compter les points.

🟠 TEST

Recopie les phrases négatives et entoure les mots qui marquent la négation.
1. J'aide mon papa à laver la vaisselle.
2. Les enfants n'ont plus de devoirs !
3. Le soir, ma mère me lit des histoires.
4. Est-ce qu'il n'est pas trop tard ?
5. Ne m'approche plus jamais !

Entraînement

G5. Comment transformer les phrases ?

Itinéraire A

1. Classe en deux colonnes les phrases à la forme affirmative et les phrases à la forme négative.
Le corps humain est formé d'un ensemble d'appareils. Chacun est composé d'organes. Ils ne fonctionnent pas toujours bien. Ils ne sont pas toujours fragiles.

2. Relève les phrases à la forme négative et entoure les mots de la négation.
Ex. : Ces jeux ne sont pas drôles.
« Bonjour, dit le loup. Il ne fait pas chaud dehors ! Puis-je entrer ? » La plus blonde se mit à rire. Elle le trouvait drôle. Mais Delphine ne s'y trompa pas. « Va-t'en et ne reviens pas ! » dit-elle.
D'après *Les Contes du chat perché*, Marcel Aymé.

3. Transforme ces phrases à la forme négative.
Ex. : Les enfants peuvent dire des gros mots.
→ *Les enfants **ne** peuvent **pas** dire de gros mots.*
Les chouettes dansent la nuit. - Elles aiment le soir qui tombe. - Parfois, on peut les arrêter. - Est-ce vrai ?

4. Transforme ces phrases pour exprimer le contraire et recopie-les.
Ex. : Il n'avait pas chaud. → *Il avait chaud.*
Les gens savent apprivoiser les arbres. - Les forêts ne sont pas silencieuses. - Est-ce que tu ne perçois pas de bruits ? - Les arbres savent parler.

5. Recopie le tableau en classant les phrases de l'exercice 2 en fonction des types de phrases.

	Affirmative	Négative
Déclarative	...	...
Interrogative	...	...
Exclamative	...	...
Impérative	...	...

6. Complète chaque phrase par sa réponse.
Maman travaille-t-elle toujours ? Non, elle…
N'avez-vous vu personne ? Si, j'ai…
Est-ce que tu viendras au parc ? Oui, je…

7. Complète chaque phrase par un adverbe de négation : *plus - rien - jamais.*
Aujourd'hui, Manon ne mange ☐.
Cet élève sage ne bavarde ☐.
Depuis dix minutes, Arthus n'écoute ☐ le maître.

Itinéraire B

8. Classe en deux colonnes les phrases à la forme affirmative et les phrases à la forme négative.
L'air circule dans les poumons. Il ne passe pas dans les intestins. Il est renouvelé régulièrement. Les muscles n'ont pas besoin d'oxygène.

9. Relève les phrases à la forme négative et entoure les mots de la négation.
Nous ne pouvons rien faire, dit le coucou. - Si, nous pouvons aller à leur recherche. - Mais vous n'y songez pas ! - Qui a parlé ? - Tais-toi. - Qui ne dit rien ? - Les voyages forment la jeunesse. - Ne dites rien. - Qu'il parte !

10. Transforme ces phrases à la forme affirmative.
Je ne le mangerai pas. Je n'ai pas faim. Ne veux-tu pas manger ma part ? Personne n'en veut-il ? Il n'y en aura pas pour tous. N'en prenez plus ! Ces aliments ne sont plus bons. Ils n'ont jamais été comestibles.

11. Transforme ces phrases pour exprimer le contraire et recopie-les.
Les hommes de Cro-Magnon fabriquent des fauteuils. Mais ces hommes ne taillent pas des morceaux de bois. Ils ne marchent pas debout. Ce ne sont pas des chasseurs. Ils ne pêchent pas.

12. Recopie le tableau en classant les phrases de l'exercice 9 en fonction des types de phrases.

	Affirmative	Négative
Déclarative	...	...
Interrogative	...	...
Exclamative	...	...
Impérative	...	...

13. Écris les réponses.
La France est-elle un pays ?
Appartient-elle à l'Union européenne ?
Berlin est-elle sa capitale ?
Paris est-elle un département ?
Y es-tu déjà allé ?

14. Explique à l'oral le sens de chaque phrase.
Il n'écoute rien.
Il n'écoute plus.
Il n'écoute jamais.

G5. Comment transformer les phrases ?

🔴 As-tu bien compris ?

VRAI ou FAUX ?
1. Pour construire une phrase négative, on ajoute *ne* ou *n'* et *pas*.
2. À l'oral, on oublie souvent le *ne* de la négation.
3. Une phrase affirmative peut être négative.
4. On peut employer la forme négative pour dire le contraire.
5. Tous les types de phrases peuvent être mis à la forme négative.

Ces phrases sont-elles négatives ?
6. Il faut aller à l'école sans courir.
7. Il est interdit de sortir.
8. Je ne fais rien à la maison !
9. Est-il trop tard ?
10. Non, il n'a pas fait ses devoirs.

Récréation

L'ARBRE
Trouve le mot qui correspond à la définition, place-le dans la grille et tu liras le nom d'un arbre.

1. n'est pas d'un bon prix
2. n'est pas vieux
3. n'est pas pauvre
4. n'est pas mal
5. n'est pas intelligent
6. n'est pas grand
7. n'est pas large
8. n'est pas chaud

cerisier

🔴 AUTOUR DES TEXTES

- **Lis ce texte et complète-le par un titre.**
- **Écris ce qu'il ne faut pas faire.**

Ce que tu dois faire
■ Emprunte toujours le trottoir pour ta sécurité.
■ S'il n'y en a pas, marche sur le bord de la rue, face aux voitures pour les voir venir.
■ Avant de traverser la rue, recherche l'endroit le plus sûr.
■ À une intersection surveillée par un brigadier scolaire : écoute ses consignes.
■ S'il y a un feu de circulation, traverse lorsque la silhouette est verte.

■ Avant de mettre le pied sur la chaussée, prends ton temps, reste sur le bord du trottoir, écoute les bruits de la circulation. Regarde à gauche, à droite, et encore à gauche par-dessus ton épaule, pour voir s'il vient des voitures.
■ Des voitures viennent dans ta direction ? Elles ne s'arrêtent pas ? Ne prends pas de risques : attends qu'elles soient passées avant de traverser.
■ Sois visible, c'est important !

🔴 LES FORMES AFFIRMATIVE ET NÉGATIVE

RÈGLE

• Toutes les phrases sont **affirmatives** ou **négatives**.
Pour transformer la phrase affirmative en phrase négative, on encadre le verbe avec deux mots : **ne ... pas**, **ne ... plus**, **ne ... jamais**, **ne ... rien** :
Je n'ai pas le droit de faire du bruit.

• Quand on parle, on ne dit pas toujours le **ne** de la négation. Quand on écrit, on ne doit pas l'oublier et on écrit **n'** devant un verbe commençant par une voyelle.

Les mots du jour

• **Le règlement** : un écrit qui fixe les règles.
• **La variante** : de la famille de *varier*, règle d'un jeu qui change légèrement.
• **Un sablier** : instrument de mesure du temps utilisant le sable.

Natures et fonctions

G6 — Comment reconnaître la nature d'un mot ?

◯ PETIT PROBLÈME

sommaire	écrit	dépenses	dindons
ferme	passe	auvent	restes
rayons	postes	aide	prisons
copie	joues	client	portes
bout	étalons*	agent	rue
jetons	change	lions	courent
gardes	livre	poivrons	bouchons
salons	sort	téléphone	cochons

Aide-moi à trier ces mots en fonction de leur nature (nom, verbe, adjectif).

◯ Construisons la règle

- Souligne les indices que tu as utilisés pour trier ces mots.
- Comment as-tu fait pour trouver leur nature ?
- Quels sont ceux qui te posent problème ? Pourquoi ?

coup de pouce
Pour t'aider, lis oralement ces mots, ou essaie de les placer dans une phrase. Tu peux aussi regarder dans ton dictionnaire.

Règle p. 31

Classe entière

PIGEON VOLE

Un joueur fait une proposition associant une personne, un animal ou un objet à un verbe.
Exemple : pigeon - vole.
Si sa proposition est exacte, les autres joueurs lèvent le bras ; si elle est fausse, ils ne doivent pas bouger. Ceux qui se trompent sont éliminés. Le dernier en jeu devient l'animateur.

◯ TEST

Indique la nature des mots soulignés.
1. Mes parents se promènent dans la cour.
2. Mon frère et ma sœur portent les courses.
3. Arthus refusera de partir.
4. Ta voisine ne porte pas de robe longue.
5. Trace un cercle de trois centimètres de diamètre.

Entraînement

G6. Comment reconnaître la nature d'un mot ?

Itinéraire A

1. Écris ces mots dans les colonnes en les complétant pour justifier ton choix.

Nom	Verbe
des mentons	*nous* mentons
...	...

recherches - accident - joues - dépenses - vient - livre - salons - souris - savons

2. Écris ces mots dans les colonnes en les complétant pour justifier ton choix.

Nom	Adjectif qualificatif
un blanc	*un lapin* blanc
...	...

nouvelle - droite - bleu - roses - ronde

3. Écris ces mots dans les colonnes en les complétant pour justifier ton choix.

Adjectif qualificatif	Verbe
une feuille sèche *tombe*	*elle* sèche
...	...

négligent* - court - bavarde - inquiète

4. Écris ces mots dans les colonnes en les complétant pour justifier ton choix.

Nom	Pronom personnel	Déterminant
un ton	...	*ton* cartable
...	...	...

son - nous - des - notre - vous - dés

5. Recopie cette phrase et indique la nature des mots soulignés par une abréviation.

Ex. : Les poules du couvent couvent.
                        n   v

Manon recherche un métier dans la recherche médicale.

6. Recopie les mots dont tu pourrais confondre la nature. Indique pour chacun d'eux sa nature dans les phrases.

Pour aller à l'école, nous portions nos livres.
Nous étalons la crème sur les poivrons.

7. Écris deux phrases où le mot *passe* sera employé une fois comme verbe et une fois comme nom.

Itinéraire B

8. Écris ces mots dans les colonnes en les complétant pour justifier ton choix.

Nom	Verbe
...	...

parent - reste - gardons - ferment - sort - dépenses - fouilles - fait - rayons - avions

9. Écris ces mots dans les colonnes en les complétant pour justifier ton choix.

Adjectif qualificatif	Nom
...	...

ronde - rapide - noire* - méchant - solide

10. Écris ces mots dans les colonnes en les complétant pour justifier ton choix.

Adjectif qualificatif	Verbe
...	...

content - câline - sombres - complète - dure

11. Écris ces mots dans les colonnes en les complétant pour justifier ton choix.

Nom	Pronom personnel	Déterminant
...	...	...

elle - leurs - vos - tas - ses - aile - veau - une - la

12. Recopie cette phrase et indique la nature des mots soulignés par une abréviation.

Nous rayons la voiture avec de grands rayons.

13. Recopie les mots dont tu pourrais confondre la nature. Indique pour chacun d'eux sa nature dans les phrases.

Je garde toujours une copie de mes factures de téléphone.
Tu dépenses trop d'argent.
Les maîtresses content des histoires aux petits.

14. Écris deux phrases avec les mots *livre* et *rampe* employés chacun comme nom et comme verbe.

G6. Comment reconnaître la nature d'un mot ?

As-tu bien compris ?

VRAI ou FAUX ?
1. Les mots ont une nature.
2. La phrase peut nous permettre de trouver la nature d'un mot.
3. Pour trouver la nature d'un mot, on peut chercher dans le dictionnaire.
4. Le sujet est une nature de mot.
5. Le nom et le verbe désignent des natures de mot.

Y a-t-il un intrus dans chaque liste ?
6. partons – rayons – salons – vidons
7. vident – fanent – vendent – accident
8. portes – joues – recherches – dépenses
9. font – pont – sont – mont – vont
10. content – négligent – forment

Récréation

HOMOGRAPHES

Voici des phrases dont les mots s'écrivent de la même façon mais n'ont pas la même nature.

Exemples :
Les poules du couvent couvent.
Son son est bon.

Essaie d'inventer des phrases en suivant ces exemples et en utilisant les mots que tu as découverts dans ce chapitre.

AUTOUR DES TEXTES

Les pigeons
Nous prisons les bagnards
Nous lions les guépards
Nous rayons le soleil
Nous grillons les abeilles
Nous fanons les baleines
Nous nous marrons dans les châtaignes
Nous poivrons les courgettes…

Extraits de couplets inventés par une classe de CM1-CM2, d'après la chanson de Stella, Les Tartines.

• Cherche le lien entre le nom et le verbe utilisés dans chaque vers. Pour t'aider, retrouve le nom qui s'écrit comme le verbe et cherche son sens.

LA NATURE DES MOTS

RÈGLE

• Les mots de notre langue sont divisés en différentes catégories : les noms, les verbes, les adjectifs qualificatifs, les déterminants et les pronoms. Chacune de ces catégories constitue la **nature** du mot.

• Certains mots de nature différente peuvent s'écrire de la même manière. Pour trouver la nature d'un mot, on observe sa place dans la phrase ou on le cherche dans le dictionnaire.

• Le **dictionnaire** indique la nature de chaque mot avant d'en donner le sens. Il utilise pour cela des **abréviations** : n. = nom ; v. = verbe ; adj. = adjectif qualificatif ; pron. = pronom ; d. = déterminant.

Les mots du jour

• Un **étalon** : cheval, mais aussi unité de mesure.
• **Négligent** : du verbe *négliger*, qui manque de soin.
• Un **couvent** : maison où vivent des religieux.
• Une **noire** : note de musique.

Natures et fonctions

G7 — Pourquoi et comment compléter le verbe ? (1)

PETIT PROBLÈME

> Mes grands-parents n'ont pas eu d'aller à l'école, dans leur pays. Ils ne savent pas lire et c'est une grande tristesse. Comme en plus, ils ne parlent pas bien, ils ne peuvent même pas tuer le temps à regarder la télévision. Alors ils regardent qui s'amuse dans les feuillages… Quand je pense, des vagues de larmes se forment au bord de mes cils. C'est pourquoi, je rends souvent visite.
>
> *Le théorème de Mamadou*, Azouz Begag, Jean Claverie, © Éditions du Seuil, 2002.

| à eux | la chance | le vent | le français | à mes grands-parents |

Quelque chose ne va pas dans ce texte. Sais-tu pourquoi ?

Construisons la règle

- Qu'as-tu fait ?
- Après quel mot de chaque phrase as-tu placé les groupes manquants ?
- De quelles catégories de mots ces groupes sont-ils formés ?
- Entoure le petit mot qui introduit certains groupes.

coup de pouce
Il regarde…
Il regarde la mer.

LE TAROT DES PHRASES

Chaque joueur est muni de trois fiches : sur la première, il écrit ou dessine un mot désignant un objet (*ex. : une maison*), sur la deuxième, une personne (*ex. : le maître*), et une action (*ex. : manger*) sur la troisième. Les fiches sont ensuite séparées en trois tas.

Puis, les joueurs forment deux équipes. Un joueur tire une carte de chaque tas. Chaque équipe essaie alors de constituer une phrase avec un sujet, un verbe et un complément d'objet.
Exemples : ramasser + des pommes + ma mère → *Ma mère ramasse des pommes.*
emmener + le bus + mon père → *Le bus emmène mon père.*

La première équipe qui trouve une phrase ayant du sens marque un point. C'est ensuite à un membre de l'équipe adverse de tirer trois fiches. L'équipe gagnante est celle qui marque le plus de points.

TEST

Ajoute un complément d'objet.
1. Une créature hante … .
2. Les enfants chantent … .
3. Je fais … .
4. Nous parlons … .
5. Un grand mur de pierre entoure … .

Entraînement

G7. Pourquoi et comment compléter le verbe ? (1)

Itinéraire A

1. Pour chaque phrase, recopie le groupe verbal, encadre le verbe et souligne le complément.
Ex. : Les enfants regardent la télévision.
          GNS   V   CO
Romain sent des gouttes de sueur. Il n'aime pas avoir chaud. Il enlève son pull. Il cherche un coin d'ombre. Il aperçoit un arbre.

2. Complète les phrases avec un de ces compléments d'objet.
des barrages - de gouvernail - d'abattre des arbres - aux rongeurs
Le castor appartient … . Sa queue lui sert … . Ses dents lui permettent … . Il construit … .

3. Recopie les phrases. Encadre les verbes puis souligne en bleu les GNS et en vert les COD.
Ex. : Les volcans secouent le Japon.
Le volcan tremble. Des secousses violentes parcourent le flanc de la montagne. La température augmente les émanations de gaz.

4. Recopie les compléments d'objet qui sont précédés d'une préposition. Comment les appelle-t-on ?
Arthus découvre un jardin merveilleux.
Le dragon souffle des flammes.
Lucie parle de ses projets.
Les enfants font des bêtises.
Je pense aux prochaines vacances.
Je rêve de ce jouet.

5. Par quels GN compléments d'objet direct pourrais-tu remplacer les noms propres ?
Ex. : Je visite le Louvre. → Je visite un musée.
Un chien regarde William. - Les enfants habitent Toulouse. - J'ai visité l'Italie.

6. Explique à l'oral la différence entre :
Je parle à mon voisin. - Je parle de mes projets.
Elle sert le repas. - Cet outil sert à couper les herbes.

7. Décris ton voisin en utilisant le plus de compléments possibles.
Aide : des cheveux bruns - des yeux bleus - il porte - il ressemble...

Itinéraire B

8. Pour chaque phrase, recopie le groupe verbal, encadre le verbe et souligne le complément d'objet.
Tom regarde la vitrine de la boulangerie. Il cherche son argent. Il achète des croissants. Sa sœur n'aime pas les pains au chocolat.

9. Complète ces phrases avec un complément d'objet.
À la sortie de la ville, on construit … . - Les ouvriers démolissent … . - Ils agrandissent … .

10. Recopie les phrases. Encadre les verbes, puis souligne en bleu les GNS et en vert les compléments d'objet.
Au Moyen Âge, on offrait des jouets aux enfants malades. Le petit paysan se contentait de noix, de cailloux, de fleurs. Les filles adoraient les rubans. Les garçons aimaient les dînettes.

11. Classe les compléments dans un tableau suivant leur construction (avec préposition / sans préposition).
Marion préfère sa robe rouge. - Maman aime les gâteaux. - J'écris à ma grand-mère. - Manon demande une feuille à la maîtresse. - Je parle à mon voisin.

12. Par quels noms propres pourrais-tu remplacer les GN compléments d'objet ?
Nous visitons un château. - Mes parents adorent ce monument. - Les astronomes observent une planète.

13. Explique à l'oral la différence entre :
Je manque à mes parents quand je suis en colonie de vacances. - Ce matin, Pierre manque l'école. - Cette tarte manque de sucre.

14. Décris cette classe en quelques lignes en utilisant le plus possible de compléments d'objet (COD - COI).

G7. Pourquoi et comment compléter le verbe ? (1)

As-tu bien compris ?

VRAI ou FAUX ?
1. Le complément d'objet peut être supprimé.
2. Le complément d'objet peut être un nom propre.
3. Le COD est précédé d'une préposition.
4. Le complément d'objet complète le nom.
5. Le COI complète directement le verbe.

Le complément est-il précédé d'une préposition ?
6. Une vieille chèvre regarde le loup.
7. Mon frère pense aux vacances.
8. Le bébé boit son lait.
9. Ce plat manque de goût.
10. Papa adore le chocolat.

Récréation

SALADE DE MOTS

Dans chaque phrase, se trouve un mot complément dont les lettres sont dans le désordre. Retrouve ces mots et écris-les.

a. Aimes-tu les tapes ?
b. Il faut une poule pour déchiffrer ces lettres.
c. J'ai reçu des facteurs à payer d'urgence.
d. En poésie, on utilise souvent les mires.

a) pâtes - b) loupe - c) factures - d) rimes

● AUTOUR DES TEXTES

Que mangent-ils ?

Les escargots et les limaces mangent des feuilles vertes.
La grive se nourrit d'escargots, de limaces, d'insectes.
Les vers de terre croquent des feuilles mortes enfouies dans la terre.
La taupe consomme des vers de terre et des insectes.
La chouette préfère déguster des taupes ou des mulots qui se nourrissent de graines et de glands.

• À partir des informations du texte, retrouve le régime alimentaire de chacun de ces animaux et note-le par une croix dans le tableau.

	Herbivores*	Insectivores*	Carnivores*	Omnivores*
Les limaces				
Les grives				
Les vers de terre				
Les mulots				
Les chouettes				
Les taupes				
Les escargots				

LES COMPLÉMENTS D'OBJET

• Le groupe verbal peut être composé d'un verbe seul ou d'un verbe accompagné d'un autre groupe qu'on appelle **complément**. Sa **fonction*** est de compléter le verbe : *L'élève écrit. Mon père écrit une lettre.*

• Certains compléments ne peuvent être ni supprimés ni déplacés, on les appelle **compléments d'objet (CO)**.

• Quand le complément d'objet est placé directement après le verbe, il est appelé **complément d'objet direct (COD)**. Quand il est précédé d'un mot qu'on appelle **préposition**, il est appelé **complément d'objet indirect (COI)** :
Il montre son livre à ses parents.
             COD   COI

RÈGLE

Les mots du jour

• **Herbivore** : (adj.) qui se nourrit d'herbes, de plantes, de substances végétales.
• **Insectivore** : (adj.) qui se nourrit principalement d'insectes.
• **Carnivore** : (adj.) qui se nourrit de viande, de chair.
• **Omnivore** : (adj.) qui se nourrit aussi bien de chair que de végétaux.
• Une **fonction** : rôle.

G8 — Pourquoi et comment compléter le verbe ? (2)

Natures et fonctions

PETIT PROBLÈME

1. D'abord, trace un rectangle sur ta feuille.
2. Ensuite, partage le rectangle en quatre parties égales.
3. Juste après, place le compas à l'endroit où les droites se croisent.
4. Enfin, trace un cercle qui touche deux côtés du grand rectangle.

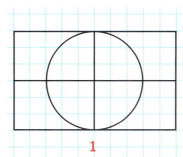
1

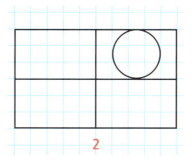
2

Hier, j'ai fait mon exercice de géométrie et, aujourd'hui, je ne sais plus lequel de mes dessins correspond à l'énoncé. Aide-moi à le retrouver.

Construisons la règle

Règle p. 37

- Encadre les verbes et souligne les COD en bleu. Comment les as-tu reconnus ?
- Souligne les groupes restants d'une autre couleur. Quelles informations donnent-ils pour réaliser l'exercice ?
- Essaie de les déplacer dans la phrase. Que remarques-tu ? Peux-tu déplacer les COD ?

coup de pouce

Il montre son livre à ses parents.
compléments d'objet

OÙ, QUAND, COMMENT ?

Classe entière

Un joueur invente une phrase avec un sujet et un groupe verbal. *Exemple : Une jeune fille aimait un prince.* Le suivant doit compléter la phrase en répondant à la question QUAND ? *Exemple : Autrefois, une jeune fille aimait un prince.* Le troisième complète la phrase en répondant à la question OÙ ? *Exemple : Autrefois, dans un château, une jeune fille aimait un prince.* Le quatrième répond à la question COMMENT ? *Exemple : Autrefois, dans un château, une jeune fille aimait passionnément un prince.* Le jeu s'arrête lorsqu'on ne peut plus ajouter de complément à la phrase. C'est au dernier de commencer une nouvelle phrase.

TEST

Recopie les compléments circonstanciels (CC).
1. Le soir, les étoiles éclairent ma chambre.
2. Ma chambre cache des trésors dans chaque tiroir.
3. Chaque jour, je range ma chambre.
4. Dans ma chambre, les livres ornent les murs.
5. Je range soigneusement mes nounours.

Entraînement

G8. Pourquoi et comment compléter le verbe ? (2)

Itinéraire A

1. Recopie le texte. Puis encadre les verbes et souligne les compléments circonstanciels en vert.
Ex. : Partout dans le monde, des monstres existent.
De l'autre côté de la planète, en Amérique du Nord, les montagnes Rocheuses abritent un hôte* mystérieux : Big Foot.

2. Recopie les phrases du texte et supprime les GN compléments circonstanciels (CC).
Ex. : Les Romains bâtissaient des villas dans les campagnes. → Les Romains bâtissaient des villas.
Dans l'Antiquité, les Romains construisent des thermes. Les Gallo-Romains vendent leurs vins dans tout l'Empire romain.

3. Recopie cette phrase ; souligne les CC et précise s'ils indiquent le lieu ou le temps.
Ex. : Ce jour-là (CCT), les enfants écoutaient une histoire dans le salon (CCL).
Il y a longtemps de cela, dans un coin reculé de la Chine, une mère et ses trois filles vivaient ensemble dans une forteresse.

4. Complète les phrases par un CCT, un CCL ou un CCM.
aujourd'hui - en montagne - demain - dans sa chambre - calmement
Il joue ☐ ☐. - ☐, l'ordinateur facilite la vie. - ☐ les routes sont dangereuses. - ☐, il rentrera.

5. Recopie les compléments circonstanciels dans le tableau suivant.
Ex. : Des hommes ont vu s'enfuir un vautour du zoo, le 8 juillet.

CC Manière	CC Lieu	CC Temps
...	du zoo	le 8 juillet
...	...	...

On a retrouvé, hier, un dauphin sur une plage. Il avait été relâché en mer la semaine précédente, après avoir vécu en captivité dans un parc d'attraction.

6. Recopie la phrase et complète-la par des CC.
Une équipe de chercheurs a découvert les plus vieux outils humains.

Itinéraire B

7. Recopie le texte. Puis encadre les verbes et souligne les compléments circonstanciels en vert.
Peu après 1889, un lieutenant anglais relevait à 5 000 mètres d'altitude, d'énormes empreintes de pieds. Mais l'individu restait invisible.

8. Recopie les phrases du texte et supprime les compléments circonstanciels.
Cendrillon va au bal. Elle se prépare toute la journée. Son carrosse roule vite vers le château. Les douze coups de minuit sonnent très fort dans la grande salle. La princesse a oublié l'heure. Elle doit rentrer rapidement à la maison.

9. Recopie les phrases du texte ; souligne les CC et précise s'ils sont CCT, CCL ou CCM.
Au lever du soleil, le grand cerf a atteint le pays des Grands Lacs. Au point du jour, dans la plaine, le cerf s'est arrêté en frémissant. Durant des heures, le loup affamé a poursuivi sans cesse sa proie dans la forêt.

10. Recopie les phrases en les complétant par un CCT, un CCL et un CCM.
Le chêne a poussé. - Arthus joue au tennis. - Je dansais. - J'irai lui rendre visite.

11. Recopie les phrases en les complétant par un CO ou un CC et indique pour chacun sa catégorie.
Quentin habite ☐. Sa maison se trouve ☐. Son jardin est ☐. ☐, il déménagera. Son voisin habite ☐ et ce n'est pas un ami.

12. Recopie ces phrases en déplaçant les compléments quand cela est possible. Souligne les CO.
Au XVIIe siècle, Galilée a construit une lunette astronomique* puissante. Il a observé, de sa terrasse, les satellites de Jupiter.

13. Recopie cet article et complète-le par des CC qui répondent aux questions.
Le pétrolier Erika coulait (quand). Il provoquait une marée noire (où). Les personnes qui ont enquêté (comment) (où) viennent d'expliquer pourquoi il a coulé.

D'après Le Journal des enfants, 22/12/2000.

G8. Pourquoi et comment compléter le verbe ? (2)

As-tu bien compris ?

VRAI ou FAUX ?
1. Le CC de temps répond à la question *où*.
2. Le CC ne peut pas être supprimé.
3. Le CC peut être déplacé.
4. Le CC peut indiquer le lieu.
5. Le CC peut se placer au début de la phrase.

Tous les CC sont-ils soulignés ?
6. La piscine ouvrira <u>en septembre</u>.
7. <u>Le soir</u>, les nageurs s'entraîneront dans le grand bassin.
8. <u>Les enfants</u> porteront des bonnets de bain.
9. <u>Le petit bassin</u> sera interdit aux adultes.
10. <u>Le samedi</u>, les bébés pourront jouer <u>dans le petit bassin</u>.

Récréation

RETROUVE L'ASSASSIN

Voici les indices :
Il habite une hutte.
Il vivait il y a très longtemps.
Sa maison se trouve isolée.

AUTOUR DES TEXTES

TSUNAMI* : UN ÉLÉPHANT A SAUVÉ UNE FILLETTE

Un éléphant a sauvé Amber, une fillette anglaise de 8 ans qu'il portait sur son dos, des vagues du tsunami, en Thaïlande.

Un éléphant d'Asie de 4 ans a sauvé une fillette de 8 ans, en vacances sur l'île de Phuket en Thaïlande, pendant le tsunami du 26 décembre 2005. Il portait la petite fille sur son dos lorsque les vagues meurtrières ont tout ravagé.

L'éléphant a résisté avec de l'eau jusqu'au cou. Encouragé par la fillette, il a gagné la colline au-dessus de la plage. Amber, saine et sauve, est depuis rentrée chez elle, en Grande-Bretagne. Elle sait qu'elle doit la vie à un éléphant, retourné, lui, sur les plages de Phuket.

• Liste tous les compléments qui indiquent les circonstances du sauvetage (lieux et moments) décrites dans cet article d'un journal d'école. Et, à ton tour, écris un article de journal.

LES COMPLÉMENTS CIRCONSTANCIELS

RÈGLE

• Certains groupes dans la phrase sont déplaçables et/ou supprimables : on les appelle **compléments circonstanciels (CC)**. Ils donnent des précisions sur les circonstances de l'action : **le temps (CCT), le lieu (CCL)** ou **la manière (CCM)**.

<u>Autrefois</u>, <u>dans un château</u>, une jeune fille aimait <u>passionnément</u> <u>un prince</u>.
  CCT   CCL   CCM   CO

Les mots du jour

• Un **hôte** : appartient à la famille de *hôtel*, signifie *invité*.
• Une **lunette astronomique** : instrument d'optique permettant d'observer les astres.
• Un **tsunami** : raz de marée.

Natures et fonctions

G9 Comment le groupe nominal est-il construit ?

PETIT PROBLÈME

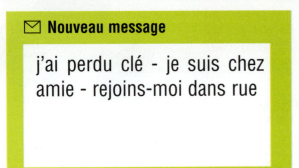

✉ **Nouveau message**

j'ai perdu clé - je suis chez amie - rejoins-moi dans rue

Répondre   Autres

Je viens de recevoir ce SMS. Manon aurait-elle des ennuis ? Comment faire pour l'aider et la retrouver ?

Construisons la règle

- Pourquoi Lucie ne peut-elle pas aider Manon ?
- Quels mots du message as-tu complétés pour le rendre compréhensible ? Quelle est leur nature ?
- Quels mots as-tu ajoutés ? Quelle est leur nature ?

Coup de pouce

J'ai trouvé écharpe.
J'ai trouvé une longue écharpe en laine.

Règle p. 40

BOULE DE NEIGE

Un premier joueur choisit le nom d'un objet ou d'un animal (nom commun). *Exemple : tableau*.
Le deuxième ajoute un déterminant pour compléter le nom. *Exemple : un tableau*. Le suivant rajoute un adjectif ou un autre nom. *Exemple : un tableau noir*. Et ainsi de suite…
La partie se termine quand un joueur ne trouve plus de mot pour compléter le groupe. Ce joueur est alors éliminé.

Classe entière

TEST

Relève et écris les mots facultatifs des GN.

1. Les parents de Charlie sont âgés.
2. Nous avons une maison confortable*.
3. Son père aime le chocolat noir.
4. La famille de l'enfant était pauvre.
5. J'aperçois un oiseau multicolore.

Entraînement

G9. Comment le groupe nominal est-il construit ?

Itinéraire A

1. Recopie trois groupes nominaux (GN).
La petite fille habite une petite maison dans la forêt. Elle a une passion pour les animaux.

2. Encadre les GN et souligne le nom noyau.
Ex. : Jouons au petit bac.
Il faut quatre joueurs. Le premier annonce une lettre. Le second essaie de trouver un mot pour chaque colonne.

3. Complète les GN par ces mots : *villes - importants - les*.
C'est dans ☐ grandes ☐ qu'on trouve des services ☐.

4. Réduis, quand tu le peux, les GN en ne laissant que le nom et son déterminant.
Ex. : L'eau des rivières est salie. → L'eau est salie.
Les déchets des usines et des mines s'accumulent dans les embouchures*.
Les grands incendies de forêt polluent l'air.

5. Invente des GN avec ces mots.
Ex. : mon corps (petit, grand, joli)
→ mon joli petit corps / mon grand corps.
le roi (petit, gentil)
un vase (grand, cassé, de porcelaine)
des fleurs (jaunes, coupées, jolies)

6. Recopie les GN dans la bonne colonne.

GN : déterminant + nom	GN : déterminant + nom + adjectif
...	...

le château gonflable - le dauphin - l'écureuil - la belle maison - le brouillard épais - la vitrine*

7. Récris le texte en utilisant tous les éléments ci-dessous, qui enrichiront le nom.
gentille - petite - jolies - longs - bruns
La fille aimait jouer avec ses poupées. Elle coiffait les cheveux de ses poupées.

8. Invente des GN à partir de ces illustrations.

Itinéraire B

9. Recopie les groupes nominaux (GN).
Les nuits de pleine lune, nous observons les hérissons qui chassent dans l'herbe les vers et les limaces.

10. Encadre les GN et souligne le nom noyau.
Un joueur choisit le nom d'un objet ou d'un animal. Il le dessine sur une feuille. Les autres joueurs essaient de reconnaître le dessin.

11. Écris trois GN en utilisant chacun de ces trois noms.
aile - bec - yeux

12. Réduis les GN quand tu le peux.
les déchets de la centrale nucléaire - l'électricité - les fleurs de mon jardin - une éolienne*

13. Complète chacune des phrases par le GN de ton choix.
Je paralyse mes proies avec des crochets venimeux : je suis ☐.
Le canard est capable de marcher, de voler et de se déplacer dans ☐.
Comme tout ☐, la vache nourrit ses petits du lait de ses mamelles.

14. Invente des GN avec ces mots.
la mer (agitée, belle, bleue)
un port (petit, joli, de pêche)
un livre (ancien, policier)
un château (médiéval, beau, détruit)

15. Recopie les GN dans la bonne colonne.

GN : déterminant + nom	GN : déterminant + nom + autre mot
...	...

des gouttes d'eau - la glace - les nuages - un pull sans manches - une boulangère - l'eau fraîche de la fontaine

16. Récris un texte en utilisant tous les éléments ci-dessous qui enrichiront le nom.
aîné - miniatures - grandes - droites - élevés - longues - magnifiques - petit - immense - automobile
Mon **frère** adore jouer avec ses **voitures**. Il construit des **routes**. Il invente des **ponts**. Les **soirées** se transforment en **rêves**. Le **salon** devient un **circuit**.

G9. Comment le groupe nominal est-il construit ?

As-tu bien compris ?

VRAI ou FAUX ?
1. Un nom s'emploie toujours seul.
2. Un nom est toujours complété par d'autres mots.
3. Le déterminant n'est pas obligatoire.
4. Le mot principal est le nom noyau.
5. Le GN est toujours GNS.

Les noms noyaux sont-ils soulignés ?
6. de belles <u>lunettes</u> noires
7. de l'eau <u>chaude</u>
8. des <u>chiens</u> sauvages et rapides
9. une <u>grande</u> maison chaleureuse
10. cette délicieuse <u>glace</u>

Récréation

Chasse l'intrus dans chaque ligne.

boîte - galet - secret - vendre - fil - jouet

mon - le - un - dé - sa - notre

bleu - grand - gentil - loin - vert

un beau bébé - une grande assiette - laver

des enfants - sa maman - notre école - petit

vendre - dé - loin - laver - petit

AUTOUR DES TEXTES

• **Reconstitue ce texte en supprimant les intrus dans les groupes nominaux.**

Leur sa institutrice s'appelait Mlle Candy et devait être âgée d'environ vingt-trois ou vingt-quatre ans. Elle avait un grande ravissant visage ronds ovale et pâle de madone avec des mes yeux bleus et sa une chevelure châtain clair. Elle possédait le ton don exceptionnel de se faire adorer de tous les enfants enfant qui lui étaient confiés.
[…] Mlle Legourdin, la directrice, était d'une autre race : c'était une la géante formidable, un énormes monstrueux tyran, qui terrorisait également élèves et professeurs.
D'après *Matilda*, Roald Dahl, © Gallimard.

LES CONSTITUANTS DU GROUPE NOMINAL

• Le **groupe nominal (GN)** est constitué **d'un nom noyau** (mot principal) et **d'un déterminant**. Le plus souvent, il est employé avec d'autres mots comme les **adjectifs** ou **d'autres noms**.

la	vieille	dame	ridée
déterminant	adjectif	nom noyau	adjectif
les	grandes	tablettes	de chocolat
déterminant	adjectif	nom noyau	nom

• Le **déterminant** et le nom noyau sont obligatoires. Les autres mots du groupe sont facultatifs.

RÈGLE

Les mots du jour

• **Confortable** : qui procure du bien-être.
• Une **embouchure** : endroit où le fleuve se jette dans la mer.
• Une **vitrine** : de la famille de verre ; c'est la partie d'un magasin séparée de la rue par une vitre, dans laquelle on expose des objets à vendre.
• Une **éolienne** : de *Éole*, dieu grec du vent ; machine qui utilise l'énergie du vent.

Natures et fonctions

G10 — Comment reconnaître les différentes catégories de noms ?

◉ PETIT PROBLÈME

Clovis est le premier roi de France. Il a épousé* une princesse chrétienne. Il lutte contre les Barbares. La Gaule change de nom et devient le royaume* des Francs. Les Francs parlent le latin. C'est un peuple de guerriers.

1 Souligne les noms du texte.

2 Quels sont ceux que tu peux remplacer par les noms suivants ?

fille de roi - souverain - domaine - combattants - une langue ancienne

Je dois modifier ce texte pour mon exposé. Peux-tu m'aider ?

◉ Construisons la règle

- Comment as-tu fait pour trouver les noms et les remplacer ?
- Quels noms dans ce texte sont impossibles à remplacer ? Pourquoi ?
- Quelles différences observes-tu entre les deux catégories de noms ?

coup de pouce
La vieille **dame** ridée.
↓
nom noyau

Règle p. 43

DESSINÉ, C'EST GAGNÉ

Un joueur dessine sur le tableau un objet, un personnage ou un monument célèbre, ou encore un élève de la classe. Il doit faire deviner de quoi, ou de qui, il s'agit. Les joueurs font des propositions au fur et à mesure que le dessin se précise. Le premier qui a trouvé marque un point.
On peut aussi constituer deux équipes. Un joueur fait deviner son dessin à ses coéquipiers. S'ils ne trouvent pas, l'autre équipe marque un point et c'est à son tour de jouer.

Classe entière

◉ TEST

Précise si le nom souligné est un nom propre ou un nom commun.

1. L'histoire commence au début du mois de <u>mars</u>.
2. Le <u>roi</u> Richard Cœur de Lion est retenu prisonnier.
3. Son frère <u>Jean</u> gouverne* à sa place.
4. Ce traître complote* pour que <u>Richard</u> ne revienne jamais.
5. Près de Nottingham, au <u>nord</u> de Londres, vit Robin des Bois.

Entraînement

G10. Comment reconnaître les différentes catégories de noms ?

Itinéraire A

1. Recopie les noms et ajoute les déterminants *un* ou *une* quand c'est possible.
Ex. : fille → une fille.
maison - Manon - école - copain - une - France

2. Recopie les noms dans la bonne colonne.
Ex. : Léonard de Vinci est un peintre italien.

Noms propres	Noms communs
Léonard de Vinci	peintre
...	...

Mozart est un musicien. Il parcourt l'Europe. Il découvre de belles villes comme Paris. Sa famille reste un an à Londres.

3. Associe le nom propre au nom commun.
a) Paris   1) un joueur de football
b) Zidane   2) un monument
c) Marie   3) une capitale
d) la tour Eiffel   4) un prénom

4. Écris le nom commun qui correspond au verbe.
Ex. : danser → la danse.
crier - voler - parler - vendre - ouvrir - opérer - guider

5. Écris un nom propre pour chaque nom commun.
Ex. : un artiste : Chopin.
un chanteur : ...   un héros de BD : ...
un héros de conte : ...   un peintre : ...
une sportive : ...
un personnage de dessin animé : ...

6. Écris un nom commun pour chaque nom propre.
Ex. : Paris : une ville.
Maxime : ...   l'Italie : ...   Marseille : ...
Harry Potter : ...   Picasso : ...   Charlie Chaplin : ...

7. Écris une phrase à partir de ces noms et indique la catégorie de chacun.
Maéva - poupée - amies - chambre

8. Écris la fiche d'identité de ce personnage.
Nom, signes particuliers, amis, ennemis.

Itinéraire B

9. Recopie les noms et ajoute les déterminants *des* ou *une* quand c'est possible.
maisons - Pierre - murs - pierre - Canada - heure - Angleterre

10. Recopie les noms dans la bonne colonne.

Noms propres	Noms communs
...	...

La Voie lactée est la galaxie à laquelle appartiennent le Soleil et la Terre. Les galaxies sont d'immenses nuages d'étoiles.

11. Associe le nom propre au nom commun.
a) Vénus   1) un personnage de conte
b) L'Italie   2) un écrivain
c) Cendrillon   3) une planète
d) Charles Perrault   4) un pays

12. Écris le nom commun qui correspond au verbe.
marcher - jouer - danser - vendre - dormir - mourir

13. Écris un nom propre pour chaque nom commun.
un monument : ...   un président : ...
un acteur : ...   une ville : ...
un pays : ...   un continent : ...

14. Écris un nom commun pour chaque nom propre.
les Vosges : ...   la France : ...
Londres : ...   Lyon : ...
le mont Blanc : ...   la Seine : ...

15. Certains noms communs sont formés sur des noms propres. Cherche dans ton dictionnaire les noms propres à l'origine des mots suivants : *poubelle, macadam, rustine, morse, sandwich.*

16. Écris la fiche d'identité de ce personnage.
Nom, signes particuliers, amis, ennemis.

G10. Comment reconnaître les différentes catégories de noms ?

As-tu bien compris ?

VRAI ou FAUX ?
1. Les noms d'objets sont des noms propres.
2. Le déterminant n'est pas obligatoire devant les noms communs.
3. Les noms communs désignent les animaux, les personnes et les objets.
4. Les prénoms sont des noms communs.
5. Les noms de monuments sont des noms propres.

Les noms communs sont-ils soulignés ?
6. <u>vélo</u> – Lucie – chant
7. chocolat – dans – <u>Mickey</u>
8. William – grande – <u>bureau</u>
9. <u>justice</u> – Arthus – salade
10. <u>Paris</u> – maîtresse – gâteau

AUTOUR DES TEXTES

• **Retrouve l'origine des noms des planètes.**

Le système solaire

Le système solaire est composé du Soleil et des huit planètes qui tournent autour de lui.
Le *Soleil* est l'étoile la plus proche de nous. C'est une boule de gaz brûlante.
Mercure est la planète la plus proche du Soleil. On la connaît mal : aucune sonde ne s'y est posée.
Vénus possède une atmosphère. Mais il y fait trop chaud pour y vivre. On l'appelle l'étoile du Berger car elle est visible matin et soir.
La *Terre* est notre planète. C'est une boule de roche. Elle est la seule à posséder une atmosphère qui permet de respirer.
Le sol de *Mars* est recouvert de cailloux et parsemé de volcans. On ne peut pas y respirer et il y fait très froid.

Jupiter est la plus grosse planète de notre système solaire. Elle connaît de grandes tempêtes. L'une d'elles est visible au télescope. C'est la grande tache rouge.
Saturne est entourée d'anneaux constitués de blocs de glace et de poussières solides de tailles différentes.
Uranus est invisible à l'œil nu. Elle est entourée de très minces anneaux.
Sur *Neptune,* des vents soufflent à plus de 2 000 kilomètres à l'heure.

De l'espace familier aux espaces lointains, Les Univers, © Éditions Sed.

LES NOMS PROPRES ET LES NOMS COMMUNS

• Il existe **deux catégories de noms** : les **noms communs** et les **noms propres**.

• Les **noms communs** désignent les animaux, les choses ou les personnes en général ; ils sont toujours accompagnés d'un déterminant.

• Les **noms propres** désignent **une personne** *(Pierre)*, **un monument** *(la tour Eiffel)* ou **un lieu en particulier** *(Paris)*. Ils commencent par une **majuscule** et ne sont pas toujours accompagnés d'un déterminant *(Pierre, la tour Eiffel)*.

Les mots du jour

• **a épousé** : du verbe *épouser*, se marier (un époux, une épouse).
• **Un royaume** : État dirigé par un roi ou une reine.
• **Gouverne** : du verbe *gouverner*, exercer le pouvoir politique. Dans un autre contexte, diriger un bateau.
• **Complote** : du verbe *comploter*, préparer secrètement un projet.

G11 Comment employer les déterminants ?

Natures et fonctions

PETIT PROBLÈME

Dans ce pays, il y avait ✤ village. Dans le village, ✤ école. Dans ✤ école, ✤ cour. Et dans cette cour, ✤ enfant tout seul : Lucien. Pourtant, autrefois, Lucien avait ✤ bande. Dans ✤ bande, il y avait Anaïs… Voulez-vous savoir pourquoi ?
Un matin, ✤ nouvelle élève arrive à ✤'école. Elle s'appelle Khelifa. Lâo propose à Khelifa de faire partie de ✤ bande. Lucien ne veut pas.

D'après *Vive la France*, Thierry Lenain, © Éditions Nathan.

J'ai fait des taches sur mon livre… Peux-tu m'aider à lire ce texte ?

Coup de pouce

coutume (n. f.) : une
couture (n. f.) : la
couturier (n. m.) : un
couver (v.)
couvercle (n. m.) : le
couvert (n. m.) : le

Construisons la règle

- Quels mots as-tu utilisés pour compléter le texte ?
- Peux-tu trier ces mots ? Explique tes choix.
- Trouve tous les autres mots qui pourraient compléter les noms.
- Lis le début de ce texte en le mettant au pluriel. Que remarques-tu ?

Règle p. 46

 PASSE-MOI TON MOT

Un joueur choisit un objet de la classe et le désigne accompagné d'un déterminant. *Exemple :* tableau ➔ **le** tableau.
Le joueur suivant doit changer le déterminant et proposer un nouveau groupe nominal. *Exemple :* **des** tableaux.
Les joueurs se passent à tour de rôle le groupe nominal jusqu'à ce que l'un d'eux ne trouve plus de déterminant différent. Il est alors éliminé. La partie se termine lorsqu'il ne reste plus qu'un joueur… le gagnant !

Classe entière

TEST

Écris le mot qui manque.
1. Manon est ☐ grande pianiste.
2. Mais elle joue parfois ☐ violon.
3. Elle adore ☐ sport mais préfère ☐ théâtre.
4. Elle n'aime pas ☐ devoirs mais elle aime ☐ camarades.
5. Elle rêve de danser à ☐ Opéra*.

Entraînement

G11. Comment employer les déterminants ?

Itinéraire A

1. Recopie les déterminants de ces phrases.
Ex. : un élève - des objets → un - des.
Chez les plantes, un morceau de tige ou un bourgeon peuvent donner naissance à une nouvelle plante.

2. Relie les déterminants et les noms pour former un GN.
Ex. : l' → enfant.

ma • • chapeau
un • • lapins
des • • poupée
notre • • maison

3. Recopie cette phrase. Encadre ensuite les noms communs et souligne les déterminants qui les accompagnent.
Ex. : La petite fille s'appelle Lucie.
L'euro, la monnaie unique européenne, sert à simplifier la vie des Européens.

4. Complète avec l'article qui convient : un, une, le, l', la.
Ex. : J'aime bien les glaces à la vanille.
□ voiture n'a pas respecté □ stop et a percuté □ camion.
□ école a organisé □ tombola.

5. Relie le déterminant à la proposition qui convient.

ma • • Le jouet est à toi.
mon • • Les livres sont à lui.
ton • • Le dessin est à moi.
ses • • La poupée est à moi.

6. Complète les phrases avec les déterminants possessifs ses et son.
Ex. : Manon invite ses amis.
Léa, pour □ anniversaire, invita □ voisins. Léa était de bonne humeur et □ invités se sentirent bien.

7. Recopie les GN en accordant les noms et souligne les déterminants.
Les (enfant) se brossent les (dent).
Mes (rêve) se réalisent toutes les (nuit).

8. À l'oral, explique la différence entre : un chien, le chien, mon chien.

Itinéraire B

9. Recopie les déterminants de ces phrases.
La plante mère et les plantes filles sont identiques. C'est la reproduction asexuée*. L'homme l'utilise pour multiplier les plantes.

10. Relie les déterminants et les noms pour former un GN.

un • • idées
leurs • • question
ta • • vêtements
vos • • enfant

11. Recopie cette phrase. Puis encadre les noms et souligne les déterminants qui les accompagnent.
Pour entrer dans l'Union européenne, il faut que le pays candidat appartienne géographiquement au continent européen.

12. Complète avec l'article qui convient.
□ forêt est □ milieu fragile. □ êtres s'y reproduisent. Ils dépendent □ uns □ autres.

13. Relie le déterminant à la bonne proposition.

vos • • Les crayons qui sont à nous.
leurs • • Les fruits qui sont à lui.
nos • • Les vêtements qui sont à vous.
ses • • Les bonbons qui sont à eux.

14. Complète les phrases avec un déterminant possessif.
Après le départ de □ mère, les sept cabris entendirent frapper :
– C'est moi, □ mère !
– Non, car □ voix est rauque et □ patte est noire.
– Tu n'es pas □ mère.

15. Écris la liste des objets que tu vois sur ce dessin.

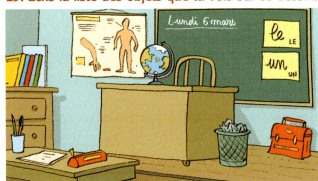

G11. Comment employer les déterminants ?

As-tu bien compris ?

VRAI ou FAUX ?
1. Le déterminant fait partie du groupe verbal.
2. L'article est un déterminant.
3. Il indique toujours le nombre du nom.
4. Le déterminant accompagne le nom.
5. Le nom propre est toujours accompagné d'un déterminant.

Le déterminant proposé est-il correctement employé ?
6. ☐ souris vit dans la grange. → *Des*
7. Elle ne sort que ☐ nuit. → *les*
8. ☐ animal curieux est craintif et fragile. → *Le*
9. ☐ jour, elle dort la tête en bas. → *Le*
10. ☐ mammifère volant ne s'accroche pas aux cheveux de ses proies. → *Les*

Récréation

HISTOIRES DE FAMILLE

Le père de mon cousin est oncle.
Le père de son père est grand-père.
Le fils de ta tante est cousin.
La mère de mon père est  grand-mère.
Le fils de mon grand-père est ✿ père.

mon - son - ton - ma - mon

AUTOUR DES TEXTES

La légende de la fondation de Marseille

Les Gaulois ne sont pas les seuls peuples vivant en Gaule. Vers 600 avant Jésus-Christ, les Grecs fondent la cité de Massalia (Marseille). En 122 avant Jésus-Christ, les Romains conquièrent* le sud-est de la Gaule.

« Le chef des marins grecs, Protis, vint trouver Nannos, *(le - un)* roi des Gaulois. Ce jour-là, le roi préparait le mariage de sa fille Gyptis. Il invita Protis au banquet* de noces qui devait avoir lieu *(le - un)* soir même. La jeune fille devait choisir *(le - son)* futur époux parmi *(les - des)* hôtes du festin. Le soir venu, elle se tourna vers Protis et lui offrit un peu d'eau. Par ce geste, elle en fit *(un - son)* époux. En cadeau, Protis reçut *(la - une)* terre pour fonder une cité, Massalia. Les Grecs apprirent aux Gaulois à cultiver *(une - la)* vigne et l'olivier. »
D'après *La Préhistoire-L'Antiquité*, Les Univers, © Éditions Sed.

- Reconstitue la légende telle qu'elle a été écrite en choisissant le déterminant qui convient.
- Pour chaque déterminant, tu devras justifier ton choix.

LES DÉTERMINANTS

RÈGLE

- **Le déterminant** accompagne toujours le nom commun dans la phrase. Il se place toujours au début du GN : *un couvercle*.

- **Le déterminant** s'accorde avec le nom : il indique **le nombre et le genre du nom** : *les couverts*, *une planète*.

- Parmi les déterminants, on trouve les **articles** : *un, une, des, du, le, la, les, l'*... Il existe aussi des **déterminants possessifs** : *ma, ton, ses, notre, vos, leurs, ses*...

Les mots du jour

- **L'Opéra** : monument de Paris consacré à la danse et à la musique.
- **Asexuée** : (adj.) *a-* traduit l'absence. Qui n'a pas de sexe.
- **Conquièrent** : du verbe *conquérir*, se rendre maître par les armes.
- **Un banquet** : grand repas (en raison des petits bancs disposés autour de la table).

46

Natures et fonctions

G12 Pourquoi et comment compléter le groupe nominal ?

PETIT PROBLÈME

Aide-moi à trouver des groupes nominaux pour décrire cette image en utilisant les mots proposés.

Catégorie 1
un, une, des, les, la, le, l'

Catégorie 2
pingouin, igloo, morse, défense, banquise, iceberg, glace, plaque, soleil, océan, bonnet

Catégorie 3
petit, grand, froid, bleu, jaune, blanc, de l'esquimau, du morse, rouge, seul, grand, de glace

Construisons la règle

- Quelles sont les deux catégories obligatoires pour construire un GN ? Comment les appelle-t-on ?
- Compare avec tes voisins les groupes qui possèdent le même nom noyau.
- Observe les différences. Explique-les.
- À quoi servent les mots de la catégorie 3 ? Quelle est leur nature ?
- Quels mots de cette catégorie changent de forme selon le genre et le nombre ?

Règle p. 49

Coup de pouce
des ailes -
de grandes ailes
transparentes

 OBJET MYSTÈRE

Un joueur cache un objet. Chacun leur tour, les autres doivent deviner de quoi il s'agit en posant des questions. Mais attention, les joueurs ne pourront pas donner de noms d'objets sans avoir ajouté un adjectif qualificatif. *Exemple : Est-ce que cet objet est dur, gros, chaud ?*
Le premier qui trouve a gagné. C'est alors à lui de cacher un objet.

Classe entière

TEST

Recopie les adjectifs* qualificatifs.
1. Le soir, j'aime manger une soupe chaude.
2. Ce matin, il est tombé une pluie incessante.
3. Les petites filles aiment les poupées.
4. Des hommes forts soulèvent des caisses.
5. De gros flocons tombent.

47

Entraînement

G12. Pourquoi et comment compléter le groupe nominal ?

Itinéraire A

1. Recopie les phrases du texte. Puis souligne les noms et encadre les adjectifs qualificatifs.
Ex. : Voici une |belle| histoire.
Une vieille chèvre était mère de plusieurs jolis chevreaux. Elle dit à ses jeunes enfants : « Avec sa voix rauque et ses pattes noires, vous reconnaîtrez le loup. »

2. Recopie les phrases. Encadre tous les adjectifs qualificatifs et relie-les aux noms qu'ils précisent.
Ex. : L'univers est le monde |entier|.
Une galaxie est un vaste ensemble d'étoiles et autres éléments. Un astre est un corps céleste naturel. Un astéroïde est une petite planète.

3. Pour chaque GN, complète le tableau.

Déterminant	Nom	Adjectif qualificatif
la	pluie	froide
...	...	...

d'énormes dégâts - les habitations avoisinantes - une éruption meurtrière - un séisme spectaculaire

4. Récris les phrases en complétant les GN avec les adjectifs qualificatifs suivants : *nombreux - alpin - petits - grands - chaleureux*.*
*Ex. : Les **nombreux** bergers gardent les **grands** troupeaux.*
Les chalets servaient d'abri aux bergers. Ils servent de refuge maintenant. Des alpinistes viennent s'y abriter. Les randonneurs s'y reposent aussi.

5. Récris ces phrases en les complétant par des GN compléments du nom.
Ex. : Les dents restent fragiles. → Les dents de lait restent fragiles.
Les dents se forment dans la mâchoire. Il faut les protéger en mastiquant les aliments.

6. Complète chaque nom avec deux adjectifs qualificatifs. *Ex. : Le valeureux chevalier médiéval.*
les seigneurs - un château - des paysans

7. Compose des groupes nominaux et écris-les.

un	ancienne	garçons
cette	vilains	demeure
des	médiéval*	château

Itinéraire B

8. Recopie les phrases. Puis souligne les noms et encadre les adjectifs qualificatifs.
Je cherchais toujours le mot qui fait mal.
Lucie est arrivée avec une robe magnifique.
Enzo est malade et malheureux.
Gautier a essayé d'être gentil et rassurant.

9. Recopie les phrases du texte. Encadre tous les adjectifs qualificatifs et relie-les aux noms qu'ils précisent.
En un an, la Terre fait un tour complet autour du Soleil. Dans l'hémisphère Nord, les journées sont longues : c'est la saison chaude. Dans l'hémisphère Sud, les journées sont courtes : c'est la saison froide.

10. Pour chaque GN, complète le tableau.

Déterminant	Nom	GN complément
...	...	...

les volcans de La Réunion - un brûlant mélange de gaz et de poussière - des éruptions fréquentes - une centaine d'éruptions - des coulées de lave

11. Récris les phrases en complétant les GN par un adjectif qualificatif ou un GN complément du nom.
Les pêcheurs naviguent en mer. Les ports s'animent. Les bateaux reviennent. Les pêcheurs rentrent. Les ports abritent aussi des voiliers ou des bateaux à moteur. La pêche est une activité. L'été, les vacanciers gagnent les plages.

12. Encadre chaque nom avec un adjectif qualificatif et un GN complément.
un faucon - une arbalète - une cathédrale - un manuscrit* - un jongleur - un donjon

13. Remplace chaque adjectif qualificatif par un autre adjectif de sens contraire.
une horloge ancienne - une jupe neuve - une femme triste - de petits enfants - des rues silencieuses

14. Compose des GN et écris-les.
son - de laine - gentille - maman - ma - de Manon - notre - une - ville - chaudes - sans voiture - ami - tes - pauvre - moufles - nouvelles - petites - fourrées - télévision - de mes parents

G12. Pourquoi et comment compléter le groupe nominal ?

As-tu bien compris ?

VRAI ou FAUX ?
1. Il peut y avoir plusieurs adjectifs qui complètent le nom.
2. L'adjectif s'accorde en genre et en nombre avec le nom et son déterminant.
3. L'adjectif qualificatif ne peut pas être supprimé.
4. Le complément du nom suit toujours le nom.
5. Le complément du nom fait partie du groupe verbal.

Les GN soulignés sont-ils complétés par un adjectif ?
6. Mon petit cousin a des <u>frères</u>.
7. Le loup mange les <u>petits cochons</u>.
8. Marion porte <u>des jupes courtes</u>.
9. Lucia a mangé <u>des haricots du jardin</u>.
10. Johann est <u>un garçon</u>.

Récréation

EXPRESSIONS
Retrouve les expressions en les complétant par un adjectif :

fier - malin - petit - myope
grand - rusé - têtu

a. ☐ comme un singe
b. ☐ comme un paon
c. ☐ comme un renard
d. ☐ poisson deviendra ☐
e. ☐ comme une mule
f. être ☐ comme une taupe

a. malin - b. fier - c. rusé - d. petit; grand - e. têtu - f. myope

Autour des textes

• Récris ce texte en imaginant des mots ou des expressions à la place des chiffres.

LA SAUTERELLE

Rien ne lui fait peur, car elle a des (1) bottes de sept lieues, un cou (2), le front (3), le ventre (4), des ailes (5), des cornes (6) et un sabre (7) au derrière. […] Observe sa bouche : par ses mandibules (8), elle sécrète une mousse (9) comme du jus (10). Mais le monstre (11) t'échappe brusquement et te laisse une cuisse (12) dans la main.

D'après *La sauterelle*, in *Histoires naturelles*, Jules Renard.

LES EXPANSIONS DU GROUPE NOMINAL

RÈGLE

• Le GN peut être complété par des **adjectifs qualificatifs** ou d'autres **GN** qui donnent des informations supplémentaires, mais ne sont pas obligatoires :
le <u>grand</u> pingouin <u>de la banquise</u> → le pingouin.

• L'adjectif qualificatif s'accorde en genre et en nombre avec le nom, et peut être placé **avant** ou **après** lui : *Le loup <u>féroce</u> mange les <u>petits</u> cochons.*

• Le GN **suit** toujours le nom et est précédé d'une **préposition** (*de*, *sans*). Sa fonction est de compléter le GN, on dit qu'il est **complément du nom**.

Les mots du jour

• Un **adjectif** : à l'origine *qui s'ajoute à*.
• **Chaleureux** : (adj.) de *chaleur* ; synonyme d'amical.
• **Médiéval** : (adj.) de *medium*, âge du milieu ; concerne le Moyen Âge.
• Un **manuscrit** : livre écrit à la main.

49

La phrase

G13 La ponctuation pour quoi faire ?

PETIT PROBLÈME

La maîtresse m'a rendu ma production d'écrit. Aide-moi à la corriger en suivant ses conseils.

Les points et les majuscules ont été oubliés. Fais plusieurs phrases.

le jour de la rentrée maman m'accompagne pourquoi est-elle venue je préfère venir avec mes copains mais maman veut tout savoir nous arrivons devant l'école quelle cohue* les parents sont plus nombreux que les enfants enfin à huit heures trente nous nous dirigeons vers nos classes les adultes s'éloignent nous allons travailler

coup de pouce

Viendras-tu demain **?**
Oui, vers quatre heures **.**

Construisons la règle

- Lis cette rédaction à haute voix. Que remarques-tu ?
- Qu'est-ce que Lucie a oublié ?
- Essaie de recopier la rédaction en suivant les conseils de la maîtresse. Compare avec ton voisin.

 PRONONCIATION

Les joueurs apprennent ces phrases par cœur et essaient de les prononcer chacun leur tour.
• Donnez-lui à minuit huit fruits cuits, et si ces huit fruits cuits lui nuisent*, donnez-lui à midi huit fruits crus.
• L'oiseau beau et gros, gros et beau, vole au dessus de l'eau, moins loin néanmoins qu'un pingouin malouin.
• Si six cents scies scient six cents cigares, six cent six scies scieront six cent six cigares.

TEST

Quels signes ont été oubliés ?
1. Quelle jolie fille
2. quel âge as-tu
3. Je regarde le soir la télé avec mes parents
4. Lucie adore les bonbons
5. Pierre dit tais-toi

Règle p. 52

Classe entière

G13. La ponctuation pour quoi faire ?

Itinéraire A

1. Recopie ces phrases, puis encadre les signes de ponctuation.

Ex. : ⎡L⎤e chat joue avec Lucie ⎡.⎤

Je m'appelle Manon.
Et toi, comment t'appelles-tu ?
J'adore manger des mangues !

2. Recopie ce texte en séparant les trois phrases par un trait.

Ex. : Les poules pondent des œufs / elles vivent dans les poulaillers.

Le hérisson dort toute la journée il se réveille le soir il se met en boule quand il a peur.

3. Recopie les trois phrases en replaçant les majuscules et les points au bon endroit.

Ex. : je suis au CE2 mon amie Laura aussi
→ *Je suis au CE2. Mon amie Laura aussi.*

Laura est ma meilleure amie elle a neuf ans elle a les cheveux bruns et les yeux bleus

4. Recopie ces phrases en mettant la ponctuation de deux manières. Explique ce que cela change.

Ex. : Mamie Jeanne est partie. Mamie, Jeanne est partie !

Ma tante Sophie arrivera demain
Madame Dupont la gardienne distribue le courrier

5. Retrouve les deux phrases et recopie-les en ajoutant la bonne ponctuation (points et majuscules).

Ex. : la nuit tombe il se couche
→ *La nuit tombe. Il se couche.*

le repas est terminé je débarrasse la table
j'ai fini mes devoirs je peux jouer

6. Recopie ce texte en plaçant les virgules, les points et les majuscules au bon endroit.

Ex. : le soir dans mon lit j'adore rêver
→ *Le soir, dans mon lit, j'adore rêver !*

le dompteur calme fait entrer les fauves mais que voit-on un lion rugit ah j'ai trop peur heureusement il grimpe tranquillement sur le tabouret

Itinéraire B

7. Recopie ces phrases, puis encadre les signes de ponctuation.

« Tu travailles ? lui dit-elle.
– Viens ici !
– Je suis ton ami. »
Le matin, il faut déjeuner.

8. Recopie ce texte en séparant les deux phrases par un trait.

Dans le jardin, il y a un bac à sable et des balançoires le mercredi, les enfants s'y retrouvent.

9. Recopie le texte en replaçant les majuscules et les points au bon endroit.

la bécasse* est un oiseau au long bec toute la journée, elle reste dans le bois le soir, elle ne sort que pour chercher des vers

10. Recopie ces phrases en mettant la ponctuation de deux manières.

Émilie ma sœur joue dehors
Le maître lui enfonce son bonnet sur la tête
William lui donnera la bonne réponse.

11. Retrouve les trois phrases et recopie-les en ajoutant la bonne ponctuation (points et majuscules).

pour son anniversaire, Manon invitera ses amis elle déteste être seule vive les fêtes

12. Recopie ce dialogue en plaçant les points qui conviennent (. ! ?). N'oublie pas les tirets.

Tais-toi, ordonne-t-elle ☐ Comment peux-tu faire cela ☐ Je n'aime pas les épinards ☐ Il faut que tu goûtes ☐ Ils n'ont pas une belle couleur ☐ Mélange-les avec tes pâtes ☐

13. Recopie ce texte en plaçant les virgules, les points et les majuscules au bon endroit.

le sais-tu dès le mois d'octobre les crapauds se nichent dans un trou ou au fond de l'eau pour passer l'hiver ne cherche plus de crapaud c'est trop tard

14. Écris un texte pour raconter ton premier jour d'école en utilisant différents points et des virgules.

G13. La ponctuation pour quoi faire ?

As-tu bien compris ?

VRAI ou FAUX ?
1. Il existe plusieurs sortes de points.
2. La majuscule est un signe de ponctuation.
3. Le point se met au début des phrases.
4. La virgule se place à la fin de la phrase.
5. Le point d'exclamation marque l'émotion.

Est-ce correctement ponctué ?
6. J'ai terminé !
7. Que se passe-t-il !
8. William, fais attention.
9. Les carottes poussent dans la terre.
10. Le soir les étoiles, brillent dans le ciel.

récréation

LA BONNE PONCTUATION
En donnant à chaque phrase un signe de ponctuation, tu découvriras le mot mystère. Attention, respecte l'ordre des phrases.

Les libellules ont quatre ailes	?	= T
La boulangère a trente ans	!	= I
Drôle de samedi soir	.	= P
Quelle imagination débordante	.	= O
Qui es-tu	!	= N

POINT

AUTOUR DES TEXTES

Doudou est différent

Doudou-Lapin, le petit frère de Lili, ne grandit pas comme les enfants de son âge. C'est un gros souci pour Lili.

Un jour, Lili se met à crier très fort :
« J'en ai assez de ce petit frère, on lui laisse tout faire ! Pourquoi vous ne le grondez pas ? Pourquoi vous ne lui apprenez rien ? »
Maman Lapin prend Lili dans ses bras, elle la berce, elle lui dit :

« Tu sais bien, Lili, que Doudou-Lapin ne sera jamais tout à fait comme les autres. Je te l'ai déjà expliqué. Bien avant qu'il soit né, Doudou-Lapin a eu comme une espèce de maladie.
Ça s'appelle la trisomie*.
Ce n'est pas de sa faute. »

Un petit frère pas comme les autres,
Marie-Hélène Delval,
coll. « Les belles histoires »,
© Bayard Jeunesse.

• Continue ce dialogue en écrivant ce que tu dirais si tu étais à la place de Lili.

LA PONCTUATION

Il existe plusieurs signes de ponctuation qui nous indiquent comment lire et organiser les textes :

• **la majuscule** pour débuter une phrase ;
• **le point** à la fin d'une phrase. Il peut aussi être **d'interrogation (?)** ou **d'exclamation (!)** ;
• **la virgule (,)** qui se met le plus souvent à la suite d'un mot ou d'un groupe de mots que l'on peut déplacer :
Le jour de la rentrée, maman m'accompagne.
• **le tiret (–)** et **les guillemets (« »)** dans les dialogues.

RÈGLE

Les mots du jour

• **La cohue** : désigne une foule animée.
• **Nuisent** : du verbe *nuire*, qui signifie *faire du tort ou du mal*.
• **Une bécasse** : oiseau muni d'un long bec et de longues pattes.
• **La trisomie** : maladie qui se développe avant la naissance.

La phrase

G14 Comment relier les mots entre eux ?

● PETIT PROBLÈME

> Complète les phrases par le mot qui manque.
>
> Vous pouvez <u>travailler</u> … <u>jouer</u>.
> Le skieur s'est cassé <u>le tibia</u> … <u>le péroné</u>.
> Mon père rentre vers <u>six heures</u> … <u>sept heures</u>.
> William ne sera … <u>médecin</u> … <u>vétérinaire</u>.
> Manon porte une robe <u>jaune</u> … <u>bleue</u>.
> Arthus est <u>coléreux</u>, … <u>serviable</u>.

Voici un exercice que la maîtresse m'a donné. Peux-tu m'aider à le faire ?

● Construisons la règle

Règle p. 55

• Quel est le rôle des mots que tu as ajoutés ? Comment les as-tu choisis ?

• Classe les phrases complétées dans le tableau selon le sens des mots que tu as ajoutés.

Tous les deux	Aucun des deux	L'un des deux	En opposition
…	…	…	…

coup de pouce

Je n'aime **ni** <u>le chocolat</u> **ni** <u>les bonbons</u>.
J'aime <u>les fruits</u> **et** <u>les légumes</u>.

• Indique pour chaque phrase la nature des mots soulignés. Que remarques-tu ?

😋 QUESTION DE GOÛT

4 joueurs

Un joueur commence à poser une question proposant deux choix à son voisin. *Exemple : Préfères-tu l'escalade ou la natation ?* Le voisin devra répondre par deux phrases en utilisant deux mots de liaison différents. *Exemple : Je n'aime **ni** l'escalade **ni** la natation ; ou j'aime l'escalade **et** la natation*.

● TEST

Ajoute l'élément qui manque.
1. Je joue avec Manon et … .
2. Les enfants choisissent des livres ou … .
3. Les portes s'ouvrent et … .
4. Nous ne voulons ni jouer ni … .
5. Les tartines sont chaudes et … .

53

Entraînement

G14. Comment relier les mots entre eux ?

Itinéraire A

1. Recopie chaque phrase, puis entoure le mot de liaison. Souligne ensuite les deux mots qu'il relie.
Ex. : Elle était petite (et) mince.
Le lundi, tous les élèves de CE2 ont chorale et danse. Ils répètent le spectacle de fin d'année le mercredi ou le vendredi. Il faudra dessiner et imprimer des programmes et des affiches.

2. Complète les phrases avec les mots suivants : *doux, travailleur, riz.*
Cet élève est bavard, mais ... . - Arthus aime les pâtes, mais pas ... . - Mon chien a le poil ras, mais ... .

3. Complète par *et* ou *ou*.
*Ex. : Ses cheveux sont frisés **ou** raides.*
En 6ᵉ, on étudie une langue étrangère : l'anglais ... l'allemand.
Les élèves choisissent la natation ... l'athlétisme.
Ils font du piano ... de la harpe.

4. Complète par *et* ou *ni*.
*Ex. : Il pleure **et** il crie. - Cette fille ne regarde **ni** les fleurs **ni** les animaux.*
Je n'aime ... les épinards ... le poisson. - La mer peut être bleue ... verte. - Il pleut : on ne pourra ... faire du pédalo* ... pique-niquer. - Manon et Lucie ne parlent ... espagnol ... russe.

5. Recopie les mots soulignés et indique leur nature (adjectif, verbe, GN).
Ce garçon ne sait ni lire ni écrire. Il se promène dans la campagne ou en forêt. Il aime être seul ou accompagné.

6. Recopie les phrases en les reliant par un mot de liaison : *et* ou *ou*.
Ex. : L'acrobate tombe. Il se fait mal.
→ *L'acrobate tombe **et** se fait mal.*
Ils ont vu Lola. Ils ont joué avec ses amis.
Je passerai une semaine à la montagne. J'irai au bord de la mer.
Le soleil est levé. Il brille.

7. Raconte ce que tu aimerais faire plus tard en émettant* des choix.

Itinéraire B

8. Recopie les phrases en soulignant les mots coordonnés*, puis indique leur nature.
Le lundi, tous les élèves de CE2 ont chorale ou danse. Les CM1 peuvent participer ou faire leurs devoirs. Les petits jouent dans la cour ou vont à la bibliothèque.

9. Recopie chaque phrase, puis complète par un mot de liaison et souligne les deux mots qu'ils relient, en précisant leur nature.
Dans ce jeu, on peut gagner une caméra ... un téléphone. - Le carré ... le rectangle sont des quadrilatères. - N'hésitez pas à appeler le jour ... pas la nuit. - Je n'aime ... la musique ... le théâtre.

10. Complète les phrases par le mot qui manque.
Ce n'est pas moi, mais ... .
Robin veut être médecin ou ... .
Je ne pars ni très loin ni ... .
L' aigle et ... sont des rapaces.

11. Écris le contraire en utilisant *et*.
Un vent ni violent ni glacé soufflait du nord.
Il n'y a ni roses ni tulipes dans ce bouquet.
Les vacanciers n'ont ni écrit ni téléphoné.

12. Écris le contraire de ces phrases en utilisant *ni*.
Mes amis partent en vacances en juillet et en août. - Ils auront du soleil et du vent. - Je trouve cette personne belle et gentille.

13. Recopie les phrases en les reliant deux par deux par un mot de liaison.
J'irai à la campagne. J'irai à la mer.
Je me lèverai tôt. J'irai courir.
Il visitera la Tunisie. Il restera en France.
Il fera son marché. Il restera au lit.

14. Écris la question qui correspond en utilisant un mot de liaison.
Je préfère la glace à la vanille.
Nous préférons aller voir la tour Eiffel.
Il n'ira ni en Angleterre ni au Canada.

15. Écris un texte pour dire ce que tu aimes faire quand tu es chez toi, en utilisant des mots de liaison.

G14. Comment relier les mots entre eux ?

🟠 As-tu bien compris ?

VRAI ou FAUX ?
1. *Et, ou, ni* sont des mots de liaison.
2. *Et, ou, ni* relient des mots de même nature.
3. *Ou* indique l'addition.
4. *Et* indique le choix.
5. *Ni* est toujours employé deux fois.

Les mots de liaison proposés conviennent-ils ?
6. Je cours ☐ je tombe. → *et*
7. Ce n'est ☐ moi ☐ mon frère. → *ni - ou*
8. Les élèves iront en CM1 ☐ en CM2 → *et*
9. Mes parents partent en Tunisie ☐ à Cuba. → *ou*
10. Ses frères ☐ ses sœurs sont en vacances. → *ou*

Récréation

HOMOPHONIE

Continue d'expliquer comment sont rangés les cahiers.

Le cahier rouge est à côté du cahier bleu ... du cahier vert, ... il n'est ... à côté du cahier jaune ... à côté du cahier rose.

et - mais - ni - ni

🟠 AUTOUR DES TEXTES

Les deux frères
Il était une fois deux frères, un riche et un pauvre. Le riche était méchant de cœur et le pauvre était bon et honnête.
D'après les frères Grimm.

Les deux bossus
Il y avait une fois deux tailleurs qui habitaient la même rue et étaient aussi bossus l'un que l'autre. L'un s'appelait Kaour et l'autre Laouig. L'un chantait tout le temps et l'autre était continuellement renfrogné*. Mais ni l'un ni l'autre n'avaient suffisamment d'argent pour nourrir leur famille.
D'après un conte populaire breton.

- Lis ces débuts de contes. Combien y a-t-il de personnages dans chaque conte ?
- Quel mot de liaison a-t-on utilisé pour les associer ? Quel autre mot de liaison peux-tu retrouver ? Explique son emploi.

🟠 LES MOTS DE LIAISON

RÈGLE

- Pour relier les mots entre eux, on utilise des **mots de liaison** comme *et*, *ou*, *ni* et *mais*, qui sont des mots **invariables**. Ils relient toujours des mots de **même nature**.

- *Et* indique l'**addition** (les deux), *ou* indique un **choix** (soit l'un, soit l'autre), *ni* est toujours employé deux fois dans une phrase négative (aucun des deux), *mais* indique l'**opposition**.

Les mots du jour

- Un **pédalo** : du verbe *pédaler*.
- **Émettant** : du verbe *émettre*, qui signifie *dire, exprimer*.
- **Coordonné** : (adj.) relié.
- **Renfrogné** : (adj.) se dit de quelqu'un de mécontent qui le montre en contractant son visage.

55

Dictées

GRAMMAIRE

G1 Reconnaître la phrase

Auto-dictée
Le relief de la France se compose de plateaux, de montagnes, mais aussi de vallées. **Ce sont de vastes espaces.**

G2 Les groupes dans la phrase

Dictée à trous
Les légendes des photos de la classe de neige tombent et toutes les images s'emmêlent. **Les élèves doivent les ranger.**

G3 L'accord sujet-verbe

Dictée préparée
Les plantes vertes puisent l'eau dans le sol humide et fabriquent leurs propres aliments. **Elles ont besoin de lumière.**

G4 Les types de phrases

Auto-dictée
Les joueurs prennent au hasard un papier dans une corbeille et improvisent une phrase complète. **Les gagnants marquent des points.**

G5 Les formes affirmative et négative

Dictée préparée
Les enfants traversent la rue sans faire attention. Ils n'attendent pas le feu rouge. **Les voitures doivent freiner brusquement.**

G6 La nature des mots

Dictée à trous
Mes parents content cette histoire d'étalons noirs et sauvages. Ils vivaient derrière le couvent. **Nous avions aussi des lions.**

G7 Les compléments d'objet

Auto-dictée
Tom achète des croissants à la boulangerie avec son argent. Il prend aussi du pain. **Sa sœur veut une brioche.**

G8 Les compléments circonstanciels

Dictée préparée
À l'autre bout du monde, un hôte monstrueux et inquiétant vit dans les Rocheuses. **Partout, des monstres affreux existent.**

G9 Les constituants du groupe nominal

Dictée à trous
Les fleuves se jettent dans la mer : de nombreux déchets s'accumulent dans l'embouchure. **Ils proviennent de grandes usines.**

G10 Les noms propres et les noms communs

Auto-dictée
Notre planète, la Terre, appartient au système solaire, composé du Soleil et de sept planètes. **Elle tourne autour du Soleil.**

G11 Les déterminants

Dictée préparée
Ma petite sœur invite ses nombreux amis pour son anniversaire. Notre mère offre des bonbons. **Nos invités aiment les fêtes.**

G12 Les expansions du groupe nominal

Auto-dictée
Une galaxie est un vaste ensemble d'étoiles. L'astéroïde est une toute petite planète. **De nombreux petits astres existent.**

G13 La ponctuation

Dictée à trous
La bécasse est un oiseau au long bec qui se nourrit de vers de terre. Habite-t-elle dans les bois ?

G14 Les mots de liaison

Dictée préparée
Papa rentrait vers six ou sept heures. Mon frère et moi lui racontions notre journée. **Maman et lui étaient très attentifs.**

CONJUGAISON

C1. Comment reconnaître le verbe dans la phrase ? .... p. 58

C2. Pourquoi le verbe change-t-il de forme ? (1) .... p. 61

C3. Pourquoi le verbe change-t-il de forme ? (2) .... p. 64

C4. Comment classer les verbes ? .... p. 67

C5. Comment conjuguer les verbes du 1er groupe au présent ? .... p. 70

C6. Comment conjuguer les verbes du 2e groupe au présent ? .... p. 73

C7. Comment conjuguer les verbes du 3e groupe au présent ? .... p. 76

C8. Comment conjuguer les verbes *être* et *avoir* au présent ? .... p. 79

C9. Comment conjuguer les verbes au futur ? .... p. 82

C10. Comment conjuguer les verbes à l'imparfait ? .... p. 85

C11. Comment conjuguer les verbes au passé composé ? .... p. 88

Dictées .... p. 91

Conjugaison

C1 — Comment reconnaître le verbe dans la phrase ?

○ PETIT PROBLÈME

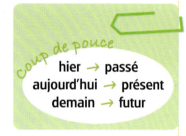

Aide-moi à classer ces phrases sur la ligne du temps.

- Manon mange des bonbons.
- Nous mangerons des bonbons.
- Je mangeais des bonbons.
- Manon et Lucie mangeaient des bonbons.
- Vous ne mangerez pas de bonbons.

Passé — Présent — Futur

○ Construisons la règle

- Dans chaque étiquette, encadre le mot qui t'a permis de déterminer le moment de l'action. Que remarques-tu ?
- Y a-t-il un autre mot de la phrase qui fait changer le mot encadré ?

coup de pouce
hier → passé
aujourd'hui → présent
demain → futur

Règle p. 60

💬 LE PENDU

Un joueur choisit un verbe à l'infinitif que les autres doivent découvrir. Il écrit au tableau la première et la dernière lettres du verbe. Puis il indique le nombre de lettres à trouver en les signalant par un tiret. *Exemple : pour le verbe MANGER, on indique : M_ _ _ _ R.*
Les joueurs proposent des lettres, une par une. Lorsque qu'une lettre figure dans le mot, le meneur du jeu l'inscrit à sa place, autant de fois qu'elle apparaît dans le mot. Si elle n'y est pas, il commence à dessiner la potence et le pendu. Le gagnant est celui… qui n'est pas pendu !

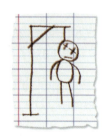

Classe entière

○ TEST

Recopie le verbe conjugué.
1. Dans la tradition* celte, on brûlait une bûche à Noël.
2. La tortue a une alimentation variée.
3. Comment s'appelle ton meilleur ami ?
4. Demain, tu n'iras pas à l'école.
5. Dessine un chat sur ton cahier de poésie.

Entraînement

C1. Comment reconnaître le verbe dans la phrase ?

Itinéraire A

1. Recopie les phrases qui ont un verbe et encadre-le.
Ex. : Le peintre |regarde| sa toile.
Le peintre recouvre le bois du lit en rouge.
Quelle belle fenêtre verte !
Quelle magnifique table orangée !
Il peint la lumière du matin.

2. Recopie les phrases et encadre les verbes. Souligne le mot qui fait changer le temps du verbe.
Aujourd'hui, les paysans comptent les épis de blé.
Aujourd'hui, le paysan compte les épis de blé.
Hier, les paysans comptaient les épis de blé.
Demain, les paysans compteront les épis de blé.

3. Recopie les phrases. Encadre les verbes et souligne les mots qui les font changer.
Ex. : Les bourgeons |se développent|.
Les pommes grossissent. La récolte commence.
La pomme grossit. Les récoltes commencent.

4. Complète les phrases avec les adverbes *aujourd'hui*, *hier* ou *demain*. Classe ensuite les verbes dans le tableau.

Passé	Présent	Futur
Hier il était malade.	**Aujourd'hui** il est malade.	**Demain** il ira à l'école.
...	...	...

... le maître propose une élection.
... cinq élèves se présenteront.
... chacun inscrivait son nom sur un bulletin de vote.

5. Recopie la phrase si le mot encadré est un verbe conjugué.
Ex. : Maman |prépare| le repas. → le verbe conjugué est encadré : je recopie la phrase.
Anna |écrit| à sa grand-mère. |Elle| lui raconte ses journées. Sa grand-mère |sera| contente.

6. Recopie les verbes en les mettant à l'infinitif.
Qui décoiffe la mer avec des mains qu'on ne voit pas ?
Qui roule sa chanson dans la gorge des torrents ?
Qui n'est jamais si lourd que quand un oiseau meurt ?

D'après À l'aube du buisson, J.-P. Siméon, © Cheyne éditeur.

Itinéraire B

7. Recopie les phrases qui ont un verbe et encadre-le.
« Que mettras-tu dans ton panier ?
Un violon et trois moutons.
Je ne veux pas de hérisson.
Mais deux chaussures. »

8. Recopie les phrases et encadre les verbes. Souligne le mot qui fait changer le temps du verbe.
Aujourd'hui, les génies sortent de terre.
Aujourd'hui, le génie sort de terre.
Hier, le génie sortait de terre.
Demain, le génie sortira de terre.

9. Recopie les phrases. Encadre les verbes et souligne les mots qui les font changer.
Les bourgeons donnent naissance à des feuilles et des fleurs. Le vent et les abeilles transportent le pollen* des fleurs.

10. Complète les phrases avec les adverbes *aujourd'hui*, *hier* ou *demain*. Classe ensuite les verbes dans le tableau.

Passé	Présent	Futur
...	...	...

... les enfants attendent pour voter.
... nous avons préparé des bulletins de vote.
... vous vous isolerez dans une cabine.

11. Recopie la phrase si le mot encadré est un verbe conjugué.
Leur |institutrice| s'appelait Mlle Candy. Elle |devait| être âgée d'environ 23 ans. Ses cheveux |recouvraient| son visage rond. On la voyait rarement |sourire|. Elle possédait un don : elle pouvait les rendre |heureux|.

12. Complète les phrases pour préciser le moment avec les adverbes *maintenant*, *autrefois*, *bientôt*.
... les enfants seront grands.
... les enfants écoutent le maître.
... les enfants n'iront peut-être plus à l'école.
... les enfants n'allaient pas à l'école.

13. Trouve l'infinitif de ces verbes.
Attendez-nous ! - Elles quittent leur trou. - Nous irons à Paris. - Vous disiez la vérité. - Je dormirai près de toi. - Tu ne manges pas de soupe.

C1. Comment reconnaître le verbe dans la phrase ?

As-tu bien compris ?

VRAI ou FAUX ?
1. Le verbe est un mot invariable.
2. Pour trouver le verbe, on peut changer le temps de la phrase.
3. L'infinitif est la forme invariable du verbe.
4. Le verbe est toujours conjugué.
5. Le verbe change de forme en fonction du sujet.

Les mots encadrés sont-ils des verbes conjugués ?
6. Les serpents |aiment| les endroits chauds.
7. Chose surprenante, ils peuvent |avoir| de une à neuf têtes.
8. Souvent, ils passent pour |rusés|.
9. Mais |craignent|*-ils l'eau ?
10. Celui du Mexique |possède| des plumes sur le dos.

Récréation

MOTS CACHÉS
Trouve les 10 verbes à l'infinitif cachés dans la grille et recopie-les.

L	A	B	F	A	I	R	E	C	P	D
A	J	O	U	E	R	E	E	F	A	G
V	H	T	I	I	J	V	O	I	R	K
E	L	E	R	I	R	E	M	N	E	O
R	P	R	Q	R	T	R	A	I	R	E

faire - jouer - voir - rire - traire - laver - ôter - fuir - rêver - parer

Autour des textes

Paul a fait la connaissance d'un drôle de bonhomme qui lui a proposé de faire tous ses devoirs à sa place. En échange, il a dû lui donner quelque chose de son langage.

C'être un homme grand et mince. Il avoir de grosses oreilles, il aimer, il manger, il rire ou il aller en promenade. Il porter un costume gris et avoir un parapluie vert. Ses affaires être crasseuses. Quand il se promener, il s'arrêter à chaque maison et tendre l'oreille : il vouloir savoir s'il y avoir des enfants. Cet homme avoir toujours sa valise à la main. Souvent il rentrer dans une maison pour proposer aux enfants de faire leurs devoirs.

D'après *Le Coupeur de mots*, Hans Joächim Schädlich, © Castor Poche, Flammarion.

- Qu'est-ce que Paul a donné de son langage au drôle de bonhomme ?
- Relis son récit en retrouvant les mots d'origine.

RECONNAÎTRE LE VERBE

- Pour **repérer** le verbe conjugué dans une phrase, on peut :
  – **changer le temps** de la phrase : *Demain, les paysans cultiveront la terre. Aujourd'hui, les paysans cultivent la terre.*
  – **changer la personne** qui fait l'action : *Il cultive la terre. Ils cultivent la terre.*

- La **forme invariable*** du verbe est l'**infinitif**. On le retrouve sous cette forme dans le dictionnaire.

- Les différentes formes du verbe constituent la **conjugaison**.

RÈGLE

Les mots du jour

- Une **tradition** : du latin *tradere*, transmettre. Ce qui se transmet.
- Le **pollen** : poussière formée par les fleurs qui donne naissance à des fruits.
- **Craignent** : du verbe *craindre*, avoir peur.
- **Invariable** : adjectif qui commence par *in-* pour indiquer le contraire. Un mot invariable s'écrit toujours de la même manière ; un mot variable change de forme.

Conjugaison

C2 — Pourquoi le verbe change-t-il de forme ? (1)

○ PETIT PROBLÈME

Quelque chose me souleva dans les airs. Les géants se penchent vers moi. Il chantera d'une voix incroyablement douce. Quelque chose me soulève dans les airs. Les géants se pencheront vers moi. Il chantait d'une voix incroyablement douce. Quelque chose me soulèvera dans les airs. Il chante d'une voix incroyablement douce. Les géants se penchèrent vers moi.

Oh ! là là ! Toutes les phrases se sont mélangées. Je n'y comprends rien. Peux-tu m'aider à remettre de l'ordre ?

○ Construisons la règle

- Comment as-tu fait ?
- Quels sont tes critères de classement ?
- Quels mots t'ont aidé ?
- Souligne dans ces mots la partie qui change. Où se trouve-t-elle dans le mot ?

Règle p. 63

coup de pouce

**passé
présent
futur**

😊 LE PASSAGER DU TEMPS

Le meneur de jeu compose deux équipes. Un joueur de la première équipe raconte un moment de sa journée en deux ou trois phrases et indique le temps employé. *Exemple : Le matin, le réveil sonne. Je me lève et je vais déjeuner. Il fait nuit. (Présent.)*
Les joueurs de la deuxième équipe doivent alors transformer les phrases en changeant le temps et en ajoutant un indicateur de temps (hier, demain…). S'ils réussissent, l'équipe marque un point. *Exemple : Hier, le réveil a sonné. Je me suis levé et je suis allé déjeuner. Il faisait nuit. (Passé.)*
C'est ensuite à la deuxième équipe de proposer un événement et à la première de le transformer.

Classe entière

○ TEST

Indique si les verbes sont au passé, au présent ou au futur.
1. Ma pendule est posée sur la commode*.
2. Petites, nous avions peu de jouets.
3. J'avais une poupée qui s'appelait Lola.
4. Ma sœur conserve son baigneur.
5. Je donnerai mes livres à mes enfants.

Entraînement

C2. Pourquoi le verbe change-t-il de forme ? (1)

Itinéraire A

1. Recopie les verbes en les classant dans le tableau. Encadre la terminaison.

Ex. : Des voleurs surgissent dans la banque.

Passé	Présent	Futur
...	surg|issent|	...
...	...	...

La reine des fourmis disparaît. - Le vent balance les branches. - La voiture soulèvera le sable. - La chaleur déclinera*. - Le vent soulevait le sable.

2. Relie les phrases avec un mot ou une expression qui précise à quel moment cela se passe.

Nous irons visiter Paris. • • maintenant
Elle jouait avec ses amis. • • un jour
Les feuilles ne bougent plus. • • hier
Je serai en CM1. • • cet été

3. Complète les phrases pour préciser le moment avec les adverbes* suivants : *maintenant - autrefois - bientôt.*

..., on se déplaçait à cheval. - ..., tous les enfants vont à l'école. - ..., ce sera les vacances.

4. Relie la phrase à l'expression qui convient et indique s'il s'agit du passé, du présent ou du futur.

Je passerai au CM1. • • en ce moment
Il n'y avait pas d'école. • • autrefois
Je regarde la télévision. • • bientôt

5. Écris les verbes dans la bonne colonne et encadre les terminaisons.

Ex. : Des voleurs surgissent dans la banque.

Passé	Présent	Futur
regard|ais|	regard|e|	regard|era|
...	...	...

Je rentre au château. - Le brouillard tombait sur Londres. - Mon père louera un chalet. - Le pianiste jouait du piano. - Le gardien se lève.

6. Forme des phrases à partir des expressions suivantes et de *raconter des histoires.*

Ex. : Hier matin, je racontais des histoires.

la semaine dernière - dans un moment - le mois prochain - maintenant - jadis

Itinéraire B

7. Recopie les verbes en les classant dans le tableau. Entoure la terminaison.

Passé	Présent	Futur
...	...	...

Autrefois, les enfants allaient à l'école le mercredi. - Dans une semaine, Manon fêtera son anniversaire. - Lucie chante une chanson. Ses amies aiment l'écouter. - Mangerons-nous du gâteau ? - Vous n'aimez pas cela. - La fusée n'explosait pas en vol.

8. Forme des phrases à partir des adverbes suivants : *tout à l'heure - bientôt - jadis - après-demain - à présent.*

... je pars en vacances.
... mes parents changeront de voiture.
... on se déplaçait en charrette.
... les trains atteignent de grandes vitesses.
... nous partirons en voyage.

9. Relie la phrase à l'expression qui convient.

Dans une semaine • • les avions n'existaient pas.
Autrefois • • les enfants iront en récréation.
Dans un instant • • je suis à l'école.
Actuellement • • ce bateau partira.

10. Complète les phrases avec un mot ou une expression qui précise à quel moment l'action se passe.

... mon frère rentrera vers six heures.
... nous terminerons nos devoirs.
... mes parents habitaient Marseille.
... les trains se déplacent très vite.
... elle a fêté son anniversaire.

11. Recopie les phrases au futur.

J'aurai bientôt fini mon exercice. Lucie m'aide un peu.
Les premiers hommes s'abritaient dans les grottes.
Tu peux cueillir les roses.
Lucie et Manon dormiront ensemble.

12. Écris ce texte au présent.

Julien bondissait. Il franchissait* le milieu du terrain. Il passait le ballon à son copain. Les spectateurs applaudissaient très fort.

C2. Pourquoi le verbe change-t-il de forme ? (1)

As-tu bien compris ?

VRAI ou FAUX ?
1. Je dois lire la phrase pour savoir si le verbe est au présent.
2. Le verbe change de terminaison.
3. La terminaison se situe au début du verbe.
4. La terminaison du verbe indique le temps.
5. La partie du verbe qui change est la terminaison.

Le temps proposé convient-il ?
6. Il ☐ plus d'un million d'espèces connues d'animaux. → *existe*
7. Une météorite ☐ la disparition des dinosaures. → *provoqua*
8. Aujourd'hui, des réverbères* ☐ les rues. → *éclairaient*
9. Autrefois, les rues ☐ → *s'illumineront*
10. Un jour, on ☐ les immeubles. → *démolissait*

Récréation

JEU DE PISTE
Retrouve les trois phrases cachées et recopie-les.

Ma sœur adorait les histoires.
Mon ami rangera sa chambre.
Mes parents sortiront ce soir.

AUTOUR DES TEXTES

... vivait un dragon cruel et toujours affamé. ... , il captura la fille du roi pour la manger en dessert pour son anniversaire.

« ... , à la fin de mon dîner, je vais te manger, ma tendre princesse.

– Mais dragon, dit la rusée princesse, ... je suis bien trop maigre pour satisfaire ta faim. Je dois prendre du poids. »

La princesse savait que son père le roi n'allait pas tarder à lever une armée pour la délivrer et elle espérait ainsi gagner du temps.

« Tu as raison, tu parais bien chétive. Mais ... tu seras dans mon estomac. »

Conte écrit par une classe de CM2.

• Dans ce conte, replace les expressions qui précisent le moment de l'action : *il y a très longtemps, un jour, ce soir, aujourd'hui, bientôt.*

LES VARIATIONS DU VERBE : LES TEMPS

• Le verbe **change de forme selon le temps**.

Passé	Présent	Futur
Quelque chose me souleva.	*Quelque chose me soulève.*	*Quelque chose me soulèvera.*

• Certains mots ou groupes de mots précisent le moment de l'action :
- **passé** : autrefois, hier, l'an dernier...
- **présent** : de nos jours, aujourd'hui, maintenant, en ce moment...
- **futur** : bientôt, demain, l'année prochaine, plus tard...

• La partie du verbe qui change s'appelle **la terminaison**. La partie qui donne le sens s'appelle **le radical**. *Nous* soulev*ons*.

RÈGLE

Les mots du jour

• Une **commode** : meuble bas à tiroirs où l'on range du linge.
• **Déclinera** : du verbe *décliner*, diminuer ; le nom de la même famille est *déclin*.
• Un **adverbe** : mot invariable qui apporte des précisions sur le sens d'un autre mot, ici le verbe.
• **Franchissait** : du verbe *franchir*, traverser.
• Un **réverbère** : grande lampe qui éclaire les villes.

63

Conjugaison

C3 Pourquoi le verbe change-t-il de forme ? (2)

🔸 PETIT PROBLÈME

Voici des verbes de tous les groupes, triés par personne. Peux-tu m'aider à comprendre comment s'écrivent les terminaisons des verbes en fonction des personnes ?

PLURIEL 3ᵉ personne		SINGULIER 2ᵉ personne		PLURIEL 1ʳᵉ personne	2ᵉ personne
elles chantèrent	ils auront	tu vas	tu vaux	nous allons	vous chantiez
ils pleuraient	ils jouent	tu finissais	tu mélanges	nous allions	vous ferez
elles dormaient	ils chanteront	tu veux	tu nourriras	nous nageons	vous finissez
ils peuvent	ils étaient	tu dis	tu plongeras	nous vivions	vous courez
ils vont	ils couraient	tu allais	tu peux	nous serons	vous alliez
ils cherchaient	ils partiront	tu dois	tu attends	nous sommes	vous dites
ils crient	ils sont	tu mettras	tu es	nous eûmes	vous faites

🔸 Construisons la règle

Règle p. 66

• Entoure toutes les terminaisons des verbes, compare-les pour chaque personne.
• Tu observeras plusieurs changements. Quels sont-ils pour chacune de ces personnes ?
• Quelles personnes des tableaux de conjugaison manque-t-il ?

coup de pouce
je chant**e**
ils chant**ent**

💬 RELAIS

4 joueurs

Un élève invente une question sur le modèle suivant. *Exemple : Que fait le lion ?*
Les autres joueurs doivent alors donner la réponse. (*Il rugit.*) Ensuite, ils mettent la question au pluriel et y répondent : *Que font les lions ? Ils rugissent.*
Le premier qui répond correctement marque un point. Le gagnant est celui qui totalise le plus de points à la fin du temps imparti.
Ce jeu peut partir d'un thème comme « le cri des animaux ».

🔸 TEST

Complète par le pronom personnel qui convient.
1. … rangez votre chambre.
2. … poussent vite.
3. … vends des billets de tombola.
4. Dans un mois, … irons à la mer.
5. Est-ce que … pleures ?

Entraînement

C3. Pourquoi le verbe change-t-il de forme ? (2)

Itinéraire A

1. Relie les pronoms personnels sujets (PPS) au groupe verbal qui convient.
Ex. : Elles → bouillonnent
Vous • • tombent.
Je • • pleurez.
Elles • • jouons à la marelle*.
Nous • • les regarde.

2. Ajoute les PPS *tu, nous, ils* et recopie les verbes conjugués dans le tableau.

Tu	Nous	Ils
tu joues	...	...

... finis ton puzzle. - ... ne parlent pas. - ... visitons un musée. - ... ranges ta chambre. - ... parlons français.

3. Recopie les phrases en remplaçant les GNS par les PPS qui conviennent.
Ex. : La barque fonce sur les rochers. → Elle fonce sur les rochers.
Au printemps, les jonquilles* poussent dans les bois. L'oiseau prépare son nid. Les jours s'allongent. Les nuits raccourcissent.

4. Recopie les phrases et indique si le PPS est au singulier ou au pluriel.
Ex. : Elle me mouillait. → singulier
Il avait beaucoup de fièvre. - Elle pleurait. - Elles me cherchent. - Vous jouez avec moi. - Tu es blond. - Je suis sage.

5. Relie le groupe nominal au PPS qui convient, puis complète-le par un groupe verbal de ton choix.
Ex. : mon chat → il joue
Lucie • • ils
William • • elle
Manon et Arthus • • il

6. Recopie les phrases en les complétant par le PPS qui convient.
Ex. : Elles éclatent sur le rocher.
Quand j'aurai dix ans, ... regarderai la télévision le soir. - Quand nous viendrons te voir, ... dormirons chez toi. - Si vous n'êtes pas sages, ... n'irez pas au cinéma.

Itinéraire B

7. Relie les pronoms personnels sujets (PPS) au groupe qui convient.
Nous • • aime les souris.
Tu • • mange du fromage.
Je • • dévorons des tartines.
Elle • • n'aimes pas les souris.

8. Recopie et classe les pronoms personnels en deux colonnes : singulier / pluriel.
Tu sors ton vélo.
Nous dansons toute la nuit.
Ils chantent bien !
Vous criez fort.
Elles rangent leur robe.
Tu regardes un film.

9. Recopie les phrases en remplaçant les GNS par les PPS qui conviennent.
Le jardinier prend son sécateur*. - Les aigles planent au-dessus de leur proie. - La chenille et le papillon sortent d'une touffe d'herbe. - Manon et moi allons au marché. - Lucie me regarde.

10. Relie le groupe nominal au PPS qui convient, puis complète-le par le groupe verbal de ton choix.
Le feu d'artifice • • vous
La fête foraine • • ils
Lucie et moi • • il
William et toi • • elle
Lucie et William • • nous

11. Recopie les phrases en les complétant par le PPS qui convient.
Mon chien ne sort pas, car ... n'aime pas la pluie.
Les filles jouent, mais ... sont calmes.
Mon père et ma mère font les courses : ... rentreront tard.

12. Recopie les phrases en utilisant des PPS pour éviter les répétitions.
Les voitures roulent sur l'autoroute. Les voitures se doublent.
Les légumes poussent dans le potager. Les légumes sont bons pour la santé.
La foule regarde le spectacle. La foule applaudit.

C3. Pourquoi le verbe change-t-il de forme ? (2)

As-tu bien compris ?

VRAI ou FAUX ?
1. Le pronom personnel sujet fait changer les noms.
2. Avec le pronom personnel *tu*, le verbe prend toujours un -s, parfois un -x.
3. Il y a six personnes en conjugaison.
4. Le verbe change avec la personne.
5. Les pronoms personnels sujets sont notés dans les tableaux de conjugaison.

Le pronom personnel proposé convient-il ?
6. ☐ regardez les animaux du zoo. → *Nous*
7. Les souris envahissent la cave. ☐ grignotent tout sur leur passage. → *Elles*
8. ☐ ai beaucoup d'amis. → *J'*
9. ☐ pleurez tout le temps. → *Vous*
10. Les crocodiles ont de grandes dents. ☐ font peur. → *Il*

Récréation

JEU DES PAIRES
Retrace ce jeu sur ton cahier et colorie de la même couleur les cases qui vont ensemble comme dans l'exemple.

maman	nous
William et toi	vous
mon chien	elle
Manon et Lucie	elles
William et moi	il
Manon et William	ils

William et toi : vous – mon chien : il – Manon et Lucie : elles – William et moi : nous – Manon et William : ils.

AUTOUR DES TEXTES

Au Moyen Âge, Martin, un jeune garçon, a trouvé un faucon.

– Je vous en prie, maître fauconnier*, laissez-le moi. Je vous trouverai d'autres oiseaux, mais laissez-moi celui-ci.
– De quel droit aurais-tu ce privilège ? Tous les faucons sont nécessaires aux chasses du seigneur.
– Mais celui-ci ne sait pas chasser ! Il n'a jamais été dressé pour cela.
– Il le sera.
– Jamais.

D'après *Le Faucon déniché*, Jean-Côme Noguès, © Éditions Nathan.

• Trouve qui se cache derrière le pronom personnel *il*. Par quel nom peux-tu le remplacer ?
• Le pronom personnel *je* peut-il être remplacé par un nom ? Qui désigne-t-il ?

LES VARIATIONS DU VERBE : LES PERSONNES

RÈGLE

• Le verbe change de forme selon le temps mais aussi **selon la personne**. Il y a **6** personnes représentées dans les tableaux de conjugaison par les pronoms personnels sujets (PPS) : **je**, **tu**, **il** ou **elle** (personnes du singulier) ; **nous**, **vous**, **ils** ou **elles** (personnes du pluriel).

• **À tous les temps**, **pour tous les groupes**, avec le pronom personnel **tu**, le verbe se termine par **-s**, parfois par **-x** pour les verbes *vouloir*, *pouvoir*, *valoir*.

• **Avec** les pronoms personnels **ils** et **elles**, les verbes se terminent par **-nt**.

Les mots du jour

• La **marelle** : jeu qui consiste à lancer une pierre dans des cases tracées au sol.
• Une **jonquille** : fleur jaune qui pousse au printemps.
• Un **sécateur** : outil en forme de ciseaux utilisé par les jardiniers.
• Un **fauconnier** : du nom *faucon*, il s'agit d'un dresseur de faucon.

Conjugaison

C4 Comment classer les verbes ?

◯ PETIT PROBLÈME

1er groupe
Il me passe le sel.
Qui joue avec moi ?
Ma sœur et moi adorons le chocolat.

2e groupe
Je finis mes devoirs.
Le directeur vous réunit demain.
Nous te punissons.

3e groupe
William éteint l'ordinateur.
Vous me vendez des livres.
Nous partons à l'école.

Pourquoi la maîtresse a-t-elle rangé les phrases ainsi ? Peux-tu m'aider à comprendre le classement ?

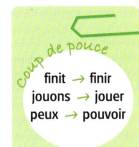

coup de pouce
finit → finir
jouons → jouer
peux → pouvoir

◯ Construisons la règle

Règle p. 69

- Recopie tous les verbes en gardant le même classement. Écris-les à l'infinitif (tu peux t'aider du dictionnaire).
- En observant l'infinitif, essaie de justifier le classement en trois groupes.

🐟 LA PÊCHE AUX VERBES

4 joueurs

Le premier joueur écrit un nom et le montre aux autres joueurs. Ces derniers doivent dire le plus grand nombre de verbes d'action à partir du mot proposé en un temps limité. *Exemple : À partir du mot porte, on peut retenir les verbes : ouvrir, fermer, peindre, prendre…*
Les joueurs marquent un point par action trouvée.
C'est ensuite au deuxième joueur de choisir un nom…

◯ TEST

Écris l'infinitif des verbes conjugués et indique leur groupe.
1. En 51, César reste en Gaule.
2. Il veut retirer son armée.
3. La Gaule produit d'immenses richesses.
4. Les Gaulois n'obéissent pas aux Romains.
5. Où vivent les Gaulois ?

Entraînement

C4. Comment classer les verbes ?

Itinéraire A

1. Recopie les verbes à l'infinitif.
Pour vaincre* une sorcière sans danger, il suffit de lui voler son balai. Sans balai, une sorcière ne peut plus se déplacer ni jeter de sorts.

2. Conjugue ces verbes au présent avec le pronom *nous*. Puis indique leur groupe.
Ex. : salir → nous salissons : 2e groupe.
salir - agir - mentir - dormir - sortir - grandir

3. Classe les verbes en deux colonnes : ceux du 1er groupe et ceux du 2e groupe.
chanter - saler - finir - salir - agir - crier

4. Recopie les verbes du 3e groupe.
aller - faire - sortir - obéir - vouloir - boire

5. Recopie le texte et souligne les verbes. Indique leur infinitif et le groupe auquel ils appartiennent.
Les abeilles butinent*. Les ruches se remplissent. Le miel sera bon. Il existe différentes sortes de ruches, mais les abeilles ne vivent pas dedans.

6. Transforme ces phrases pour faire apparaître l'infinitif des verbes.
*Ex. : Nous prenons la vis et tenons l'écrou. → Il faut **prendre** la vis et **tenir** l'écrou.*
J'écris une lettre. Je rassemble le matériel. Ensuite, je cherche l'adresse du destinataire. Je fais la liste de ce que je veux dire. J'améliore mon brouillon.

7. Ces verbes ont une terminaison semblable quand on parle, mais pas quand on écrit. Retrouve leur infinitif et leur groupe.
il franchit - il étudie - il crie - il écrit - il remercie

8. Complète cette notice de fabrication avec ces verbes à l'infinitif : *fixer - remplir - percer - placer - replier - poser.*
☐ une bouteille avec du sel jusqu'à mi-hauteur. ☐ un morceau de papier sur le goulot de la bouteille. Le ☐ tout autour, le ☐ avec du scotch. ☐ un petit trou dans le papier. ☐ une deuxième bouteille sur la première, goulot contre goulot.

Itinéraire B

9. Recopie les verbes à l'infinitif.
Le crocodile ose quitter la rivière, traverser la jungle jusqu'à la ville, y chercher des enfants et les manger. Ce sera son dîner.

10. Conjugue ces verbes au présent avec le pronom *il*. Puis classe-les par groupes.
baigner - étendre - savoir - pourrir - sortir

11. Classe les verbes en deux colonnes : ceux du 2e groupe et ceux du 3e groupe.
punir - grossir - réfléchir - couvrir - avertir - sentir - remplir - arrondir - bâtir

12. Recopie les verbes du 3e groupe.
être - grandir - pouvoir - rendre - blanchir - sortir - saisir - venir - servir

13. Recopie le texte et souligne les verbes. Indique leur infinitif et le groupe auquel ils appartiennent.
Dans la classe, nous élevons des phasmes*. Nous construisons un vivarium*. Nous le remplissons de terre et nous y mettons des insectes. Je confonds parfois les phasmes et les brindilles.

14. Transforme ces phrases pour faire apparaître l'infinitif des verbes. *Ex. : Les premiers hommes chassaient → Les premiers hommes devaient chasser.*
Au début, les premiers hommes mangeaient les plantes et les fruits qu'ils trouvaient dans la nature. Ensuite, ils apprirent à reconnaître les plantes comestibles.

15. Ces verbes ont une terminaison semblable quand on parle, mais pas quand on écrit. Retrouve leur infinitif et leur groupe.
il sourit - il lie - il colorie - il s'inscrit - il supplie - il lit - il grossit - il se marie - il dit

16. Complète cette recette avec un verbe à l'infinitif différent à chaque fois.
Soupe aux orties
☐ les feuilles les plus larges des orties. ☐ ensemble les orties et le cresson. ☐ et ☐ en dés les pommes de terre. ☐ tous ces ingrédients dans une marmite. ☐ de trois litres d'eau. ☐ ☐ trois quarts d'heure. ☐ alors les pommes de terre. ☐ aussitôt.

C4. Comment classer les verbes ?

As-tu bien compris ?

VRAI ou FAUX ?
1. Les verbes se conjuguent tous de la même façon.
2. On classe les verbes en 3 groupes.
3. Les verbes du 1er groupe se terminent par -ir à l'infinitif.
4. Les verbes du 2e groupe se terminent par -ir à l'infinitif.
5. On conjugue le verbe pour identifier le 2e groupe.

Le groupe indiqué est-il correct ?
6. Le facteur porte un colis. → porter : 1er groupe
7. Que commandes-tu pour Noël ? → commander : 2e groupe
8. Le médecin prescrira des médicaments. → prescrire : 2e groupe
9. Luc ne perdait pas son temps. → perdre : 3e groupe
10. Je finis mon repas ! → finir : 3e groupe

Récréation

DE TROIS À SIX
À partir de ces groupes de trois lettres, trouve au moins dix verbes de six lettres. Tu peux utiliser plusieurs fois les mêmes groupes. Ex. : COULER

MOU	PAR	DAN	SER	RIR
SOU	TIR	SEN	LER	VER
TON	DOR	VAL	DRE	VIR
COU	TER	SAU	MIR	PER

mourir - moudre - parler - partir - valser - fondre - verser - dormir - danser - coudre

AUTOUR DES TEXTES

BOULE DE NEIGE

MATÉRIEL
- de la pâte à modeler
- des paillettes de couleur
- un bocal et son couvercle
- de la colle forte

FABRICATION
1. Fabriquer un petit objet avec la pâte à modeler (un peu plus petit que le bocal).
2. Le peindre et le décorer.
3. Coller l'objet sur le couvercle du bocal.
4. Verser de l'eau dans le bocal et ajouter des paillettes.
5. Visser à fond le couvercle avec l'objet collé.

UTILISATION
Retourner le bocal et regarder la neige tomber !

- Relève les verbes. Comment les as-tu repérés ?
- À quelle forme sont-ils ? Connaît-on la personne qui fait l'action ? Pourquoi ?

LES TROIS GROUPES

RÈGLE

- Les verbes se classent en **trois groupes**. Pour connaître le groupe d'un verbe, il faut le mettre à l'infinitif.
- **1er groupe** : les verbes se terminent par **-er** comme **jouer** (sauf aller).
- **2e groupe** : les verbes se terminent en **-ir** et forment leur pluriel au présent en **-issons, -issez, -issent** :
  finir → nous fin*issons*, vous fin*issez*, ils fin*issent*.
- **3e groupe** : les autres verbes. Attention, certains verbes peuvent se terminer par **-ir** : dormir → nous dormons.

Les mots du jour

- **Vaincre** : remporter une victoire.
- **Butinent** : du verbe *butiner* ; aller de fleurs en fleurs pour amasser du pollen.
- **Un phasme** : du latin *phasma* qui veut dire *fantôme*. Il s'agit d'un insecte qui ressemble à une brindille.
- **Un vivarium** : mot latin qui désigne une sorte d'aquarium rempli de terre (et non d'eau) où l'on élève des insectes ou des serpents.

Conjugaison

C5 Comment conjuguer les verbes du 1er groupe au présent ?

PETIT PROBLÈME

	Chanter	**Parler**	**Sauter**
1re pers. singulier	je chant…	je parl…	je saut…
2e pers. singulier	tu chant…	tu parl…	tu saut…
3e pers. singulier	il, elle chant…	il, elle parl…	il, elle saut…
1re pers. pluriel	nous chant…	nous parl…	nous saut…
2e pers. pluriel	vous chant…	vous parl…	vous saut…
3e pers. pluriel	ils, elles chant…	ils, elles parl…	ils, elles saut…

Je ne sais pas comment m'y prendre. Peux-tu m'aider à mettre les terminaisons de ces verbes au présent ?

Règle p. 72

Construisons la règle

- Quelles terminaisons as-tu ajoutées pour chaque personne ?
- Quelles sont les quatre personnes dont la terminaison se prononce de la même façon ? Quelles sont les différences à l'écrit ?
- Compare les trois verbes : que remarques-tu ?
- Observe le radical de chaque verbe. Que remarques-tu ?

coup de pouce
Tu peux trouver les terminaisons des verbes dans un tableau de conjugaison.

Classe entière

JOURNALISTE SPORTIF

Un joueur fait semblant de commenter* un événement sportif en direct (en utilisant des verbes du 1er groupe). Les autres doivent deviner de quel sport il s'agit. On peut limiter le temps de commentaire avec un sablier. Celui qui trouve marque un point. En fin de partie, le joueur qui a le plus de points a gagné.

TEST

Conjugue ces phrases au présent.
1. Ils ne (s'aimer) pas.
2. J'(adorer) ma maison !
3. (Aimer)-tu les haricots verts ?
4. Vous (habiter) Lyon.
5. La nuit, nous (regarder) les étoiles.

70

Entraînement

C5. Comment conjuguer les verbes du 1er groupe au présent ?

Itinéraire A

1. Recopie les verbes du 1er groupe en les mettant à l'infinitif.
*Ex. : Ma maîtresse **s'appelle** madame Martin.*
→ *s'appeler.*
Les papillons volent de fleur en fleur. - Nous observons les hirondelles. - J'applaudis les acteurs. - Le chevreuil bondit dans les bois.

2. Écris les verbes au présent des 2e personnes du singulier et du pluriel.
Ex. : Manon mange un bonbon. → *tu manges, vous mangez.*
On frappe à la porte. - Manon et Lucie ramassent des champignons. - Sous le toit, les pigeons roucoulent*. - L'abeille entre dans la ruche. - William pêche un poisson.

3. Récris ces phrases au présent.
Ex. : Le lion dévorait sa proie. → *Le lion dévore sa proie.*
Le téléphone sonnait sans arrêt.
Tu n'arrêteras pas ton vélo.
Vous pleurerez encore.
Ton frère et ta sœur chantaient dans une chorale.

4. Recopie avec le pronom personnel qui convient.
Ex. : ... écoute un disque. → *j'écoute et il écoute.*
... regarde l'arrivée du bateau.
... transportez les malades.
... observons un coquillage.
... racontes une histoire.
... écoutent la maîtresse.

5. Récris ces phrases en mettant leur sujet au pluriel.
*Ex. : **Tu** ranges tes cahiers.* → ***Vous** rangez vos cahiers.*
Le joueur lance la balle.
Je taille mon crayon.
La pierre tombe dans le gouffre*.

6. Retrouve les verbes du 1er groupe et conjugue-les à toutes les personnes du présent.
couper - finir - danser - avoir - pourrir - sauter

7. Écris une phrase au présent avec chacun de ces verbes.
ranger - recopier - rouler - rêver

Itinéraire B

8. Recopie les verbes du 1er groupe en les mettant à l'infinitif.
Nous préparons une fête.
Ma sœur décore la salle.
Mes parents achètent la nourriture.
Nos amis amènent les boissons.
Mon frère fait des bouquets.
Les tables sont très belles.

9. Écris ce texte au présent des 2e personnes du singulier et du pluriel.
Tous les jours, je patine* avec mes amis. Nous roulons, glissons, sautons sur les bordures. Mais parfois, je tombe puis je me relève.

10. Récris ces phrases au présent.
L'été, le soleil brillera sur les plages.
Les bateaux rentreront au petit matin.
Les marins déchargeront les poissons frais.
Les touristes les achèteront.
Nous regarderons les voiliers.

11. Recopie avec le pronom personnel qui convient.
Avec mes amis, ... recherche des galets. ... décorent nos étagères. ... espérons faire une collection. Si ... aimez cette idée, faites-le aussi.

12. Récris ce texte en mettant les sujets au pluriel.
La feuille tombe de l'arbre. Une pomme se décroche. Elle s'écrase sur le sol. Je la regarde. Ma mamie ramasse les autres fruits et prépare des confitures.

13. Retrouve les verbes du 1er groupe puis conjugue-les à toutes les personnes du présent.
laver - trouver - aller - partir - prendre - aimer

14. Recopie ces phrases en conjuguant au présent les verbes à l'infinitif.
Mon père (*vérifier*) mes devoirs.
Je (*corriger*) les fautes.
Maman (*préparer*) le repas.
Elle (*éplucher*) les légumes.
Mes parents (*m'aider*) beaucoup.
Le soir, nous (*regarder*) la télévision.

C5. Comment conjuguer les verbes du 1er groupe au présent ?

As-tu bien compris ?

VRAI ou FAUX ?
1. La terminaison de la 2e personne du pluriel des verbes du 1er groupe est **-es**.
2. Les 1re et 2e personnes se prononcent pareil à l'oral.
3. La terminaison de la 3e personne du pluriel des verbes du 1er groupe est **-ent**.
4. La terminaison de la 1re personne du pluriel des verbes du 1er groupe est **-e**.
5. Les verbes du 1er groupe se conjuguent toujours de la même façon au présent.

Le verbe proposé est-il correctement conjugué ?
6. Tu ☐ une chanson. → *écoutes*
7. Nous ☐ la voiture. → *lavez*
8. Ils ☐ dans la cour. → *pleurent*
9. Vous ☐ des frites. → *mangez*
10. Je ☐ à toi. → *penses*

Récréation

LES LETTRES MÉLANGÉES
Remets en ordre les lettres de ces verbes du 1er groupe. Qu'ont-ils de commun ?

je **AENMG**   nous **SETINOUD**
tu **VAAELS**   vous **DZEGRRAE**
il **QCOREU**   elles **NEAIMT**

mange - avales - croque - étudions - regardez - aiment
Les verbes sont tous au présent.

Autour des textes

Qui … la mer
avec des mains qu'on ne voit pas ?
Qui … sa chanson
dans la gorge des torrents ?
Qui n'est jamais si lourd
que quand un oiseau … ?
Le vent, la pierre et le silence.
Qui est ronde comme une joue
et plus lourde que la peine ?

Qui … le monde
quand il se fait plus tard ?
Qui … chaque soir
la bougie du soleil ?
La pierre, le silence et le vent.

D'après *À l'aube du buisson*, J.-P. Siméon, © Cheyne éditeur.

• **Réinvente cette poésie en complétant les vers avec un verbe du 1er groupe** : *fermer, caresser, toucher, souffler, regarder, s'envoler, décoiffer…*

LE PRÉSENT DU 1ER GROUPE

RÈGLE

• Tous les verbes du 1er groupe (terminaison en **-er**) **se conjuguent de la même manière au présent de l'indicatif** : on ajoute au radical du verbe les terminaisons **-e, -es, -e, -ons, -ez, -ent**.
Chanter → *chant* (radical) + terminaison.

• Retrouve des verbes du 1er groupe conjugués au présent page 188.

Les mots du jour

• **Commenter** : verbe du 1er groupe qui signifie *expliquer*.
• **Roucoulent** : du verbe *roucouler*. Les pigeons roucoulent pour communiquer.
• **Un gouffre** : trou très profond.
• **Patine** : du verbe *patiner*, glisser avec des patins sur la glace.

Conjugaison

C6 — Comment conjuguer les verbes du 2ᵉ groupe au présent ?

● PETIT PROBLÈME

ÉTUDIER
1ᵉʳ groupe

j'étud i...
tu étud i...
il, elle étud i...
nous étud i...
vous étud i...
ils, elles étud i...

APPLAUDIR
2ᵉ groupe

j'applaudis
tu applaudis
il, elle applaudit
nous applaudissons
vous applaudissez
ils, elles applaudissent

Ajoute les terminaisons du verbe étudier au présent et compare les deux conjugaisons.

● Construisons la règle

Règle p. 75

- Écris toutes les terminaisons de chacune des conjugaisons.
- Prononce-les : que remarques-tu pour les personnes du singulier ?
- Que remarques-tu pour les personnes du pluriel ?
- Relève les différences pour chaque personne et pour chaque groupe.

coup de pouce
laver → 1ᵉʳ groupe
finir → 2ᵉ groupe
partir → 3ᵉ groupe

😀 BIEN JOUÉ

4 joueurs

Le meneur de jeu donne l'infinitif d'un verbe du 2ᵉ groupe en s'aidant des tableaux de conjugaisons du manuel (pp. 188 à 191). Il propose ensuite une personne. *Exemple : 2ᵉ personne du singulier de finir*. Le premier joueur qui trouve la réponse, ici *tu finis*, marque un point. Celui qui totalise le plus de points dans le temps imparti a gagné.

● TEST

Souligne les verbes du 2ᵉ groupe.
1. Nous salissons les tapis.
2. Tu plies cette feuille.
3. Vous prévenez les parents.
4. La cuisinière aplatit la pâte avec le rouleau.
5. Les mères nourrissent leurs bébés.

Entraînement

C6. Comment conjuguer les verbes du 2ᵉ groupe au présent ?

○ Itinéraire A

1. Recopie les verbes conjugués au présent et écris leur infinitif.
Ex. : tu aimes → aimer
nous jouons - il regardait - je relève - vous finissez - elles partiront

2. Classe ces verbes et recopie-les dans le tableau.

1ᵉʳ groupe	2ᵉ groupe
...	...

grossir - laver - salir - chanter - manger - finir - saler

3. Recopie les phrases en conjuguant les verbes au présent de l'indicatif.
Ex. : Le cerisier (grossir) → Le cerisier grossit.
Les rosiers (*fleurir*) toute l'année.
Vous (*choisir*) un livre à la bibliothèque.
Je (*nourrir*) les oiseaux avec des miettes.

4. Relie les deux parties pour former une phrase et recopie-la.

Je • • finit.
Vous • • avertissons.
Il • • grandis.
Nous • • nourrissez.

5. Recopie chaque série et encadre l'intrus. Justifie ta réponse.
Ex. : nous obéissons - ⎡nous glissons⎤ - nous remplissons → glisser : verbe du 1ᵉʳ groupe
a) vous punissez - vous démolissez - vous maigrissez - vous dévissez
b) ils atterrissent - ils pétrissent* - ils tissent - ils avertissent

6. Complète les phrases avec le verbe qui convient.
nourrit - atterrissent - épanouis - franchissons*
Je m'... . - L'enfant ... ses tortues. - Les avions ... sur la piste. - Nous ... la ligne d'arrivée.

7. Décris oralement cette scène en utilisant les verbes *choisir, remplir, s'ouvrir, fleurir.*

○ Itinéraire B

8. Recopie les verbes conjugués au présent et écris leur infinitif.
La ville s'agrandit. Les ouvriers bâtissaient de nouvelles maisons. Ils démolissent les anciennes. Ils élargiront les routes.

9. Classe ces verbes et recopie-les dans le tableau.

2ᵉ groupe	3ᵉ groupe
...	...

sortir - punir - servir - choisir - grandir - élargir

10. Recopie le texte en conjuguant les verbes au présent.
Pour faire une tarte, je (*pétrir*) la pâte, je l'(*aplatir*) puis nous la (*garnir*) de fruits. Elle (*blondir*) dans le four.

11. Relie les deux parties pour former une phrase et recopie-la.

Les tortues femelles • • nourrissons les petits.
Manon et moi • • nourrit les petits.
Maman • • nourrissez les petits.
Papa et toi • • nourrissent les petits.

12. Recopie chaque série et encadre l'intrus. Justifie ta réponse.
a) nous ralentissons - nous avertissons - nous choisissons - nous vissons
b) vous franchissez - vous rougissez - vous envahissez - vous poussez
c) durcir - sortir - établir - salir - punir - franchir

13. Récris les phrases en remplaçant le GNS par le pronom personnel sujet qui convient et en accordant le verbe.
Le chocolat ne (*finir*) pas de nous étonner.
La betterave et la canne à sucre nous (*fournir*) du sucre.
Manon et moi nous (*nourrir*) de bonnes choses.

14. Écris un texte de trois lignes à partir de cette image en utilisant les verbes *salir, grandir, réussir, aplatir.*

C6. Comment conjuguer les verbes du 2ᵉ groupe au présent ?

As-tu bien compris ?

VRAI ou FAUX ?
1. Tous les verbes qui se terminent par **-ir** à l'infinitif appartiennent au 2ᵉ groupe.
2. À la 1ʳᵉ personne du pluriel, la terminaison des verbes du 2ᵉ groupe au présent est **-issons**.
3. À la 3ᵉ personne du singulier, la terminaison des verbes du 2ᵉ groupe au présent est **-it**.
4. Le verbe *grandir* est un verbe du 2ᵉ groupe.
5. À la 1ʳᵉ personne du singulier, la terminaison des verbes du 2ᵉ groupe au présent est **-e**.

Ces phrases contiennent-elles des verbes du 2ᵉ groupe au présent de l'indicatif ?
6. Papa salit son jean* tous les jours.
7. Les alpinistes gravissaient* le mont Blanc.
8. Nous ne démolissons pas le mur.
9. Vous m'avertissiez.
10. Je glisse sur la neige.

AUTOUR DES TEXTES

Vue sur le mont Blanc
Au premier plan, on observe des moutons qui broutent. L'herbe verte recouvre la prairie. Derrière, on remarque la montagne, les sommets blancs montrent leurs neiges éternelles. Le ciel bleu illumine le paysage.

• Voici un autre paysage. À toi de le décrire en utilisant des verbes du 2ᵉ groupe.

LE PRÉSENT DU 2ᵉ GROUPE

RÈGLE

• Tous les verbes du 2ᵉ groupe (infinitif en **-ir**) **se conjuguent de la même manière au présent de l'indicatif**. On ajoute au radical du verbe les terminaisons **-is**, **-is**, **-it** au singulier et **-issons**, **-issez**, **-issent** au pluriel :
grandir → grand (radical) + terminaison.

• Ce sont les terminaisons du pluriel qui permettent de faire la différence avec les verbes du 3ᵉ groupe en -ir :
grandir → nous grandissons / partir → nous partons.

• Retrouve des verbes du 2ᵉ groupe conjugués au présent page 188.

Les mots du jour

• **Pétrissent** : du verbe *pétrir*, remuer la pâte.
• **Épanouis** : du verbe *s'épanouir*, être heureux.
• **Un jean** : mot anglais qui désigne un pantalon en toile bleue.
• **Gravissaient** : du verbe *gravir*, qui signifie *escalader*.

Conjugaison

C7 — Comment conjuguer les verbes du 3ᵉ groupe au présent ?

PETIT PROBLÈME

	Partir	Pouvoir	Savoir	Prendre
1ʳᵉ pers. singulier	je pars	je peux	je sais	je prends
2ᵉ pers. singulier	tu pars	tu peux	tu sais	tu prends
3ᵉ pers. singulier	il, elle part	il, elle peut	il sait	il prend
1ʳᵉ pers. pluriel	nous ...	nous ...	nous ...	nous ...
2ᵉ pers. pluriel	vous ...	vous ...	vous ...	vous ...
3ᵉ pers. pluriel	ils, elles ...	ils, elles ...	ils, elles ...	ils, elles ...

La maîtresse a commencé à conjuguer ces verbes. Aide-moi à continuer. Elle nous a prévenus : « Attention aux pièges de la langue française ! »

Règle p. 78

Construisons la règle

• As-tu rencontré des difficultés, lesquelles ? Quelles sont les parties du verbe qui se modifient dans chacune des conjugaisons ?
• Quelles sont les terminaisons qui sont toujours les mêmes ?
• Pourquoi certaines conjugaisons sont-elles plus difficiles à trouver ?

coup de pouce
Chant -e -es -e -ons -ez -ent
Grand -is -is -it -issons -issez -issent
... vais vas va allons allez vont

😊 LES ASSOCIÉS

L'un des joueurs prépare dix cartes sur lesquelles il écrit un verbe du 3ᵉ groupe à l'infinitif.
Le second joueur prépare le même nombre de cartes sur lesquelles il écrit un groupe nominal au singulier ou au pluriel.
Après avoir retourné les deux tas, un des joueurs tire une carte dans chaque paquet. Le premier qui construit une phrase au présent de l'indicatif en utilisant ces deux mots marque un point.
Exemple : sortir - les bateaux → Les bateaux sortent du port.

2 joueurs

TEST

Recopie la forme du verbe qui convient.
1. Manon et Lucie *faisons - font* un dessin.
2. Le renard *prend - prends* la fuite.
3. Nous *venons - viendrons* tout de suite.
4. Tu *prends - peux* venir me voir.
5. Vous *devrez - devez* faire vos devoirs.

Entraînement

C7. Comment conjuguer les verbes du 3ᵉ groupe au présent ?

Itinéraire A

1. Recopie les phrases en remplaçant le sujet par *nous*. Écris ensuite l'infinitif des verbes et leur groupe.
Ex. : Il perd son temps. → Nous perdons notre temps. Perdre : 3ᵉ groupe
Je choisis un livre. - Mon frère court vite. - Tu bats un record*. - Il remplit la bouteille.

2. Recopie les phrases et encadre le verbe. Écris ensuite son infinitif dans la colonne qui convient.
Ex. : Un homme traverse la cour. → Un homme traverse la cour.

1ᵉʳ groupe	2ᵉ groupe	3ᵉ groupe
traverser	...	...
...		

Je ralentis au croisement. - Arthus ne regarde jamais la télévision. - Ils apprennent leur poésie. - Vous ramassez les feuilles mortes. - Aimes-tu ce gâteau ?

3. Associe sujets et verbes.
Ex. : je → vais
- je • • viens
- tu • • font
- il, elle • • dit
- nous • • lis
- vous • • venons
- ils, elles • • sortez

4. Recopie les phrases en conjuguant le verbe au présent.
Ex. : Nous (entendre) le bruit du vent. → Nous entendons le bruit du vent.
Sur cette photo, je (voir) mes arrière-grands-parents.
Les motards* (mettre) un casque.
Manon (lire) avant de s'endormir.

5. Recopie les phrases en conjuguant le verbe avec les pronoms personnels singulier et pluriel de la même personne.
Ex. : tu rendre → tu rends / vous rendez
Je (prendre) mon goûter. - Tu (voir) tous les animaux du zoo. - Elle (rire) toujours. - Nous (aller) au cinéma. - Vous (faire) le ménage. - Ils (mettre) leur manteau.

6. Conjugue les verbes *voir*, *dire* et *aller* au présent. Tu peux t'aider des tableaux de conjugaison.

Itinéraire B

7. Recopie les phrases en remplaçant le sujet par *vous*. Écris ensuite l'infinitif des verbes et leur groupe.
Tu grandis très vite. - Les chiens obéissent à leur maître. - Le voleur prend la fuite. - Tu réalises un joli dessin. - Manon fait un dessin.

8. Recopie les phrases et encadre le verbe. Écris ensuite son infinitif dans la colonne qui convient.

1ᵉʳ groupe	2ᵉ groupe	3ᵉ groupe
...	...	...

À l'école, Lucie recopie des exercices. - Le matin, William boit du lait. - Les enfants n'écoutent pas toujours les adultes. - Les oiseaux nourrissent leurs petits avec leur bec.

9. Associe les sujets et les verbes, puis recopie-les. Écris toutes les solutions possibles.
- Je   sait   dites
- Maman   allez   vais
- William et toi prends mettent
- Manon et Lucie ris   sort

10. Recopie les phrases en conjuguant le verbe au présent.
Il (faire) sombre.
Une femme (tenir) un parapluie.
Les enfants (sortir) de l'école.
Tu (aller) au travail.
Nous lui (dire) la vérité.
Je (vouloir) aller au zoo.
Nous (faire) nos comptes.

11. Recopie les phrases en conjuguant le verbe avec les pronoms personnels singulier et pluriel de la même personne.
Je (aller) au zoo. - Tu (savoir) lire. - Manon (rendre) son livre à la bibliothèque. - William et moi (croire) aux extraterrestres. - Vous (sortir) tout de suite ! - Manon et Lucie (comprendre) toujours tout.

12. Conjugue les verbes *boire*, *venir* et *savoir* au présent.

13. En quelques phrases, explique à un camarade comment trouver un mot dans un dictionnaire.

77

C7. Comment conjuguer les verbes du 3ᵉ groupe au présent ?

As-tu bien compris ?

VRAI ou FAUX ?
1. La conjugaison des verbes du 3ᵉ groupe est toujours la même.
2. Les verbes du 3ᵉ groupe se terminent tous par **-re** à l'infinitif.
3. À la 1ʳᵉ et à la 2ᵉ personne du singulier, la terminaison des verbes du 3ᵉ groupe est toujours **-s** ou **-x**.
4. À la 1ʳᵉ personne du pluriel, la terminaison des verbes du 3ᵉ groupe est toujours **-ons**.
5. À la 3ᵉ personne du pluriel, la terminaison des verbes est toujours **-s**.

Le verbe est-il correctement conjugué ?
6. Les enfants ☐ leurs leçons. → *savent*
7. Maxime ☐ du bruit. → *entend*
8. Tu ☐ du courrier. → *reçoit*
9. Manon et moi ☐ un album. → *lit*
10. Vous ☐ vos parapluies. → *prenez*

Récréation

LE PETIT DÉTECTIVE
Reconstitue la phrase.

Au se✿ou✿✿ !
Je t'a✿✿en✿✿ de✿✿ière
✿✿ez ✿oi à di✿-✿uit
✿eu✿e✿ p✿éci✿e✿.
Mo✿ ✿✿ère ✿e ✿en✿
u✿ ✿iè✿e.
Il ✿e ✿ait ✿eur.

Au secours, je t'attends derrière chez moi à dix-huit heures précises. Mon frère me tend un piège. Il me fait peur.

AUTOUR DES TEXTES

Un renard tombé dans un puits ne peut en sortir. Un bouc passe par là. Le renard … : « Je … une eau délicieuse, vous venez la partager avec moi ? » Le bouc … puis s'inquiète : « Comment est-ce qu'on … de là ?

– Vous … vos pattes de devant contre la paroi*. Je … de vos cornes comme d'une courte échelle. Une fois hors du puits, je vous tire d'affaire*. »
Le renard … et … . Le bouc y … encore !
D'après *Le Renard et le Bouc*, Ésope.

• Complète cette fable en conjuguant les verbes du 3ᵉ groupe suivants : *se servir, s'enfuir, descendre, sortir, dire, boire, mettre, rire, être.*

LE PRÉSENT DU 3ᵉ GROUPE

• Les terminaisons des verbes du 3ᵉ groupe au présent sont :
-s (ou **-x**), **-s** (ou **-x**), **-t** (ou **-d**), **-ons**, **-ez**, **-nt**.

• Certains verbes gardent le même radical comme *rendre*.

• D'autres ont deux radicaux différents (un pour le singulier et un autre pour le pluriel) comme *boire* (**bois** / **buvons**), *savoir* (**sais** / **savons**), *pouvoir* (**peux** / **pouvons**).

• Quelques-uns sont irréguliers comme *faire, aller, dire, venir, être* et *avoir*.

Retrouve des verbes du 3ᵉ groupe conjugués au présent p. 188.

Les mots du jour

• **Le record** : meilleur résultat. Ce mot vient de l'anglais.
• **Un motard** : mot familier qui désigne quelqu'un qui conduit une moto.
• **Une paroi** : une sorte de mur. Observe la terminaison de ce nom féminin.
• **Tirer d'affaire** : ici, c'est aider quelqu'un à sortir d'une situation compliquée.

Conjugaison

C8 — Comment conjuguer les verbes *être* et *avoir* au présent ?

PETIT PROBLÈME

En reliant les trois parties, on forme au moins six phrases. Aide-moi à les trouver.

Tu	a	un entraînement.
Nous	est	mal à la tête.
Les athlètes*	ont	des bonbons.
Manon	as	malade.
Vous	sommes	nombreux.
Elle	avez	gentilles.

Construisons la règle

- Quelles phrases as-tu trouvées ?
- Compare-les avec celles de ton voisin et complétez vos listes.
- Quels mots complètent les verbes *être* et *avoir* ?
- Construis le tableau de conjugaison de chaque verbe.

coup de pouce
Rappelle-toi les terminaisons des verbes du 3ᵉ groupe au présent.

QUI SUIS-JE ?

Un joueur choisit un objet et le décrit aux autres en utilisant les verbes *être* et *avoir*. Exemple : *Il a six faces*. *Il est petit.*
Les autres joueurs doivent deviner de quoi il s'agit (ici, un dé). Le premier qui trouve marque un point. Celui qui a le plus de points a gagné.

TEST

Complète par *avoir* ou *être* conjugués.
1. Elle ... très vive.
2. Ils ... de bons résultats.
3. Nous ... courageux.
4. Tu ... de la chance !
5. Je ... malade.

Entraînement

C8. Comment conjuguer les verbes être et avoir au présent ?

Itinéraire A

1. Classe les verbes *être* **et** *avoir* **conjugués dans la colonne correspondante.**

Avoir	Être
...	...

J'ai neuf ans. - Mes sœurs ont six ans. - Elles sont jumelles. - Je suis l'aînée. - Nous sommes heureux.

2. Recopie chaque phrase en ajoutant le verbe qui convient : *sont - ont - est - es - ai.*
William □ dans la tente.
Manon et Arthus □ de bons amis.
J'□ un chien.
Les roses □ belles.
Tu □ adorable.

3. Relie comme il convient.
Nous   •   • sont gentils.
Maman   •   • a de la chance.
Mes amis   •   • es mon amie.
Tu   •   • allons au marché.

4. Recopie les phrases avec la forme conjuguée qui convient.
Tu *es / est* gentille. - Nous *sommes / sont* en vacances. - J'*ai / est* neuf chats. - Vous *êtes / avez* en forme. - Les magasins *sont / ont* nombreux.

5. Récris les phrases avec le pronom personnel proposé. Indique ensuite l'infinitif du verbe.
Je suis en colère. → Tu ...
Nous sommes les premiers. → Il ...
Tu as les cheveux longs. → Vous ...
Manon a mal à la tête. → Elles ...

6. Recopie le texte en conjuguant les verbes au présent.
Les enfants (*être*) devant l'école. Ils (*avoir*) leur cartable. Lucie (*être*) impatiente*. Elle (*avoir*) une nouvelle robe.

7. Complète avec le pronom personnel qui convient.
□ a mal aux dents. - □ est chez le dentiste. - □ suis inquiet. - □ as un vélo. - □ sommes amis.

8. Décris oralement ton (ta) meilleur(e) ami(e) en utilisant les verbes *avoir* **ou** *être* **à chaque phrase.**

Itinéraire B

9. Classe les verbes *être* **et** *avoir* **conjugués dans la colonne correspondante.**

Avoir	Être
...	...

Tu as une belle écriture. - Vous avez beaucoup de chance. - Nous avons un chat. - Les avions sont dans le ciel. - Je suis amoureux.

10. Recopie ces phrases en conjuguant les verbes au présent.
Nous (*être*) fiers de vous. - (*avoir*)-vous l'heure ? - Tu (*avoir*) mauvais caractère. - Je ne (*être*) pas sûr de venir. - (*être*)-il d'accord ?

11. Recopie les verbes en ajoutant le pronom personnel qui convient.
avez   est   ont   sommes   es   a
ai   sont   suis   avons   êtes   as

12. Récris les phrases avec le pronom personnel proposé. Indique ensuite l'infinitif du verbe.
Nous sommes en panne. Je ...
Tu as un nouveau manteau. Vous ...
J'ai un chat. Ils ...
Vous êtes sérieux. Nous ...

13. Recopie les phrases en les complétant avec *être* **ou** *avoir.*
Les spectateurs □ admiratifs*.
Nous □ au cirque.
Cette moto □ très rapide.
□-vous votre sac ?
Vous n'□ pas fatigués.

14. Complète avec le pronom personnel qui convient.
□ ai un hamster. - □ avez un gentil chien. - □ sont très sages. - Qui es-□ ? - □ as bonne mine.

15. Récris les phrases en les complétant avec *être* **ou** *avoir* **au présent.**
Elle □ dans son bain. - J'□ peur. - Tu □ mon meilleur ami. - Vous □ mouillés. - Il □ rapide.

16. Décris oralement ton animal préféré en utilisant les verbes *avoir* **et** *être.*

C8. Comment conjuguer les verbes être et avoir au présent ?

As-tu bien compris ?

VRAI ou FAUX ?
1. À la 2ᵉ personne du pluriel, le verbe *être* se termine par **-ez**.
2. À la 1ʳᵉ personne du pluriel, *être* et *avoir* se terminent par **-ons**.
3. À la 1ʳᵉ personne du pluriel, le verbe *être* devient *sommes*.
4. À la 2ᵉ personne du singulier, *être* et *avoir* prennent un **-s**.
5. À l'oral, les 2ᵉ et 3ᵉ personnes du singulier du verbe *avoir* se disent de la même façon mais s'écrivent différemment.

La forme proposée convient-elle ?
6. Les rues ☐ pleines de monde. → *son*
7. Que cette poupée ☐ jolie ! → *est*
8. Tu ☐ une grande maison. → *à*
9. Sarah et Lola ☐ des bonbons. → *on*
10. Nous ☐ trente dans la classe. → *sommes*

Récréation

MOTS CROISÉS

Horizontal :
1. 2ᵉ pers. pl. avoir
2. 3ᵉ pers. sing. être
3. 2ᵉ pers. sing. être
4. 3ᵉ pers. pl. être
5. 1ʳᵉ pers. pl. être

Vertical :
A. 1ʳᵉ pers. pl. avoir
B. 2ᵉ pers. pl. être
C. 3ᵉ pers. pl. avoir
D. 1ʳᵉ pers. sing. être

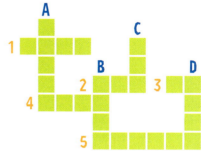

1. avez - 2. est - 3. es - 4. sont - 5. sommes - A. avons - B. êtes - C. ont - D. suis.

AUTOUR DES TEXTES

Monsieur et madame Cassard	→	habitent la ferme à côté de la nôtre. Les Cassard	→	ont deux enfants, deux garçons. Ils s'appellent
suis une fille et j'		vais chez eux pour jouer. Je		Bernard et Richard. Quelquefois, je
ai huit ans. Bernard aussi		a dix ans. Quoi ? Ah ! Non, c'est vrai, il		a onze ans. La semaine dernière il
a huit ans. Richard		a trois ans de plus. Il		est arrivé quelque chose de très drôle à la famille Cassard.

Le doigt magique, Roald Dahl, © Éditions Gallimard.

• Retrouve l'ordre de ce texte. Indice : suis toujours les cases qui se touchent.
• Qui est le narrateur ? Quel âge a-t-il ?

LE PRÉSENT DE ÊTRE ET AVOIR

• Les verbes **être** et **avoir** appartiennent au 3ᵉ groupe. Il est nécessaire de connaître leurs conjugaisons, car ils servent à former d'autres temps.

		Être	Avoir
Singulier	1ʳᵉ personne	je suis	j'ai
	2ᵉ personne	tu es	tu as
	3ᵉ personne	il, elle est	il, elle a
Pluriel	1ʳᵉ personne	nous sommes	nous avons
	2ᵉ personne	vous êtes	vous avez
	3ᵉ personne	ils, elles sont	ils, elles ont

Les mots du jour

• Les **athlètes** : mot d'origine grecque. Sportifs de haut niveau.
• Une **face** : chacun des côtés d'un objet.
• **Impatiente** : (adj.) contraire de *patiente*. Il appartient à la famille de patience.
• **Admiratif** : (adj.) être émerveillé. Le nom de la même famille est *admiration*.

RÈGLE

Conjugaison

C9 Comment conjuguer les verbes au futur ?

PETIT PROBLÈME

a. ■ prendrai mon bain.
b. ■ pleurera.
c. ■ t'attendrons dans le hall.
d. Auras-■ assez d'argent ?
e. ■ seront contents.
f. Comment ferez-■ pour l'attraper ?
g. ■ ira bien avec ma jupe.
h. ■ lui donneront un livre.
i. ■ viendrai à ton secours.
j. ■ saliront leurs chaussures.

Je dois compléter ces phrases avec des pronoms personnels sujets. Peux-tu m'aider ?

Construisons la règle

- Ces phrases sont au futur. Comment le remarques-tu ?
- Comment as-tu fait pour les compléter ?
- Relève les verbes conjugués avec leur sujet. Trouve l'infinitif de chacun des verbes et classe-les dans ce tableau :

1er groupe	2e groupe	3e groupe
…	…	…

Coup de pouce
Demain, j'irai au cinéma.

IMAGINE

À tour de rôle, les joueurs imaginent comment sera le monde dans mille ans.
Exemple : Dans mille ans, les enfants n'iront plus à l'école.
Chaque élève énonce une phrase personnelle au reste de la classe. Le meneur de jeu peut inciter les joueurs à varier les sujets : des prévisions folles, plutôt sérieuses ou légères. Celui qui ne conjugue pas correctement le verbe est éliminé.

TEST

Conjugue ces verbes au futur.
1. Je (finir).
2. (Rester)-tu manger ?
3. Ce soir, je (aller) regarder le film.
4. Où (vouloir)-vous dormir ?
5. Le cirque s'(installer) sur la place.

Entraînement

C9. Comment conjuguer les verbes au futur ?

○ Itinéraire A

1. Recopie les verbes qui sont au futur puis indique leur infinitif.
Ex. : chanteras → chanter.
vous espérez - nous rentrons - vous étendrez - vous séparez - nous livrons - nous avertirons

2. Associe le pronom personnel sujet au verbe et recopie les phrases.
a) Je   1) finirons notre partie.
b) Tu   2) dormiront bientôt.
c) Nous   3) ne te fâcheras pas.
d) Ils   4) marcherai dans les rues.

3. Recopie les mots qui indiquent le futur.
tout à l'heure - hier - demain - maintenant - la semaine prochaine

4. Classe ces phrases dans la colonne qui convient.

Présent	Futur
Manon aime les bébés.	Lucie n'écrira pas.
...	...

Nous fêterons l'anniversaire de Maréva. - Ils font un gâteau. - Camille et Coralie ne feront pas de natation. - Tu partiras en classe de mer. - Je suis en vacances.

5. Recopie les phrases en conjuguant au futur le verbe écrit en marge.

nager	*Vous **nagerez** très vite.*
louer	Nous ... une petite voiture.
oublier	Je n'... aucun détail.
applaudir	Antoine et Pauline ... les magiciens.
partir	Noémie et toi ... à la mer.

6. Conjugue ces verbes au futur.
boire - saler - jouer - salir - dire

7. Récris ce texte au futur.
Ex. : Les oiseaux migrateurs* passent par bandes.
→ Les oiseaux migrateurs passeront par bandes.
Ils reviennent de l'étranger. Ils vont vers le nord. On ne reconnaît que les oies sauvages.

8. Raconte ce que Manon rêve d'être en commençant par : *Quand elle sera grande, Manon sera...*
Essaie de donner le plus de détails possibles.

○ Itinéraire B

9. Recopie les verbes qui sont au futur puis indique leur infinitif.
Nous lirons des poèmes. - Elle joue le rôle de Cendrillon. - Elle finit son livre. - Je passerai dans cinq minutes.

10. Associe le sujet au verbe et recopie les phrases.
a) Julie et Louis   1) recevra le premier prix.
b) Marie et toi   2) seras la première de la classe.
c) Maxime   3) déménageront.
d) Tu   4) irez voir un spectacle.

11. Recopie les mots qui indiquent le futur.
plus tard - bientôt - autrefois - jadis* - il y a dix ans - dans quelques temps - prochainement

12. Classe ces phrases dans la colonne qui convient.

Présent	Futur
...	...

Nous lui donnerons des bonbons. - Tu le peigneras. - Il lui mettra des rubans. - Nous lui nettoyons les cornes. - Je lui brosse la queue. - Quand il aura soif, je lui donnerai à boire.

13. Recopie le texte en conjuguant au futur le verbe écrit en marge.

habiter	Un jour, on ... peut-être sur la Lune. Mais
poser	l'homme ne ... jamais le pied sur Vénus.
fournir	Des robots très puissants ... encore de nombreux renseignements sur Mars.
aller	Plus tard, on ... en fusée.

14. Conjugue ces verbes au futur.
siffler - pendre - aller - être - avoir - venir

15. Récris ce texte au futur.
Un petit garçon se promène dans la forêt et discute avec les arbres qui sont ses amis. Il s'amuse avec eux. Il leur raconte des histoires. Bientôt, tous les arbres s'endorment.

16. Écris un texte pour dire ce que tu rêves d'avoir.

C9. Comment conjuguer les verbes au futur ?

As-tu bien compris ?

VRAI ou FAUX ?
1. On retrouve toujours l'infinitif du verbe dans la forme de son futur.
2. Le futur s'emploie pour parler de ce qui est terminé.
3. Les terminaisons du futur sont les mêmes pour tous les verbes.
4. À la 1re personne du singulier, la terminaison est -r + -ai.
5. Au futur, la 2e et la 3e personne du singulier se prononcent de la même manière.

Les verbes sont-ils correctement conjugués ?
6. Vous ☐ beaucoup d'eau. → *boirez*
7. Un jour, on ☐ ces immeubles. → *démolira*
8. Les enfants n'☐ pas les bruits. → *entendrons*
9. Tu ☐ son nom. → *diras*
10. Nous ☐ les déchets. → *sépareront*

Récréation

ANAGRAMME
Une anagramme est le résultat de la permutation* des lettres d'un ou plusieurs mots de manière à produire d'autres mots qui ont un sens. Ex. : rail → lira

Retrouve les verbes conjugués au futur qui se cachent dans ces mots :

salaire   renards
estragon*   chapelure

salerai - rendras - gâterons - épluchera

AUTOUR DES TEXTES

Météo - Mercredi 22 août
C'est un temps instable qui dominera sur l'ensemble de la France. Les averses seront plus nombreuses entre le Massif central et les frontières de l'Est. Autour de la Méditerranée, les nuages resteront encore assez nombreux notamment entre la Côte d'Azur et la Provence, alors que sur le Languedoc-Roussillon, grâce à la tramontane, le soleil fera d'assez belles apparitions.

• Dans ce texte, repère les verbes au futur.
• En t'inspirant de ce texte, écris le bulletin météo d'une journée de beau temps.

LE FUTUR

• Le **futur** est utilisé pour dire ce qui se passera plus tard.

• On forme le futur à partir du radical du verbe : dans les terminaisons, on entend toujours le **-r** de l'infinitif :
prendre → *prend* + *r* + *terminaison*.

Les terminaisons sont les mêmes pour les verbes des trois groupes :
r + ai ; r + as ; r + a ; r + ons ; r + ez ; r + ont.

• Pour les verbes des 1er et 2e groupes, on ajoute les lettres **-e** et **-i** devant les terminaisons : *chant**e**rai /fin**i**rai*.

Les mots du jour

• **Migrateurs** : se dit des animaux qui se déplacent en fonction des saisons.
• **Jadis** : autrefois.
• Une **permutation** : un échange. Le verbe de la même famille est *permuter*.
• L'**estragon** : plante aromatique utilisée en cuisine.

RÈGLE

Conjugaison

C10 — Comment conjuguer les verbes à l'imparfait ?

PETIT PROBLÈME

Quand j'étais petite, j'allais à la crèche. Maman m'y emmen… le matin et elle ven… m'y rechercher le soir. Tous les bébés dev… détester cette journée ! Quand la journée finiss… et qu'elle me récupér…, je lui saut… dans les bras car nous étions heureuses de nous retrouver.

Peux-tu m'aider à compléter les verbes en gardant le texte au même temps ?

Quand tu étais petite, tu…

Construisons la règle

- Le moment de l'action est-il situé dans le passé, le présent ou le futur ?
- Souligne les sujets et remplace-les par un pronom personnel quand ils ne le sont pas.
- Essaie de remplir le tableau de conjugaison suivant en utilisant les verbes que tu viens de trouver et en cherchant des exemples dans ton manuel.

	je	tu	il, elle	nous	vous	ils, elles
1er groupe						
2e groupe						
3e groupe						

Règle p. 87

Coup de pouce — Prononce les verbes et rappelle-toi comment les terminaisons changent selon la personne.

IL ÉTAIT UNE FOIS…

Les joueurs s'assoient en cercle et désignent un meneur de jeu. Celui-ci commence à raconter une histoire qu'il invente puis s'arrête brusquement. Son voisin doit inventer la suite. Au signal du meneur de jeu, le joueur s'arrête et le suivant continue l'histoire, et ainsi de suite. On peut alors inventer les histoires les plus farfelues*, mais toujours à l'imparfait.

Classe entière

TEST

Recopie le verbe à l'imparfait.
1. Un roi et une reine *vivent - vivaient* dans un château.
2. Je *regarderai - regardais* les images.
3. Vous *finissiez - finiriez* votre dessin.
4. Nous ne *choisissons - choisissions* pas pour toi.
5. *Reconnaissez - Reconnaissiez*-vous ce visage ?

Entraînement

C10. Comment conjuguer les verbes à l'imparfait ?

Itinéraire A

1. Recopie les verbes à l'imparfait et indique leur infinitif.
Ex. : disais → dire.
J'allais à la montagne. - Tu escalades les rochers. Ma sœur mangeait des bonbons. - Nous ne vivions pas en Afrique.

2. Recopie les phrases en conjuguant à l'imparfait le verbe entre parenthèses.
Ex. : pleurer → tu pleurais.
Le soir, je ... un peu la télévision. (regarder)
Les voitures ... dans les flaques. (rouler)
Vous ... toujours ce gâteau. (choisir)

3. Recopie les phrases en complétant par le pronom personnel qui convient.
*Ex. : ... jouions → **nous** jouions.*
... adorait le chocolat.
... récitions notre poésie.
... écoutaient la musique.
... grandissiez très vite.
... voyais des jouets.

4. Recopie le texte à l'imparfait en commençant ainsi : *La semaine dernière, j'...*
Aujourd'hui, je suis malade. J'ai une angine blanche. Je prends des médicaments. Je ne peux rien manger. Je dors toute la journée.

5. Cherche dans le dictionnaire en quoi consistaient ces métiers.
Ex. : le colporteur : il vendait sa marchandise à domicile.
la lavandière : elle ...
le maréchal-ferrant : il ...
les semeurs : ils ...
les brodeuses : elles ...

6. Conjugue ces verbes à l'imparfait.
pleurer - voir - danser - finir - prendre

7. Complète avec les verbes *être*, *avoir* ou *aller* à l'imparfait.
Le juge ... peur de sa décision. - Noémie et Nicolas ... au concert*. - Le maître et le directeur ... une idée. - Manon ... malade.

Itinéraire B

8. Recopie les verbes à l'imparfait et indique leur infinitif.
Tu dors tranquillement. - J'écoutais battre ton cœur. - Vous franchissiez la rivière. - Nous étions en vacances. - Elle n'ira plus très loin.

9. Recopie le texte en conjuguant à l'imparfait le verbe entre parenthèses.
Le temps ... froid. (être)
Il ... . (neiger)
Pour se réchauffer, Clément ... (faire) des boules de neige et les ... (lancer) très loin.

10. Recopie les phrases en complétant par le pronom personnel qui convient.
... rangeais tes affaires.
... aimiez les animaux.
... allions bien.
... était ton ami.
... avaient une belle chambre.

11. Recopie le texte à l'imparfait en commençant ainsi : *Autrefois, elles...*
Aujourd'hui, tu ne ranges plus cette chambre. Tu laisses tout traîner. Tu ne vois plus personne. Il n'y a plus de place. Tu abandonnes tes poupées.

12. Cherche dans un dictionnaire en quoi consistaient ces métiers.
un apothicaire : il...
les boutonniers : ils...
les modistes : elles...
la lessiveuse : elle...

13. Conjugue ces verbes à l'imparfait.
manger - savoir - aller - avoir - être - grossir

14. Complète avec les verbes *être*, *avoir* ou *aller* à l'imparfait.
Il ... à l'école tout seul. Elles n' ... pas bonnes camarades. Pierre et Laura n'... pas d'autres amis. Tu ... mieux. Nous n'... pas nombreux. J'... un seul ami.

15. Écris ce que tu sais des hommes préhistoriques en quelques lignes.

C10. Comment conjuguer les verbes à l'imparfait ?

As-tu bien compris ?

VRAI ou FAUX ?
1. Les terminaisons de l'imparfait sont toujours les mêmes pour tous les verbes.
2. Au singulier, les terminaisons sont -ai, -ais, -ait.
3. L'imparfait est un temps du passé.
4. Les terminaisons sont différentes selon les groupes.
5. À la 1re et à la 2e personne du singulier les terminaisons sont les mêmes.

Les terminaisons proposées sont-elles correctes ?
6. William ☐ le chef de bande. → était
7. Manon et Lucie lui ☐ . → obéissaient
8. Pierre et toi, vous vous ☐ . → enfuyais
9. Je ☐ mes chaussettes. → enfilai
10. Nous ☐ dans la cour. → jouons

Récréation

SALADE DE MOTS

Il s'agit de combiner des lettres de deux mots pour former un troisième mot. Tu ne dois trouver que des verbes à l'imparfait.
Exemple : peur + lait → pleurait

sorte + tain* → verbe sortir
craie + natte → verbe écarter
pions + art → verbe partir

sortaient - écartaient - partions

Autour des textes

Thibault, apprenti chevalier

Au Moyen Âge, avant de devenir de courageux chevaliers, les jeunes nobles entraient au service d'un seigneur comme écuyers. Thibault te raconte son aventure.

J'étais un peu triste de quitter le château de mon père pour me retrouver dans un lieu inconnu. Au début, je devais découper la viande et servir à table mon seigneur et ses invités. Je portais aussi ses armes, son bouclier et sa lance, lorsque je l'accompagnais dans les tournois. J'y rencontrais parfois la blonde Mathilde. Elle était la fille du chevalier de Montmorency. Comme elle était belle avec sa longue tresse et comme j'étais ému lorsqu'elle me jetait des regards langoureux* ! J'étais pressé de combattre à mon tour pour lui prouver ma vaillance.

Texte écrit par une classe de 5e.

• À quel temps est écrit ce texte ? Entoure ce qui te permet de le dire.

L'IMPARFAIT

RÈGLE

• L'imparfait de l'indicatif est un **temps du passé**.

• Les **terminaisons sont semblables pour les verbes des trois groupes** : -ais, -ais, -ait, -ions, -iez, -aient.

• **Pour les 1er et 3e groupes**, on ajoute les terminaisons au radical :
chanter → chant + terminaison ; boire → buv + terminaison.

• **Pour le 2e groupe**, on ajoute -iss au radical :
finir → fin + iss + terminaison.

Les mots du jour

• **Farfelu** : (adj.) surprenant.
• **Un concert** : spectacle où l'on écoute de la musique.
• **Le tain** : couche de métal appliquée sur du verre pour le transformer en miroir.
• **Langoureux** : (adj.) ici, amoureux.

Conjugaison

C11 Comment conjuguer les verbes au passé composé ?

PETIT PROBLÈME

> L'été dernier, je suis allée à la mer avec mes parents. Nous **ramasser** des coquillages. J'en **trouver** de toutes sortes. Ma sœur **finir** par en avoir assez et nous **rentrer**. Nous **prendre** quelques photos mais il beaucoup **pleuvoir** alors papa **sortir** pour acheter des tas de livres. Finalement, nous **faire** de grandes découvertes.

Manon, CE2.

Je ne sais plus conjuguer les verbes ! Peux-tu m'aider à récrire mon texte en conjuguant les infinitifs ?

coup de pouce

PRÉSENT	
Avoir	**Être**
j'ai	je suis
tu as	tu es
il, elle a	il, elle est
nous avons	nous sommes
vous avez	vous êtes
ils, elles ont	ils, elles sont

Règle p. 90

Construisons la règle

- Dois-tu écrire ce texte au passé, présent ou futur ?
Comment as-tu trouvé les verbes conjugués ? Recopie-les et trie-les.
- Comment sont-ils construits ?
- Quelle différence remarques-tu avec les autres temps ?

💬 RÉALITÉ OU FICTION*

4 joueurs

Un joueur propose une phrase racontant un événement réel ou imaginaire. Le suivant doit lui poser des questions au passé composé pour en savoir plus.
Exemple : Un jour, j'ai dîné avec une sorcière.
– Qu'as-tu mangé ?
– J'ai mangé des crapauds rôtis.
Si un des joueurs n'utilise pas le passé composé, c'est l'autre joueur qui marque un point. Celui qui a le plus de points après un temps limité a gagné.

TEST

Recopie les verbes au passé composé.
1. Papa a dormi pendant des heures.
2. La poule a pondu un œuf.
3. Tu es rapide.
4. Je le laisse parler.
5. Les alpinistes ne se sont pas perdus.

Entraînement

C11. Comment conjuguer les verbes au passé composé ?

Itinéraire A

1. Recopie les verbes dans la colonne qui convient.

Imparfait	Passé composé
...	...

Le ciel était couvert. Les nuages sont arrivés. La pluie commençait à tomber. Le froid était là. La ville est devenue triste.

2. Relie les verbes au passé composé à leur infinitif.

J'ai appris mes leçons. • • tenir
Ils ont fait une promenade. • • éteindre
On a tenu la traîne de la mariée. • • apprendre
Nous avons éteint la lumière. • • faire

3. Recopie en complétant avec le participe passé qui convient : *vu - pris - fait - bu - mis.*
Elle a □ un cadeau.
J'ai □ mon ami.
Nous avons □ un verre de lait.
Elles ont □ leurs chaussures.
Vous avez □ le train.

4. Transforme ces infinitifs en participes passés et recopie-les.
Ex. : *aimer → aimé.*
jouer - pleurer - finir - vouloir - rendre - mettre

5. Recopie les phrases en conjuguant les verbes au passé composé.
Je *(savoir)* que tu n'étais pas là.
Elles *(rendre)* leur livre.
Tu *(prendre)* un bon bain.
Vous *(dire)* bonjour.

6. Recopie et complète les phrases avec un pronom personnel sujet.
Hier, □ a vendu tout son pain.
□ sont allés faire des courses dans les magasins.
Ce soir, □ êtes sortis de bonne heure.
À cause des éclairs, □ avons eu peur.

7. Recopie les phrases dont les verbes sont conjugués au passé composé. Indique leur infinitif.
La semaine dernière, le ciel était gris. Les hirondelles sont arrivées. Depuis hier, elles ne sont plus là. Elles ont rejoint l'Afrique.

Itinéraire B

8. Recopie les verbes dans la colonne qui convient.

Présent	Passé composé
...	...

Marie est adorable. - Séverine est arrivée hier soir. - Le navigateur a descendu la voile. - Le ciel est gris. - Ma mamie a froid.

9. Relie les verbes au passé composé à leur infinitif.

Il est sorti. • • mettre
J'ai eu un frère. • • vouloir
Elles ont voulu le voir. • • être
Nous avons mis un bonnet. • • avoir
Tu as été malade. • • sortir

10. Recopie en complétant avec le participe passé qui convient : *fini - fermé - arrivé - entendu - eu - laissé.*
J'ai □ la porte. - David a tout □. - Le train est □. - Qui a □ Marion ? - Nicolas a □ un nouveau jeu - Tu as □ tes devoirs.

11. Transforme ces infinitifs en participes passés et recopie-les.
venir - être - avoir - savoir - grossir - aller

12. Recopie les phrases en conjuguant les verbes au passé composé.
Je *(rentrer)* tard.
Nous *(dormir)* longtemps.
Mes cousins *(rentrer)* tard.
Mon chat *(trouver)* une souris.
Tu *(avoir)* une belle maison.

13. Recopie et complète les phrases avec un PPS.
□ ont embelli* le jardin. - □ êtes sortis de bonne heure ! - □ avons eu peur. - □ sont parties se promener. - □ est revenu du football.

14. Recopie les phrases dont les verbes sont conjugués au passé composé. Indique leur infinitif.
Elle avait mis son manteau. - Le garçon a menti. - J'ai une très belle coiffure. - Nous sommes malades. - Tu as pris mon verre. - J'ai eu une bonne note. - Vous avez été absents.

89

C11. Comment conjuguer les verbes au passé composé ?

As-tu bien compris ?

VRAI ou FAUX ?
1. Le passé composé est un temps du passé.
2. Au passé composé, les verbes *être* et *avoir* s'appellent les auxiliaires.
3. Le passé composé se forme toujours avec l'auxiliaire *avoir*.
4. Au passé composé, les auxiliaires *être* et *avoir* se conjuguent au passé.
5. Au passé composé, le verbe est composé d'un auxiliaire et d'un participe passé.

La forme soulignée convient-elle ?
6. Ils *sont montés* - <u>*ont monté*</u> dans l'ascenseur.
7. La pluie *est commencée* - <u>*a commencé*</u> à tomber.
8. Julie *est arrivée* - <u>*a arrivé*</u> hier au soir.
9. Mes amis *ont vu* - <u>*sont vus*</u> le match.
10. Tu *as vu* - <u>*es vu*</u> le paysage.

récréation

RONDE DES MOTS
Retrouve les participes passés au masculin singulier en lisant chaque définition. Commence au point.

parlé - marié - rendu

AUTOUR DES TEXTES

Dimanche 23 janvier
Super ! On a joué aux mimes* avec Aude, hier. Elle, elle a choisi de mimer une rose sous le vent et un chat au soleil.
Puis, avec rien, un bout de serviette et ses doigts, elle a fait des ombres chinoises*.
Aude est une artiste. Je me sens bien, à côté d'elle. Moi, j'ai mimé la mer en hiver.

Mon Je-me-parle, Sandrine Pernush, © Éditions Sed.

• De quel type d'écrit s'agit-il ? Deux phrases ne sont pas au passé composé : explique pourquoi et précise leur temps.

LE PASSÉ COMPOSÉ

RÈGLE

• Le passé composé est **un temps du passé**. Ce temps se forme avec deux éléments : les verbes ***avoir*** ou ***être*** (appelés **auxiliaires**) conjugués au présent, et **le participe passé** du verbe.

• La terminaison du participe passé dépend du groupe du verbe :
-é pour les verbes qui se terminent par **-er** : chant**é** ;
-i pour les verbes du deuxième groupe : grand**i** ;
-i, **-u**, **-s**, **-t** pour les autres verbes : par**ti**, ven**u**, assi**s**, pein**t**.

Les mots du jour

• Une **fiction** : du latin *fictio* qui est l'action de façonner, de créer. Il s'agit d'une œuvre imaginée.
• **Embelli** : du verbe *embellir*, rendre beau ou plus beau.
• Un **mime** : genre théâtral dans lequel on n'utilise pas la parole pour s'exprimer, mais les gestes.
• Les **ombres chinoises** : spectacle utilisant les ombres des mains et des avant-bras pour former le plus souvent des silhouettes d'animaux.

Dictées

CONJUGAISON

C1 Reconnaître le verbe

Auto-dictée
Aujourd'hui, les paysans ramassent et comptent les épis de blé : ils les mettent en sacs. **Les hommes rangent la récolte.**

C2 Les temps

Dictée à trous
Toutes les nuits, des réverbères éclairent et illuminent les rues. Au petit jour, tout s'éteint. **La ville se réveille** enfin.

C3 Les personnes

Dictée préparée
À chaque printemps, les jours s'allongent et les nuits raccourcissent. Les jonquilles poussent enfin. **L'oiseau prépare son nid.**

C4 Les trois groupes

Auto-dictée
Prendre et trier les feuilles d'ortie et de cresson. Les mettre dans un saladier. **Ajouter des pommes de terre.**

C5 Le présent du 1er groupe

Dictée préparée
Un joueur fait semblant de commenter un grand événement sportif. On peut utiliser un sablier. **Nous devons deviner le sport.**

C6 Le présent du 2e groupe

Dictées à trous
Les alpinistes franchissent de hautes montagnes et gravissent le sommet. Les spectateurs les applaudissent fort. **Ils réussissent un nouvel exploit.**

C7 Le présent du 3e groupe

Dictée à trous
Les enfants deviennent impatients devant l'école avec leurs nouveaux cartables. Lucie aperçoit sa maîtresse. **Les parents prennent les livres.**

C8 Le présent de *être* et *avoir*

Auto-dictée
J'ai neuf ans et des sœurs jumelles de six ans. Je suis l'aînée ! **Mes parents sont très heureux.**

C9 Le futur

Dictée préparée
Les oiseaux migrateurs reviendront de l'étranger et iront au nord. Ils passeront par bandes. **On reconnaîtra les oies sauvages.**

C10 L'imparfait

Dictée préparée
Je devais découper la viande et servir mon seigneur. Je m'occupais aussi des armes. **J'allais jouer aux dames.**

C11 Le passé composé

Auto-dictée
Les nuages sont arrivés. Les hirondelles ont rejoint l'Afrique. Elles ont abandonné leurs nids. **L'automne a vraiment commencé.**

Dictées

CONJUGAISON

G1 La phrase
C1 Le verbe

Dictée à trous
Les légumes et les fruits sont bons pour la santé. Ils poussent dans le jardin. **On peut** les manger crus.

G2 Les groupes dans la phrase
C2 Les temps

Dictée préparée
Chaque joueur prépare deux étiquettes avec un mot. L'un d'eux tire quatre mots. **Il invente alors une phrase.**

G3 L'accord sujet-verbe
C3 Les personnes

Auto-dictée
C'est un homme grand et mince avec de grosses oreilles. Il mange et rit. **Il porte un bonnet rouge.**

G4 Les types de phrase
C4 Les trois groupes

Dictée à trous
Les abeilles butinent et les ruches se remplissent de miel. La reine est bien aidée. **La récolte sera très bonne !**

G5 Les formes affirmative et négative
C5 Le présent des verbes du 1er groupe

Dictée préparée
Le soleil ne brille pas. Les voiliers ne sortent pas. Les touristes n'achètent rien. **Aujourd'hui, je me promène seul.**

G6 La nature des mots
C6 Le présent des verbes du 2e groupe

Dictée à trous
Pour faire une quiche, nous pétrissons et aplatissons la pâte. Nous la garnissons de poivrons. **Elle blondit dans le four.**

G7 Les compléments d'objet
C7 Le présent des verbes du 3e groupe

Dictée préparée
Le renard sauvage boit une eau délicieuse. « Vous venez la partager avec moi, mon ami ? » **Le bouc s'enfuit sans attendre.**

G8 Les compléments circonstanciels
C8 Le présent de *être* et *avoir*

Dictée préparée
Ce matin dans la plaine, le cerf est fatigué. Il a peur du loup affamé. **En frémissant, il s'arrête.**

G9 Les constituants du groupe nominal
C9 Le futur

Dictée préparée
Un temps instable s'installera sur l'ensemble du pays. Les averses seront plus nombreuses. **La journée sera très froide.**

G10 Les noms propres et les noms communs
C10 L'imparfait

Dictée à trous
Quand Manon était petite, sa mère l'emmenait à la crèche. Elle prenait sa poupée. **Les autres bébés pleuraient toujours.**

G11 Les déterminants
C11 Le passé composé

Auto-dictée
La voiture n'a pas respecté le stop et a finalement percuté un camion gris. **J'ai vu les blessés.**

92

ORTHOGRAPHE

O1. Comment écrire ce que l'on entend ?
Comment prononcer ce que l'on voit ? ...... p. 94

O2. Comment écrire les sons [s] et [z] ? ... p. 97

O3. Comment écrire les sons [g] et [ʒ] ? ... p. 100

O4. Comment écrire le son [k] ? .... p. 103

O5. Pourquoi met-on des accents
sur la lettre -e ? .... p. 106

O6. Quand le -n se transforme-t-il
en -m ? .... p. 109

O7. Comment chercher l'orthographe
d'un mot dans le dictionnaire ? .... p. 112

O8. Comment écrire les mots
qui se prononcent de la même façon ? ..... p. 115

O9. Comment forme-t-on le féminin
des noms ? .... p. 118

O10. Comment forme-t-on le féminin
des adjectifs ? .... p. 121

O11. Comment forme-t-on le pluriel
des noms et des adjectifs ? .... p. 124

O12. Comment fait-on les accords
dans le groupe nominal ? .... p. 127

Dictées .... p. 130

93

Les sons et les lettres

O1 — Comment écrire ce que l'on entend ? Comment prononcer ce que l'on voit ?

PETIT PROBLÈME

Peux-tu m'aider à écrire les mots suivants ?

Construisons la règle

Règle p. 96

- Dis à haute voix les mots que tu dois écrire. Que dois-tu utiliser pour écrire les sons que tu entends ?
- À ton avis, quel est le mot le plus simple à écrire ? Le plus difficile ? Pourquoi ?
- Dans les mots 2 et 3, quel est le son commun ? S'écrit-il de la même manière ? Quelle différence constates-tu ?
- Quelle lettre as-tu écrite à la fin du mot 5 ? Pourquoi ? L'entends-tu à l'oral ?

coup de pouce — Observe le tableau des sons pages 186-187.

LA PHRASE SONORE

4 joueurs

Les joueurs préparent des étiquettes sur lesquelles ils écrivent des sons. Un premier son est tiré au sort. Chaque joueur doit, en un temps limité, inventer la phrase la plus longue possible avec des mots contenant ce son. *Exemple : Le son [u] comme dans mou → Pouvez-vous voir pousser les choux ?* Les groupes disent ensuite leur phrase. Celui qui a trouvé le plus de mots contenant le son demandé a gagné et compte un point par mot. Le jeu se poursuit avec le tirage d'un nouveau son.

TEST

Entoure les lettres qui correspondent au son indiqué.

1. [b] Le bébé attend son biberon.
2. [f] Le pharmacien devient fou.
3. [o] La grenouille aime plonger dans l'eau.
4. [u] La louve crie dans la nuit.
5. [ɛ̃] Le lapin mange du pain.

Entraînement

01. Comment écrire ce que l'on entend ?
Comment prononcer ce que l'on voit ?

Itinéraire A

1. Relie chaque son à son écriture et entoure-le dans le mot. *Ex. : [a] → p(a)p(a)*

- [ã] • • lapin
- [u] • • maman
- [ɔ̃] • • poli
- [ɛ̃] • • bonbon
- [i] • • rouler

2. Complète le tableau avec les mots suivants qui contiennent la lettre -t.

Je vois -t	J'entends -t	Je n'entends pas -t
porte	porte	...
...	...	...

valet - menthe - tente - vert - éléphant - théâtre - tempête - méchante

3. Entoure le son [o] dans chaque mot et écris-le dans la colonne correspondante.

[o] = 1 lettre	[o] = 2 lettres	[o] = 3 lettres
...	ép(au)le	...
...	...	...

manteau - vélo - automobile - radeau - poser - octogonal - autodictée - domino - aussi - hauteur

4. La lettre -h associée aux lettres -p ou -c permet de transcrire les sons [f] et [ʃ] comme dans *éléphant* et *chat*. Recopie les mots suivants dans la colonne correspondante.

Son [f]	Son [ʃ]
élé**ph**ant	**ch**at
...	...

photographe - malchance - physique - géographie - chimie - orthographe - chocolat - proche

5. Recopie ces mots et entoure le son commun. Quel est le mot intrus ?
balai - ballon - bille - envoler - belle - habile - molle - poule

6. Complète chaque série avec trois mots contenant le même son écrit de la même manière.
a) méch**an**t - d**an**s - ch**an**teur ...
b) **en**lever - p**en**te - m**en**the ...

Itinéraire B

7. Relie chaque son à son écriture et entoure-le dans le mot.

- [o] • • éléphant
- [v] • • ballon
- [ɔ̃] • • louveteau
- [l] • • ficelle
- [f] • • collection

8. Complète le tableau avec les mots suivants qui contiennent la lettre -r.

Je vois -r	J'entends -r	Je n'entends pas -r
...	...	...

robe - perle - mer - chanter - mère - devenir - pierre - dérober

9. Écris les mots suivants en les complétant par le son [o]. Aide-toi du dictionnaire pour avoir la bonne orthographe.
le chât... - il est t...t - le p...t d'... - le m...t.
le land... - Je vais au z... voir les g...rilles.

10. Complète le mot et associe-le au dessin correspondant.
une bou...ie
une ...irafe
une ...onquille
un ...et d'eau

11. Recopie les phrases en complétant les mots avec le son [ɛ̃].
Je prends un b... tous les soirs. - L'artiste p... sous un p... parasol. - Le lap... mange du p... . - J'ai eu v... à mon exercice. - J'ai f... . - J'ai trop mangé, j'ai le ventre pl... .

12. Recopie les mots dans lesquels la lettre -h ne transcrit pas un son.
Ex. : hibou.
éléphant - chapeau - hirondelle - théâtre* - pharmacie - mèche - préhistoire - thé

13. En t'aidant de ton dictionnaire et du tableau des sons, cherche comment on prononce ces mots.
estomac - femme - cobaye* - tabac - faon*

01. Comment écrire ce que l'on entend ?
Comment prononcer ce que l'on voit ?

As-tu bien compris ?

VRAI ou FAUX ?
1. À un son correspond une lettre.
2. Certains sons s'écrivent avec trois lettres
3. Il y a autant de lettres dans l'alphabet que de sons dans la langue.
4. Une seule lettre changée peut modifier la prononciation du mot.
5. Il y a 23 lettres dans l'alphabet.

Es-tu d'accord avec ces affirmations ?
6. Les lettres soulignées transcrivent le même son : lap*in*, m*ain*, p*ein*tre.
7. *Ça* et *sa* se prononcent de la même manière.
8. Dans tous les mots, la lettre -b se prononce toujours [ɓ].
9. *Dent* et *dans* ne se prononcent pas de la même manière.
10. La lettre -a se prononce de la même manière dans *parents* et *enfants*.

Récréation

LETTRES PRONONCÉES

Lis à haute voix et trouve les mots correspondants.

K7   **NRJ**

LM7R

cassette - énergie - Elle aime cet air.

AUTOUR DES TEXTES

Le petit Motordu ne parle pas tordu, ce qui désole ses parents.

– Tout de même, mettre un chapeau sur sa tête, c'est grave ! Mon fils n'est pas notre fils !
Carreau-Ligne lui tapota la main :
– Allons, votre mauvais sang me fait beaucoup de veine !
Mais le duc pensait déjà à l'avenir :
– Ce petit ne prendra aucun plaisir à apprendre par peur la fable du corbeau et du renard !

– Alors que la table du corps gros et du gros lard, quelle rigolade* ! pouffa la comtesse.
Le lendemain, les parents emmenèrent le petit prince en promenade.
– Mon chéri, regarde ces boules dans le pré, dit la maman. Elles sont drôlement polies, elles roulent, roulent pour que les œufs de toutes ces boules soient bien ronds, bien doux, bien polis.

D'après *Le Petit Motordu*, Pef, © Folio Benjamin, Gallimard Jeunesse.

• Lis ce texte à haute voix. Que remarques-tu d'étrange ?
• Pourquoi la famille s'appelle-t-elle Motordu ?

LES CORRESPONDANCES LETTRES/SONS

RÈGLE

• Pour écrire un mot, il faut transcrire les sons en lettres, mais ce n'est pas facile car la langue française comporte **36 sons** et seulement **26 lettres**. C'est pourquoi certains sons s'écrivent avec :
- une lettre : *le son [p] dans le mot* **p**a**p**a *s'écrit avec la lettre p ;*
- deux lettres : *le son [ɛ̃] dans le mot* lap**in** *s'écrit avec les lettres -i et -n ;*
- trois lettres : *le son [ɛ̃] dans le mot* m**ain** *s'écrit avec les lettres -a -i et -n.*

• De plus, certains mots s'écrivent avec des lettres que l'on n'entend pas à l'oral, on dit qu'elles sont muettes : *Les hibou**x** blanc**s** sor**t**ent de leur ni**d**.*

Les mots du jour

• Le -h de **théâtre** ne se prononce pas ; il provient de l'origine grecque du mot.
• Un **cobaye** : petit rongeur qu'on utilise pour faire des expériences scientifiques.
• Un **faon** : petit de la biche. Le paon, qui est un oiseau, se prononce de la même manière.
• Une **rigolade** : vient de *rigoler* qui signifie rire en langage familier.

Les sons et les lettres

O2 Comment écrire les sons [s] et [z] ?

PETIT PROBLÈME

> Mon cher William,
> Je pase d'excellentes vacanses aux Antilles
> Je dors dans une caze sur la plage mais il y a des puses de sable qui me piquent. Je pêche des poisons multicolores avec des garçons ruses et suises
> Je t'embrase.
>   Ton cousin, Kevin
> P.S. : Ne fais pas trop attention à l'orthographe.

Peux-tu m'aider à lire la lettre de mon cousin Kevin ?

Construisons la règle

Règle p. 99

- Lis la lettre de Kevin à haute voix. Que remarques-tu ?
- Quels sont les mots que tu dois corriger à l'oral pour qu'ils aient du sens ? Que dois-tu faire pour les corriger à l'écrit ?
- Essaie de corriger toutes les erreurs. Tu peux vérifier dans ton dictionnaire.
- Quels sont les mots mal orthographiés mais dont la prononciation reste identique ?

coup de pouce
un gla**ç**on
po**s**er
pou**ss**er

LA SYLLABE SONORE

4 joueurs

Le premier joueur propose un mot contenant le son [s]. Le deuxième doit dire un mot nouveau contenant la même syllabe, le troisième continue et ainsi de suite. *Exemple : savon - salon - pensa - perça…*
On peut, pour changer la syllabe, proposer un mot contenant [s] dans une autre syllabe. *Exemple : sagesse - serin - celui…*
Celui qui ne trouve plus de mots est éliminé. Celui qui reste seul a gagné.

TEST

Dans chaque phrase, retrouve le son [s] et entoure-le.

1. Il mange du saucisson.
2. La multiplication est une opération.
3. Ils sont sérieux.
4. William déplaçait les chaises.
5. Manon sépare les portions.

Entraînement

02. Comment écrire les sons [s] et [z] ?

Itinéraire A

1. Recopie les mots dans la colonne correspondante.

J'entends [s]	J'entends [z]
possible	...

casier - casse-noix - gaz - six - piscine - groseille - dixième - douceur - zèbre

2. Complète les mots suivants en ajoutant -s ou -ss.
Kevin est le cou...in de William.
Lili boit son chocolat dans une ta...e.
Arthur habite à côté de chez William : ils sont voi...ins.
Pauline a mis les cou...ins sur le canapé.
Je mange des frai...es.
Je range mes stylos dans ma trou...e.

3. Recopie les mots contenant le son [s] en les classant dans le tableau suivant.

Je vois S	Je vois T	Je vois SS	Je vois C	Je vois Ç
...	...	...	...	garçon

serviette - cerf - attention - tension - cerceau - serre-tête - salière - minutieux - ruse - cigale - maçon - mousse - masser - perçant

4. Écris les mots suivants en ajoutant -c ou -ç.
se balan...er - je me balan...e - une balan...oire - tu te balan...ais - un gar...on - la le...on de fran...ais

5. Trouve le nom qui correspond à l'image. Il contient [s] ou [z] écrits -s ou -ss.

6. Recopie les mots dont la lettre finale se prononce [s] ou [z]. Entoure en bleu [z] et en vert [s].
un bus - un as - un lys - le gaz - le nez - un pas - un mas - dix - peureux - gros - six

7. Avec ton voisin, lisez ces phrases à haute voix et recopiez-les. Fléchez la liaison.
Ex. : Je passe mes vacances aux Antilles.
Pensons-y ! - Les enfants aiment le chocolat. - Je vais à la patinoire. - Tu es en retard !

Itinéraire B

8. Recopie les mots contenant la lettre -s dans le tableau suivant.

J'entends [s]	J'entends [z]	Je n'entends ni [s] ni [z]
...	...	...

bassine - bas - ananas - jus - bus - plus - vis - buse - mais - maïs*

9. Écris les nombres suivants en lettres et prononce-les. Que remarques-tu ?
6 - 10 - 18 - 60 - 70 - 79

10. Recopie les mots dans lesquels la lettre -t se prononce [s].
aristocratie - aristocrate* - partie - portion - action - actif

11. Forme des paires de mots en ajoutant ou en supprimant une lettre.
Ex. : ruse / russe
dessert - basse - je casse - je visse - embraser - baiser

12. Trouve le nom qui correspond à l'image. Tu peux vérifier l'orthographe dans le dictionnaire.

13. Trouve quatre mots que tu utilises en mathématiques et contenant -tion.

14. Avec ton voisin, lisez ces phrases à haute voix et recopiez-les. Notez les liaisons par un signe. Attention certaines liaisons sont maladroites ou impossibles.
Nous allons au zoo.
Il avance doucement, pas à pas.
Les éléphants aiment l'eau.
Nous sommes heureux.
Je suis allé à Paris aujourd'hui.

02. Comment écrire les sons [s] et [z] ?

As-tu bien compris ?

VRAI ou FAUX ?
1. Le son [s] peut s'écrire avec les lettres -c, -ç, -s, -ss, -t.
2. Le son [z] s'écrit uniquement avec la lettre -z.
3. La lettre -s en début de mot se prononce [s].
4. Entre deux voyelles, la lettre -s se prononce [s].
5. La lettre -c avec une cédille* se prononce [s] devant -a, -o et -u.

Tous les mots contiennent-ils le son [s] ?
6. savant - sage - poison
7. opération - addition - portion
8. sagesse - noisette - fausse
9. douce - rousse - pouce
10. garçon - cigale - cerise

Récréation

LETTRES MANQUANTES

Complète la grille pour obtenir des mots contenant le son [s]. Tu dois utiliser les mêmes lettres. Que dois-tu ajouter au dernier mot pour faire [s] ?

AS - MAS - MAIS. Pour obtenir le son [s] au dernier mot, il faut ajouter un tréma sur le i.

Autour des textes

C

J'ai traversé les ponts de Cé
C'est là que tout a commencé

Une chanson des temps passés
Parle d'un chevalier blessé

D'une rose sur la chaussée
Et d'un corsage délacé

Du château d'un duc insensé
Et des cygnes dans le fossé

Et j'ai bu comme un lait glacé
Le long lai des gloires faussées

De la prairie où vient danser
Une éternelle fiancée

La Loire emporte mes pensées
Avec les voitures versées

Et les armes désamorcées
Et les larmes mal effacées

Ô ma France ô ma délaissée
J'ai traversé les ponts de Cé

Louis Aragon, " C ", *Les yeux d'Elsa*, Seghers, 1942

• Explique le titre du poème.
• Relève tous les sons [s] et classe-les selon les lettres utilisées : -c, -s, -ss.
• À ton tour, invente un poème à la manière d'Aragon sur le modèle :

*J'ai traversé les ponts de Zé
C'est là que tout s'est brisé
...*

LES SONS [s] ET [z]

• Pour écrire le son [s], on peut utiliser différentes lettres :
-**s** ou -**ss** entre deux voyelles : *un serpent - une pensée - la vaisselle* ;
-**c** devant -e, -i et -y : *une cerise - une cigogne - un cygne* ;
(il faut ajouter une **cédille** (-ç) devant -a, -o et -u : *une leçon - une gerçure*) ;
-**t** devant -i : *une opération - la démocratie*.

• Pour écrire le son [z], on a le choix entre deux lettres :
-**z** : *le zoo - un zèbre - le gaz* (tous les mots commençant par le son [z] s'écrivent avec un -z) ;
-**s** entre deux voyelles : *une mésange - une case - une cerise*.

Les mots du jour

• Le **maïs** et **mais** sont composés des mêmes lettres. Ils se prononcent différemment en raison du tréma sur le -i.
• Un **aristocrate** : un noble.
• Une **cédille** : vient de l'espagnol *cedilla* qui signifie « petit z ». Au Moyen Âge, pour écrire le son [s] avec un -c devant le -a ou le -o, on dessinait un -z sous le -c.

Les sons et les lettres

03 Comment écrire les sons [g] et [ʒ] ?

PETIT PROBLÈME

Dans la jungle, on trouve des genons et des gépards. À Paris, les pigons sont nombreux.

jeu — gazelle — joli — danger — juste — gorille — guépard — jambe — gronder — nageoire — glace — mangeable

La maîtresse nous a demandé de réaliser une affiche pour différencier [g] et [ʒ]. Peux-tu nous aider ?

Drôles d'animaux ! Regardez ce que vous avez écrit. Vous n'avez pas encore compris comment faire la différence à l'écrit entre [g] et [ʒ].

Construisons la règle

- Classe ces mots en deux colonnes selon que tu entends [g] ou [ʒ].
- Quelle lettre écrit toujours le son [ʒ] ?
- Dans quel cas la lettre -g se prononce-t-elle [ʒ] ?
- Dans quel cas la lettre -g se prononce-t-elle [g] ?

Coup de pouce

Le -g de gorille se prononce [g].
Le -g de pigeon se prononce [ʒ].

LES MOTS ENCHAÎNÉS

Le but du jeu est d'enchaîner des mots contenant le son [ʒ]. Le premier joueur cherche un mot contenant [ʒ] et le dit à haute voix. Le joueur suivant repère la dernière syllabe du mot et cherche un mot qui commence par la même syllabe orale, et ainsi de suite.

Exemple : géant - enragé - géométrie - triage…
Celui qui interrompt la chaîne est éliminé. On peut limiter la partie à l'aide d'un sablier.

TEST

Ajoute les lettres -j ou -g pour obtenir le son [ʒ].
1. un pi...eonnier
2. un ...ardin
3. la rou...eole
4. nous man...eons
5. le dé...euner

Règle p. 102 — Classe entière

Entraînement

03. Comment écrire les sons [g] et [ʒ] ?

Itinéraire A

1. Écris les mots dans la colonne correspondante.

J'entends [g]	J'entends [ʒ]
engager	engager
...	...

un geai - un jet - gaie - une galipette - un javelot - un joujou - Guignol* - la gymnastique*.

2. Écris les mots contenant le son [ʒ] en les complétant par les lettres -j ou -g.
un bour...eois - une ...irafe - un bi...ou - le déména...ement - une ima...e - le ...u...e du tribunal - Je na...e tous les jours. - Cet été, je na...eais tous les jours dans la mer

3. Complète les mots pour obtenir le son [g].
un ...arage - une al...e - une ...êpe - un ...épard - une ...rille - une ...alette - une ...itare

4. Conjugue les verbes sur le modèle suivant.
Ex. : je change / nous changeons.
bouger - diriger - songer - ronger - échanger

5. Cherche des noms contenant les lettres -geo formés à partir des mots suivants. Tu peux utiliser ton dictionnaire. *Ex. : rougir / rougeole.*
manger - nager - plonger - patauger - bougie - village

6. À la fin des mots, le son [ʒ] s'écrit toujours -ge. Recopie les mots suivants en les complétant.
Ex. : un nua... → nuage.
une ima... - une pa... - un ga... - un paysa... - un villa... - un voya...

7. Remplace l'initiale de chaque mot pour obtenir un mot commençant par [g]. *Ex. : parer → garer.*
morille - mage - terre - aide - jars - rond - brandir

8. Avec ton voisin, recherchez des noms d'animaux contenant les sons [g] ou [ʒ] en début ou en milieu de mot. Classez-les ensuite dans le tableau suivant que vous compléterez.

J'entends [g]		J'entends [ʒ]	
je vois	...	je vois	...
je vois	...	je vois	...
		je vois	...

Itinéraire B

9. Complète le tableau suivant.

Mot	J'entends [g]	J'entends [ʒ]	Je vois...
genou	...	genou	g
...	...	...	...

un adjectif - un journal* - un guépard - bonjour - germer - une bague - une joue - un gibier - un gymnase - la joie - une jonquille - une page - un donjon

10. Classe ces mots contenant la lettre -g en trois colonnes (g + / ge + / gu +) en justifiant ton choix.
galette - galoper - grondement - genou - glissade - gamin - gondole - guitare - geai - gare - algue - nuage - naufrage - goutte - grill - gilet - gnou

11. En t'aidant du dictionnaire, trouve la solution aux devinettes. Les mots débutent par [g] ou [ʒ].
a. Mot anglais qui signifie gardien de but.
b. Assiette du chien.
c. Cette couleur mélangée à du bleu donne du vert.
d. Instrument de musique.
e. Mois qui termine l'année scolaire.
f. Jack le combat pour récupérer la poule aux œufs d'or.
g. Elle me sert à effacer mes erreurs.

12. Conjugue les verbes aux premières personnes du singulier et du pluriel au présent.
Ex. : je voyage → nous voyageons.
manger - nager - longer - forger - exiger

13. Prononce ces mots. Que remarques-tu ?
second* - seconde - secondaire

14. Tous ces mots contiennent le même son. Lequel ? Écris chaque mot et souligne les lettres qui correspondent à ce son.

15. Avec ton voisin, cherchez des noms, des adjectifs et des verbes commençant par les lettres -g ou -j, pour construire des phrases amusantes.
Ex. : Le joli gorille joue avec des glaçons.

03. Comment écrire les sons [g] et [ʒ] ?

As-tu bien compris ?

VRAI ou FAUX ?
1. La lettre -g devant -a, -o et -u se prononce [g].
2. La lettre -j se prononce [g] devant toutes les voyelles.
3. Le son [g] se trouve toujours en début de mot.
4. On ajoute la lettre -e devant le -o et le -a lorsque l'on conjugue les verbes en -ger à certaines personnes.
5. Le son [ʒ] s'écrit toujours -ge en fin de mot.

Es-tu d'accord avec ces affirmations ?
6. *Georges* et *gorge* se prononcent de la même manière.
7. Le verbe *nager* au présent est correctement conjugué : *je nage / nous nageons*.
8. Dans *plongeoir*, j'entends le son [g].
9. Le *geai* (l'oiseau) et le *jet* (d'eau) se prononcent de la même manière.
10. Le *goût* et la *joue* se prononcent de la même façon.

Récréation

MOTS FLÉCHÉS
Retrouve six mots contenant le son [ʒ].

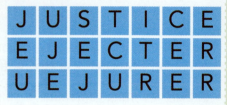

justice - jus - jeu - je - éjecter - jurer

AUTOUR DES TEXTES

Les Fleurs d'oranger
Fleur d'orage et fleur d'oranger
J'ai peur de la nuit j'ai peur du danger
Fleur d'oranger et fleur d'orage
J'ai peur de la nuit et du mariage
Fleur d'orage et fleur d'oranger
Fleur d'orage

D'après *Chantefables et chantefleurs*, Robert Desnos, © Gründ.

Le Genêt
Je n'ai rien dans mes poches
Pas d'anguilles sous roches
Je n'ai plus que des fleurs de genêt
De genêt de Bretagne
D'Espagne ou de Cocagne
Je n'ai plus que des fleurs de genêt
Jeunet.

• Entraîne-toi à dire l'un de ces poèmes. Puis apprends-le par cœur pour le réciter. Attention, quel autre son la lettre -g peut-elle transcrire ?

LES SONS [g] ET [ʒ]

RÈGLE

• Le son [g] s'écrit avec :
-**g** devant les consonnes : *une glissade - un grillage* ;
-**g** devant **-a**, **-o** et **-u** : *une gazelle - un gorille - déguster* ;
-**gu** devant **-e** et **-i** : *un guépard - guider*.

• Le son [ʒ] s'écrit avec :
-**j** devant toutes les voyelles : *le jardin - joli - juste* ;
-**g** devant **-e** et **-i** : *une girafe - le danger* ;
-**ge** devant **-a** et **-o** : *mangeable - une nageoire*.

Les mots du jour

• **Guignol** : personnage du théâtre de marionnettes. Il s'oppose souvent au **gendarme** qui fait respecter la loi.
• La **gymnastique** et un **gymnase** : s'écrivent avec un -y après le -g et se prononcent [ʒi].
• Un **journal** : formé sur le mot *jour*, tout comme **aujourd'hui**.
• **Second** : (adj.) signifie le deuxième et le c se prononce [g].

04 Comment écrire le son [k] ?

Les sons et les lettres

PETIT PROBLÈME

Quel est le son commun à tous ces mots ? Quelles sont les différentes manières de l'écrire ?

béquille — carafe — coquin — parc — recueil — écraser — acteur — koala — pourquoi — école — paquet — étiquette — cueillir — kangourou — cinq — basculer — chronologique — kimono — bibliothèque — quatre — anorak — occasion — clown

Cet exercice est difficile. Peux-tu m'aider ?

Construisons la règle

- Quel son as-tu trouvé ? Construis un tableau avec une colonne pour chaque manière de l'écrire. Combien en as-tu trouvé ?
- Quelle lettre permet d'écrire un autre son ? Lequel ? Peux-tu donner la règle ?
- Dans quelle colonne as-tu classé le mot *chronologique* ? Quelle est sa particularité ?

coup de pouce
un **c**amp
un **k**angourou
quand ?

QUI EST INVITÉ ?

Le meneur de jeu écrit sans la montrer aux autres joueurs une syllabe contenant le son [k], par exemple : *ka*. Ensuite, il annonce : « Pour être invités à mon anniversaire, vous devez me faire des cadeaux qui contiennent le son [k]. À vous de deviner quelle syllabe et quelle orthographe j'ai choisies. » Les élèves proposent à tour de rôle un mot. Lorsque l'un d'eux correspond au choix du meneur, le joueur est « invité », il peut alors écrire la syllabe au tableau. S'il s'est trompé, les autres joueurs doivent alors deviner la syllabe et son écriture. Le premier à trouver devient le nouveau meneur de jeu.
*Ex. : une **ca**rafe = non - un **ka**yak = oui.*

4 joueurs

TEST

Souligne les mots dans lesquels tu entends le son [k].
1. Le kangourou saute dans son enclos.
2. Cent kilos sont équivalents à un quintal*.
3. Kamel trace une frise chronologique.
4. Le castor croque des racines.
5. Ce garçon est toujours content.

Entraînement

04. Comment écrire le son [k] ?

○ Itinéraire A

1. Recopie les mots contenant le son [k] en les classant dans le tableau suivant.

Je vois c	Je vois k	Je vois q
...	...	cin**q**

un coq - une coccinelle - un koala - une orque - un castor - un phoque - un kaki*

2. Écris les mots en les complétant par les lettres -c, -k ou -qu.
un ...ompas - un ...ilogramme - une ...ille - o...togonal - une multipli...ation - un ...adrillage - cin...ante

3. Ajoute -c ou -que à la fin des mots suivants. Tu peux t'aider du dictionnaire.
un la... - cha... - pres... - un sa... - don... - un cas... - une bri... - un ar...

4. Complète ces verbes pour obtenir le son [k]. Que remarques-tu ?
fabri...er - cro...er - criti...er - bloq...er - cra...er - tra...er

5. Écris les nombres suivants en lettres. Entoure le son [k].
4 - 5 - 15 - 40 - 90

6. En t'aidant du dictionnaire, trouve la solution aux devinettes.
On les distribue aux singes. → C...
Oiseau parleur aux plumes colorées. → P...
Mille mètres. → K...
Petit rongeur amateur de noix et de noisettes. → É...

7. Trouve le nom qui correspond à l'image. Il contient le son [k].

○ Itinéraire B

8. Recopie les mots dans le tableau suivant.

c	cc	ch	ck	k	q
...	...	...	...	...	...

un fennec - accaparer - une coquille - un kiwi - un choriste - accepter - un ticket* - un cirque - un couteau - quelques - une chronique - un crabe - un stock - une raquette - un écureuil - un choc - choquer - le racket - le chrome - chaque - chacune - skier - accueillir - une chorégraphie*

9. Complète les mots pour obtenir le son [k].
Nanouk est un es...imau. Pour pêcher, il se sert d'un ..aya... Il est heureux lors...'il rapporte des ma...ereaux pour nourrir toute sa famille. Il chasse le pho...e sur la ban...ise ave... ses ...amarades ...and il fait beau.

10. Écris les adjectifs suivants en les complétant par le son [k]. Que remarques-tu ?
fantasti... - comi... - électri... - histori... - géographi... - économi...

11. Trouve le nom qui correspond à l'image.

12. Écris ces mots au féminin. Que remarques-tu ?
un Turc - un Grec - Frédéric - public - un laïc - caduc

13. Recopie le nom commun formé à partir des verbes. Que remarques-tu ?
convoquer - éduquer - embarquer - évoquer - fabriquer - impliquer - mastiquer

14. Écris des phrases dans laquelle tu utiliseras les mots suivants : coq/coque - lac/laque - pic/pique.

15. Avec ton voisin, complétez le tableau avec des mots que vous utilisez en mathématiques.

Je vois c	Je vois k	Je vois qu
...	...	...

04. Comment écrire le son [k] ?

As-tu bien compris ?

VRAI ou FAUX ?
1. Le son [k] peut s'écrire avec les lettres -c, -cc, -ck, -k, -q.
2. La lettre -c peut transcrire les sons [k], [s] et [z].
3. La lettre -c devant -a, -o et -u se prononce [k].
4. La lettre -q est toujours suivie d'un -u.
5. Le son [k] en début de mot s'écrit toujours avec un -q.

Le nom souligné contient-il le son [k] ?
6. un écureuil - un écueil - une <u>cueillette</u>
7. un foc - un <u>banc</u> - un roc
8. une <u>piqûre</u> - une fresque - une bibliothèque
9. une école - le cirque - une <u>cigale</u>
10. le cœur - le chœur - un <u>écho</u>

Récréation

RÉBUS
Trouve ce mot qui commence par le son [k].

carafe (K - Rat - Feu)

Autour des textes

Au cirque

J'ai mis dans mon sac
Trois façons de faire [k]
Pour me rendre au cirque
Sans avoir le trac

Jongler en musique
Avec le qui et le que
Perché sur un kiosque
C'est acrobatique.

<small>Bruno Basset, site : http://phonemus.fr, contrat Creative commons.</small>

• Continue cette comptine en utilisant toutes les manières d'écrire le son [k].

LE SON [k]

RÈGLE

• Pour écrire le son [k], on peut utiliser différentes lettres :
-c ou -cc devant -a, -o et -u : *une accusation - une carafe - un coquelicot* ;
et devant toutes les consonnes : *une cloche - un acteur* ;
-cu devant -e et -i : *un recueil - une cuillère* ;
-qu : *quoi - presque* ou -q en fin de mot : *cinq - un coq* ;
-k : *kimono - anorak* ou -ck : *un ticket*.

• Dans quelques mots d'origine grecque, le son [k] s'écrit -ch : *la chronologie*.

Les mots du jour

• Un **quintal** : mesure équivalente à cent kilos.
• Un **kaki** : fruit du Japon mais également une couleur brun jaunâtre.
• Un **ticket** : mot anglais ; un ticket permet d'entrer dans un musée ou un spectacle.
• Une **chorégraphie** : art de mettre en scène des ballets, des spectacles de danse.

105

Les sons et les lettres

05 Pourquoi met-on des accents sur la lettre -e ?

PETIT PROBLÈME

Peux-tu aider la maîtresse à corriger mon devoir ?

Construisons la règle

- Essaie de lire la phrase à haute voix. Que remarques-tu ?
- Que dois-tu ajouter pour la rendre lisible ? Récris-la.
- As-tu toujours ajouté les mêmes signes ? Pourquoi ? Justifie ta réponse. Tu peux en discuter avec ton voisin.

coup de pouce

Prononce ces mots :
chant**er**
p**è**re
v**en**in
école

Règle p. 108

LE MOT ACCENTUÉ

4 joueurs

Chaque joueur cherche des mots dans le dictionnaire qui s'écrivent avec **-é** ou **-è**. Le premier joueur écrit un mot sur son ardoise sans les accents et le montre aux autres. Le premier qui trouve la prononciation correcte et peut nommer les accents a gagné. C'est à son tour de proposer un nouveau mot.
Exemple : un metre / un m[ɛ]tre ➜ un mètre : accent grave.

TEST

Ajoute les accents manquants.
1. un deuxieme exemple*
2. le telephone de mon frere
3. une chevre affolee et tetue
4. un probleme de mathematiques
5. une echelle difficile à monter

Entraînement

05. Pourquoi met-on des accents sur la lettre -e ?

● Itinéraire A

1. Classe les mots suivants dans la colonne correspondante.

J'entends [e]	J'entends [ɛ]
un bébé	...

le père - le métro - le nénuphar - un élevage - un métier - bêler - un vélo - une flèche - forêt

2. Légende les dessins suivants.

3. Écris le féminin des noms suivants.
Ex. : le laitier → la laitière
le boucher - le charcutier - l'infirmier - le berger - le boulanger - le banquier

4. Écris les noms suivants en les complétant par -é ou -è :
mon fr...re - le p...lican - la p...dale du v...lo - une op...ration - ma ch...re grand-m...re - un mammif...re

5. Ajoute l'accent qui convient. Aide-toi de ton dictionnaire.
un reve - une tete - un tetard - la peche - meme - un belement

6. Cherche dans le dictionnaire cinq mots s'écrivant avec -é et cinq avec -è.

7. Devinette
Chemin emprunté par le père Noël pour déposer ses cadeaux au pied du sapin.

8. Avec ton voisin, répondez aux définitions suivantes avec un mot comportant obligatoirement -é ou -è.
Le mâle de la brebis. → b...
Elle appartient à M. Seguin. → c...
Utile pour payer. → p...
Cours d'eau plus petit qu'un fleuve. → r...
Elle me permet de changer de chaîne de télévision. → t...

● Itinéraire B

9. Classe les mots suivants dans le tableau. Que remarques-tu ?

	J'entends [e]	J'entends [ɛ]
Je vois...	...	...
Je vois...	...	...

un élan - un hérisson - un chêne - un règlement - une étagère - un élément - la sève - une cédille - un vêtement - un prédateur*

10. Trouve le nom avec -é correspondant aux adjectifs suivants. Que remarques-tu ?
sévère - vrai - familier - fidèle - méchant - élastique - égal - féminin

11. Recopie ce texte en le complétant par -é ou -è.
Vivre ensemble à l'...cole, c'est : respecter les autres, les ...l...ves et les adultes ; observer le r...glement de l'...cole ; respecter les r...gles d'un jeu, d'un sport ; prendre soin du mat...riel.

12. Recherche l'intrus et justifie ton choix.
un éventail - un rétroviseur - une fée - la clé - un événement* - un pédalier - la vérité

13. Conjugue au présent de l'indicatif les verbes *acheter* et *régler*. Que remarques-tu ?

14. Observe cette série de mots. Que remarques-tu ?
poème / poésie – système / systématique – mystère / mystérieux – vertèbre / invertébré

15. Ajoute l'accent qui convient. Que remarques-tu ?
un arret - un interet - un pret - un genet - la foret

16. Avec ton voisin, écrivez chacun une phrase contenant des mots dont vous aurez enlevé les accents. Échangez-vous les phrases et retrouvez les accents manquants.

107

05. Pourquoi met-on des accents sur la lettre -e ?

As-tu bien compris ?

VRAI ou FAUX ?
1. L'accent aigu se place sur la lettre -e pour faire le son [e].
2. L'accent grave s'écrit vers la gauche.
3. -é et -er se prononcent [e].
4. Les noms féminins se terminant par la syllabe orale [te] s'écrivent toujours -té.
5. Les mots qui commencent par un -e avec accent s'écrivent toujours -è.

Les accents proposés conviennent-ils ?
6. cede - cedes - cede → *accent aigu*
7. verite - purete - humidite → *accent aigu*
8. regle - regler - reglement → *accent grave*
9. arret - meme - foret → *accent grave*
10. eleve - episode - ecole → *accent circonflexe*

Récréation

MOTS ACCENTUÉS
En t'aidant du dictionnaire, trouve les mots correspondant aux définitions.

1. Utile pour tracer des angles droits.
2. Il est intérieur ou de la classe.
3. Or, fer, acier, ce sont des ...
4. Addition, soustraction, multiplication.
5. Il ne veut rien faire.

1. équerre - 2. règlement - 3. métaux - 4. opérations - 5. fainéant

Autour des textes

• Entraîne-toi à lire ce virelangue* à haute voix en prononçant correctement les -e avec un accent.
• Quel accent n'apparaît pas dans le texte ?

Elle ne lève pas la main, Évelyne, l'élève mal élevée.

D'après *Quatre coqs coquets*, J.-H. Malineau, © Albin Michel, 2005.

LES ACCENTS SUR LE -E

• L'**accent aigu**, qui se dessine vers la gauche, et l'**accent grave**, qui se dessine vers la droite, indiquent la prononciation de la lettre -e :
-é se prononce [e] : *un bébé - un hérisson* ;
-è se prononce [ɛ] : *une règle - un poème*.
Si on entend [e] au début d'un mot commençant par la lettre -e, on écrit -é : *un éléphant - une écharpe*.

• Dans quelques mots, on ajoute un **accent circonflexe** sur le -e pour le prononcer [ɛ] : *une pêche - une tête*.

Les mots du jour

• Un **exemple** : se prononce [ɛ], bien qu'il n'y ait pas d'accent sur le -e. Tous les mots qui commencent par les lettres -ex, se prononcent [ɛ] (*extérieur - extrémité - exact*).
• Un **prédateur** : animal qui se nourrit d'autres animaux. Le lion, le renard, le hibou sont des prédateurs.
• Un **événement** : se prononce [evɛnəmã] malgré l'accent aigu sur le -e. C'est une exception à la règle étudiée.
• Un **virelangue** : petit texte pour jouer avec les mots.

Orthographe lexicale

O6 Quand le *-n* se transforme-t-il en *-m* ?

◯ PETIT PROBLÈME

Aide-moi à légender ces dessins pour l'imagier de la classe des C.P.

◯ Construisons la règle

• Quelles sont les deux manières d'écrire les sons [ã], [ɛ̃] et [ɔ̃] que tu connais ? Quelles différences remarques-tu entre chacune ?
• Dans les mots que tu as écrits, devant quelles lettres se trouvent les sons [ã], [ɛ̃] et [ɔ̃] ?
• Observe ces mots : *emmener* et *immangeable*. Que remarques-tu dans la manière d'écrire les sons [ã] et [ɛ̃] ?

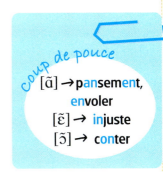

coup de pouce
[ã] → p**an**sem**en**t, **en**voler
[ɛ̃] → **in**juste
[ɔ̃] → c**on**ter

😀 LE JEU DU PENDU

Un joueur tiré au sort choisit un mot contenant les sons [ã], [ɛ̃] ou [ɔ̃]. Il écrit au tableau la première et la dernière lettres du mot et matérialise le nombre de lettres à trouver. Les joueurs proposent des lettres. Si les lettres correspondent, le joueur les écrit à leur emplacement dans le mot ; sinon, à chaque erreur il dessine une partie du pendu. Le joueur qui trouve le mot propose un nouveau mot. *Exemple : pantin = P - - - - N.*

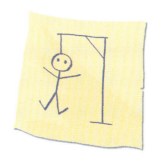

◯ TEST

Ajoute -m ou -n.
1. Co...pte les carreaux.
2. Il cueille des fra...boises.
3. Pre...ds un autre exe...ple.
4. Il s'e...mitoufle da...s les couvertures.
5. Le chat gri...pe sur l'arbre du voisi... .

Entraînement

06. Quand le -n se transforme-t-il en -m ?

Itinéraire A

1. Légende les dessins suivants. Tous les mots contiennent le son [ɔ̃].

2. Complète les mots suivants avec -an ou -am.
un m...che de balai - une ...bulance - un fl...beau - un l...padaire - la ch...bre - une br...che

3. Écris le contraire de chaque adjectif en ajoutant in- ou im- au début du mot. Classe-le ensuite dans le tableau. *Ex. : possible → impossible.*

in	im
...	*impossible*

patient - stable - compréhensible - parfait - buvable - visible - divisible - mangeable

4. Pour chaque nom, trouve un verbe commençant par en- ou em-. *Ex. : fumée → enfumer.*
broche - poche - bras - maillot - flamme - pile - dos - magasin - mur

5. Recopie les phrases en complétant les mots par on- ou om-.
... mange des b...b...s à la récréati... . - Le dind... se promène devant le m...ceau* de terre. - William est t...bé. - Papa a t...du la pelouse. - Lili a gagné une b...bonnière* à la t...bola. - Le chat r....ronne sur le c...ptoir.

6. Associe le mot à sa définition après l'avoir complété par -n ou -m.

bo...bonnière • • petite lumière
pa...thère • • boîte à bonbons
la...pio... • • félin
e...placeme...t • • verre pour les bébés
ti...bale • • endroit pour installer quelque chose

7. À ton avis, pourquoi un *bonbon* se nomme-t-il et s'écrit-il ainsi ? Avec ton voisin, inventez un slogan publicitaire qui expliquerait cette désignation.

Itinéraire B

8. Recopie les phrases en les complétant par les sons [ɑ̃], [ɛ̃] ou [ɔ̃].
L'équipe gagn...te a reçu un véritable tri...phe.
Pour ...paqueter ses cadeaux, William a utilisé des rub...s multicolores.
Le p...t de pierre ...j...be la rivière.
Hier, nous avons ...ménagé d...s notre nouvelle mais... .
Je connais le prés... et l'...parfait de l'...dicatif.
Le petit ...f...t m...ge des fr...boises dans le jard... .
J'acc...pagne m... gr..d-frère au ch...pionnat de boxe.

9. Recopie le texte et souligne les mots contenant les sons [ɛ̃] ou [ɔ̃]. Entoure en bleu -n et en vert -m.
Les Huns étaient des guerriers invincibles. Ils ont conquis de nombreux pays. Il était impossible de leur résister. Invaincus depuis de nombreux siècles, les Romains ont été battus par Attila et ses troupes.

10. Écris les contraires des adjectifs suivants.
parfait - moral - prévu - pardonnable - possible - prévisible - mortel - buvable - mobile

11. Pour chaque verbe, trouve un autre verbe commençant par -en ou -em.
brouiller - cadrer - voler - dormir - mêler - porter - fermer - murer - mener - brasser - chanter - lacer

12. Forme des mots nouveaux en remplaçant le son [ɔ̃] par [ɑ̃]. Écris-les.
Ex. : contre → centre.
ongle - bon - ponte - tonte - ombre - tromper - gong

13. Cherche la définition de chaque mot, puis emploie-le dans une phrase.
ampoule - membre - ombrelle - cymbales

14. Qui suis-je ?
Les enfants m'adorent, mais pas les dentistes. Je contiens le son [ɔ̃].

15. Lis ces adjectifs à haute voix. Que constates-tu ?
immangeable - immettable - immobile - immortel - immoral

06. Quand le -n se transforme-t-il en -m ?

As-tu bien compris ?

VRAI ou FAUX ?
1. Devant les consonnes -b, -p et -m, le -n se transforme en -m.
2. Il n'y a aucune exception à la règle.
3. Le son [ɛ̃] s'écrit -in devant -m.
4. Le son [ɔ̃] s'écrit -on ou -om.
5. -in et -en s'écrivent -im et -em devant -m.

Es-tu d'accord avec ces affirmations ?
6. *Bonbon, bonbonne* et *bonbonnière* sont des exceptions.
7. La phrase *Le comptable impatient compte des concombres.* est correctement orthographiée.
8. *Embrasser** et *enjamber* sont correctement orthographiés.
9. *Pompon, savon, addition* et *pont* sont correctement orthographiés.
10. *Emporter, emmener* et *entasser* sont correctement orthographiés.

récréation

DEVINETTES
Trouve ces deux mots qui contiennent le son [ɔ̃].

1. Chaud ou glacé, je suis délicieux. Je suis aussi une couleur. Qui suis-je ?

2. Je suis le cousin du cornichon et on me déguste en salade. Qui suis-je ?

1. marron – 2. concombre

AUTOUR DES TEXTES

Le Pélican

Le Capitaine Jonathan
Étant âgé de dix-huit ans
Capture un jour un pélican
Dans une île d'Extrême-Orient

Le pélican de …
Au matin, pond un œuf tout b…
Et il en sort un …
Lui ressembl… étonnamm…

Et ce deuxième …
Pond, à son tour, un œuf tout b…
D'où sort, inévitablem…
Un autre, qui en fait aut…

Cela peut durer pend… très longt…
Si l'on ne fait pas d'omelette av… .

D'après *Chantefables et chantefleurs*, Robert Desnos, © Gründ.

• Quel son du mot *pélican* retrouves-tu dans le poème ?
• Complète les trous et invente la suite en trouvant le plus de mots contenant ce son.

LA TRANSFORMATION DU -N EN -M DEVANT -P, -B ET -M

RÈGLE

Devant le -b, le -p ou le -m :
- -an s'écrit **-am** : une ch**am**bre, un ch**am**p ;
- -en s'écrit **-em** : le print**em**ps*, ress**em**bler, **em**mener ;
- -in s'écrit **-im** : un **im**perméable, un t**im**bre, **imm**angeable ;
- -on s'écrit **-om** : l'**om**bre, un p**om**pon.

Les mots du jour

• Un **monceau** : un tas de terre ; appartient à la famille de *mont*.
• Une **bonbonnière** : boîte qui contient des bonbons. *Bonbon* et *bonbonnière* sont des exceptions, le -n ne se transforme pas en -m.
• **Embrasser** : à l'origine, voulait dire *prendre dans ses bras*.
• Le **printemps** : saison. Ce mot appartient à la famille de *temps*.

Orthographe lexicale

O7 Comment chercher l'orthographe d'un mot dans le dictionnaire ?

● PETIT PROBLÈME

Je ne pense pas que Mamie te comprendra. Écris les mots correctement et, si tu ne sais pas, cherche dans ton dictionnaire.

Aide William à récrire son message.

✉ **Nouveau message**

Comen sa va ? Moa sa va. Mersi pour ton kado, sa ma fé plézir, j'êm le téatr. Bon dézolé pour l'ortograf, mè cè pas grav ! Je t'm. William

Ecrire   Autres

● Construisons la règle

- Comment William a-t-il écrit les mots de son SMS ?
- Comment as-tu fait pour chercher les mots dans le dictionnaire ?
- Un son est-il toujours écrit de la même manière ?
- Toutes les lettres sont-elles prononcées ?

Règle p. 114

coup de pouce

[k]
caravane
quille
kangourou

😊 PIGEON VOLE

Classe entière

Chaque joueur note un son qui s'écrit avec plusieurs lettres sur une étiquette. Le premier joueur dit le son à la classe et précise la graphie souhaitée. Puis, il cite des mots qui comportent ce son. Quand le mot correspond à la graphie souhaitée, les joueurs se lèvent, sinon ils restent assis. Le dernier à être éliminé marque deux points et propose son étiquette au groupe.
Exemple : le son [ã], graphie souhaitée -*en*. ➔ *en*trée - p*en*te - m*en*the (mais *em*pire, éléph*an*t… sont refusés).

● TEST

Entoure les lettres qui servent à écrire le même son en début de mot.
1. gare - guirlande - gymnase
2. cerise - singe - corps
3. girafe - jonquille - géographie
4. fantôme - fille - phoque
5. chien - chemise - chronologie

112

Entraînement

07. Comment chercher l'orthographe d'un mot dans le dictionnaire ?

Itinéraire A

1. Entoure le premier son de chaque mot et complète le tableau.

Son écrit avec une lettre	Son écrit avec deux lettres
(v)ase	(an)cien
...	...

intelligent - violent - accident - guenon - oublier - lame - chameau

2. Aide-toi du dictionnaire pour compléter les mots suivants avec le son [o]. *Ex. : un v**au**tour.*
l'...tomne - l'...seille - ... revoir - de l'... - avoir ch...d - une ...reille

3. Recopie les mots suivants en entourant en rouge le son [s] et en vert le son [k].
cendre - citron - cueillir - clou - céleri - casserole - cuisine

4. Complète les mots suivants par les lettres -f ou -ph pour le son [f], puis classe-les dans le tableau. Aide-toi de ton dictionnaire.

f	ph
...	...

la ...armacie - la ...amille - un ...araon - un ...acochère - un ...ilatéliste* - une ...illette - la ...atigue - un ...élin - une ...otographie - le ...are - un ...eu

5. Recopie les mots où la lettre -h aide à écrire un son.
*Ex. : **ch**ausson.*
un magnétophone - l'horizon - un chat - le thé - un thème - pourchasser

6. Cherche une autre manière d'écrire le son en gras et trouve un exemple à chaque fois.
*Ex. : un ch**an**t / p**en**ser.*
t**om**ber - b**ai**gner - un b**ain** - fl**am**ber - s**ai**sir - sortir

7. Retrouve le nom de chaque objet. Indice : tous commencent par le son [s].

Itinéraire B

8. Entoure le deuxième son de chaque mot et complète le tableau. Quels sons peuvent s'écrire avec trois lettres ?

Son écrit avec une lettre	Son écrit avec deux lettres
...	...

maintenir - jaune - peureux - pinceau - nouveau - ceinture - pantalon - voleur - parent - beau

9. Aide-toi de ton dictionnaire pour compléter les mots suivants avec le son [ɑ̃]. Classe-les ensuite dans le tableau.

an	en	am	em
...	...	...	...

...filer - ...piler - une ...poule - ...cien – ...fin - ...tre - une l...pe - un v...pire - un p...talon - une pl...te - une p...te - ...pêcher - ...mener - ...velopper - une ...tenne

10. Prononce ces mots. Comment s'écrit le premier son ?
chronomètre - chorale* - chronologie - chrétien

11. Recherche dans le tableau des sons (pp. 186-187) toutes les manières d'écrire le son [v] et trouve trois exemples à chaque fois.

12. Aide-toi de ton dictionnaire pour compléter les mots avec les lettres -p ou -pp. Puis, classe-les dans le tableau suivant. Que remarques-tu ?

-p	-pp
...	...

un a...areil - un é...i de blé - un a...el - a...araître - a...ercevoir - une a...ostrophe - une é...ée - une é...oque - o...oser - une é...rouvette - o...ération - o...tique

13. Entoure dans chaque mot le son [ɛ]. Construis ensuite un tableau en ajoutant deux exemples pour chaque manière de l'écrire.
une baleine - un balai - un chêne - une veste - une mère

14. Qui suis-je ?
Je suis le plus gros mammifère actuel après l'éléphant et je porte une corne sur le nez.
Mon nom contient une lettre muette.

07. Comment chercher l'orthographe d'un mot dans le dictionnaire ?

As-tu bien compris ?

VRAI ou FAUX ?
1. Un même son peut s'écrire avec des lettres différentes.
2. Le tableau des sons indique l'orthographe des mots.
3. Un son s'écrit toujours de la même manière.
4. Une lettre en début de mot est toujours prononcée.
5. Les lettres muettes peuvent gêner la recherche dans le dictionnaire.

Es-tu d'accord avec ces affirmations ?
6. Pour trouver *hibou*, on cherche à -i ou -h.
7. Pour trouver *emporter*, on cherche à -en, -an, -em ou -am.
8. Pour trouver *larme*, on cherche à -l.
9. La lettre -h ne se prononce pas quand elle est la première lettre d'un mot.
10. La lettre -h se prononce toujours à l'intérieur d'un mot.

Récréation

LES MOTS PYRAMIDES

Complète les cases pour arriver à la lettre finale en supprimant à chaque fois une nouvelle lettre. Le mot obtenu doit avoir une signification.

ne – nea – nead

AUTOUR DES TEXTES

Le <u>hérisson</u> est un petit <u>mammifère</u> qui se nourrit de fruits, de limaces et d'insectes. Quand il fait froid, le hérisson <u>hiberne</u> et se réveille au printemps. Sa peau est recouverte de <u>piquants</u> qui le protègent de ses <u>ennemis</u>. Le hérisson est très utile dans les jardins et il faut le protéger.
Texte documentaire écrit par une classe de CE2.

- **Pour chaque mot souligné, indique quelles lettres auraient pu te gêner pour trouver son orthographe dans le dictionnaire.**
- **À quelle saison renvoie le verbe *hiberner** ?**

CHERCHER L'ORTHOGRAPHE D'UN MOT

- Pour chercher l'orthographe d'un mot dans le dictionnaire, il faut se demander comment les sons peuvent être écrits.

- Un même son peut s'écrire soit avec une seule lettre, soit avec plusieurs lettres. Par exemple, le son [f] s'écrit avec un **-f** : *un filet, du fenouil*, ou avec les lettres **-ph** : *un éléphant, une pharmacie*.

- Certains mots comportent des lettres muettes qui rendent la recherche plus difficile : *un **h**ippopotame, le **th**éâtre, la s**c**ène, un rhinocéros**.

Quand on hésite sur les différentes manières d'écrire un son, on consulte le tableau des sons (pp. 186-187).

Les mots du jour

- **Un philatéliste** : personne qui collectionne les timbres.
- **Une chorale** : ensemble de chanteurs appelés **choristes**. *Chorus*, en latin, désignait le chœur de l'église.
- **Hiberner** : passer l'hiver à dormir. Les ours et les marmottes hibernent.
- **Un rhinocéros** : du grec « qui a une corne sur le nez ».

Orthographe lexicale

O8 — Comment écrire les mots qui se prononcent de la même façon ?

PETIT PROBLÈME

Peux-tu les aider ?

Construisons la règle

- Écris le nom des différentes choses auxquelles pensent les élèves.
- Prononce les mots que tu as écrits. Que remarques-tu ?
- Compare l'orthographe des mots. Que remarques-tu ?
- Comment la maîtresse aurait-elle pu aider les élèves ?

Coup de pouce
Prononce les deux mots en couleur.
Il **court**. Il joue dans la **cour**.

Règle p. 117

QUI SUIS-JE ?

Chaque joueur cherche deux mots homophones* et invente une devinette qui permettra aux autres de les trouver. *Exemple : compter et conter → « Je suis un verbe qui parle des princes et des princesses, mais aussi des nombres. Qui suis-je ? »*
Le joueur qui trouve la réponse obtient un point ; s'il est capable d'orthographier les deux mots au tableau, il marque deux points supplémentaires. Dans tous les cas, il propose à son tour une devinette.

Classe entière

TEST

Complète par un homophone.
1. Il *peint* des tableaux. Les forêts de … brûlent vite.
2. J'ai glissé sur une … de banane. J'ai cassé le *pot* de fleurs.
3. Quel *sot* ! Il a renversé le … d'eau.
4. J'aime le … . Le cheval est couché sur le *flanc*.
5. Manon a mangé deux *parts* de gâteau. Passe … ici.

115

Entraînement

08. Comment écrire les mots qui se prononcent de la même façon ?

Itinéraire A

1. Relie les homophones. *Ex. : conte et compte.*

vingt • • point
poing • • où
houx • • cou
coup • • vin
part • • vit
vie • • par

2. Repère et recopie les homophones dans les phrases suivantes.

Les enfants courent dans la cour. - Les pantoufles de Cendrillon sont-elles en verre ou en vair ? - Pouah, de la purée de pois cassés ! - Mon frère est allé au Mont-Dore cet été.

3. Associe chaque homophone à sa définition. Tu peux t'aider du dictionnaire.

mère • • il dirige la ville
maire • • étendue d'eau
mer • • contraire de femelle
malle • • souffrance
mâle • • maman
mal • • grande valise

4. Recopie ces phrases en les complétant par l'homophone qui convient.

Le kangourou se déplace par (bonds - bons).
J'ai reçu un (cou - coup) de (poing - point).
Arthus mange de la confiture de (coins - coings*).
William n'aime ni le (porc - pore) ni les petits (poids - pois).
Lili a (vain - vingt) euros dans sa tirelire.

5. Écris chaque homophone en ajoutant un déterminant s'il s'agit d'un nom, ou un pronom personnel s'il s'agit d'un verbe.

Ex. : pause / pose → une pause / je pose.

pain / peins - loue / loup - cri / crie - riz / rit - vois / voix - paix / paies

6. Trouve l'homophone des mots *sang* et *pont*. Complète ensuite les phrases par le mot qui convient.

Il roule à ... à l'heure / L'infirmier lui a fait une prise de ... .
La poule ... chaque jour / Le ... d'Avignon est très connu.

Itinéraire B

7. Recopie ces phrases en les complétant par l'homophone qui convient.

Son effort est (vain - vin - vingt).
Cette console coûte (mil - mille) euros.
L'avare (comte* - compte - conte) son argent.
La Corse est une (il - île).
William (court - cours - cour).
Autrefois, on pratiquait la chasse à (courre - court - cour).

8. Recopie les mots qui peuvent avoir un homophone et donne un exemple.

Un randonneur, en montagne, décide de faire une pause à chaque fois qu'il montera de cent mètres. Il part de 1 580 mètres d'altitude et compte faire six arrêts.

9. Recopie les couples d'homophones en ajoutant le déterminant ou le pronom personnel qui convient.

reine / renne - sol / sole - croix / croit - mi / mie - amende / amande - doigt / dois

10. Trouve les homophones et recopie ces phrases en les complétant.

L'avion vole ... dans le ciel.
... ! Quelle belle surprise !
Viendras-tu ... cinéma ?
L' ... est indispensable à la survie de la planète.

11. Recopie les homophones suivants, puis encadre les verbes et souligne les noms.

pain / peint - lit / lie - sang / sent - rend / rang - réveil / réveille - noie / noix

12. Écris pour chaque homophone une phrase qui en montre le sens.

pain et pin - bon et bond - phare et fard - mois et moi - menthe et mante

13. Je te désigne et je protège la maison. Qui sommes-nous ?

08. Comment écrire les mots qui se prononcent de la même façon ?

As-tu bien compris ?

VRAI ou FAUX ?
1. Les homophones se prononcent de la même manière.
2. Les homophones sont obligatoirement des noms.
3. Le sens de la phrase permet de différencier les homophones.
4. Les homophones sont des mots qui veulent dire la même chose.
5. Les homophones peuvent être de genre différent.

Ces mots sont-ils des homophones ?
6. sans - s'en - sens - sang
7. cours - cour - court - courre
8. coussin - cousin
9. loup - loue - loué
10. un fils - des fils de fer

Récréation

LA MARCHANDE DE FOIE
Il était une fois
Une marchande de foie
Qui vendait du ...
Dans la ville de Foix.
Elle se dit : « Ma ...
C'est bien la première ...
Et la dernière ...
Que je vends du ...
Dans la ville de ... . »

Retrouve les homophones oubliés.

AUTOUR DES TEXTES

Le Jugement

Dans cette affaire invraisemblable, le jeune écolier Albert Rossi est accusé d'avoir menacé sa tante.
Le procès va commencer.

LA TANTE : Vous constatez vous-même que ce petit vaurien* l'a écrit noir sur blanc dans son cahier : « Je démonterai ma tante ! » Il voulait me mettre en pièces détachées ! […]
LE JUGE : Accusé, est-ce exact ?
L'ACCUSÉ : Oui, monsieur le juge, je vais vous expliquer : tout est arrivé à cause d'une lettre.
LE JUGE : Quelle lettre ? Qui a écrit cette lettre ? À qui ? Où ? Comment ? Quand ? Pourquoi ?
L'ACCUSÉ : Ce n'est pas ce que je voulais dire…
Heu… tout est arrivé à cause d'une faute.
LE JUGE : Qui a commis cette faute ?
L'ACCUSÉ : Moi, mais […]
L'AVOCAT DE LA DÉFENSE : Monsieur le juge, mon client veut dire que cette pénible affaire provient d'une simple faute d'orthographe…

D'après *Tous les soirs au téléphone*, Gianni Rodari, © La Joie de lire.

• **Quelle erreur d'orthographe a été commise par Albert ? Que voulait-il écrire ?**

LES HOMOPHONES

RÈGLE

• Les **homophones** sont des mots (verbes, noms, adjectifs) qui se prononcent de la même façon mais s'écrivent différemment :
conter : raconter / *compter* : énumérer des chiffres.

• C'est le sens de la phrase qui nous indique comment choisir l'orthographe d'un homophone :
*La maîtresse lit un **conte**. / Je **compte** jusqu'à cent.*

Les mots du jour

• Un **homophone** : de *homo* qui signifie *le même* et *phone* qui signifie *le son*. Donc, un homophone signifie *le même son*.
• Le **coing** : fruit amer qui se mange en gelée ou en compote.
• Un **comte** : titre de noblesse ; sa femme est une **comtesse**.
• Un **vaurien** : petit voyou, déformation de *qui ne vaut rien*.

Orthographe grammaticale

O9 Comment forme-t-on le féminin des noms ?

PETIT PROBLÈME

« On dit et on écrit un enfant, une enfante, un cheval, une chevale, un inventeur, une inventeure, un lion, une lione. »

« un enfant, une enfant, un cheval, une jument, un inventeur, une inventrice, un lion, une lionne. »

« Qui a raison ? Peux-tu nous départager ? »

Construisons la règle

- Comment as-tu fait pour trouver la réponse ?
- Compare les deux propositions des enfants. Qu'a fait Arthus pour mettre les noms au féminin ? À ton avis, pourquoi ? Qu'a fait William ? Pourquoi ?
- À partir des réponses exactes, explique comment on forme le féminin des noms.

coup de pouce
Un nom masculin est précédé de **le** ou **un**.
Un nom féminin* est précédé de **la** ou **une**.

DRÔLES DE COUPLES

Chaque joueur inscrit un nom d'animal au masculin sur une étiquette et la place dans une boîte. Le premier joueur tire une étiquette au hasard et doit trouver le féminin. *Exemple : le chien → la chienne.*
Pour rendre le jeu plus difficile, il faut essayer de trouver des animaux dont le féminin n'appartient pas à la même famille de mots ou qui sont peu courants. *Exemple : un cheval → une jument.*
On peut s'aider du dictionnaire.

TEST

Trouve le féminin.
1. Un invité, un ours = une …
2. Un aventurier = une …
3. Un acteur, un directeur = une …
4. Un vendeur, un coiffeur = une …
5. Un camarade, un pianiste = une …

Entraînement

09. Comment forme-t-on le féminin des noms ?

Itinéraire A

1. Relie le nom féminin au nom masculin correspondant.

- une géante • • un ogre
- une sorcière • • un sorcier
- une marraine • • un géant
- une princesse • • un parrain
- une ogresse • • un prince

2. Écris le féminin des noms suivants sans oublier le déterminant.
Ex. : un marchand → une marchande.
un avocat - un sultan - un passant - un bourgeois - un Français - un voisin - un cousin

3. Choisis entre -euse et -trice pour former le féminin des noms suivants.
un chanteur - un acteur - un moniteur - un voleur - un menteur - un danseur

4. Écris le nom masculin qui correspond à chaque nom féminin. N'oublie pas le déterminant.
Ex. : une gardienne → un gardien.
boulangère - pharmacienne - louve - factrice - charcutière - auto-stoppeuse - lapine - déesse - comédienne - vendeuse

5. Écris les noms au féminin. Prononce-les. Souligne ceux qui ne changent pas à l'oral.
un ami - un blond - un ours - un accusé - un blessé - un éléphant

6. Associe le mâle à sa femelle.

- renard • • dinde
- cerf • • biche
- canard • • renarde
- dindon • • tigresse
- tigre • • cane

7. Le féminin de certains noms n'appartient pas à la même famille. Reconstitue les couples.
Ex. : garçon / fille.
mâle / ... - ... / femme - grand-père / ... - frère / ... - papa / ... - ... / jument - ... / poule - bélier / ...

Itinéraire B

8. Relie le nom masculin à son féminin.

- un maître • • une villageoise
- un veuf* • • une maîtresse
- un villageois • • une bergère
- un agriculteur • • une agricultrice
- un berger • • une veuve

9. Écris le féminin des noms suivants. N'oublie pas le déterminant.
un vétérinaire - un dentiste - un Italien - un nain - un magicien - un fleuriste - un vendeur - un Danois - un facteur

10. Classe les noms féminins de l'exercice 9 dans le tableau suivant.

J'ajoute un -e	J'ajoute une autre terminaison	Le mot reste identique
...	...	...

11. Recopie les noms qui n'ont pas de féminin.
policier - crémier - pompier - traducteur - conducteur - chauffeur - ingénieur - serveur

12. Dans chaque série, recopie l'intrus.
a. championne - cochonne - bonbonne - patronne
b. copine - usine - voisine - cousine
c. laine - Américaine - Lorraine - Africaine

13. Écris le féminin de ces noms de métiers.
électricien - ambassadeur - restaurateur - boucher - enseignant - mécanicien - physicien - géologue

14. Dans chaque série, relève l'intrus qui n'a pas de féminin.
a. lion - canard - coq - putois* - bélier - cheval
b. père - bébé - oncle - cousin - neveu - frère
c. médecin - coiffeur - conducteur - historien - ouvrier

15. Recopie ce texte en remplaçant Arthus par Manon et William par Lucie. Souligne les noms qui ont changé. Quel nom ne change pas au féminin ?
Arthus est un garçon qui aime faire du sport avec ses copains. Il est délégué de classe. Il est l'aîné d'une fratrie de trois enfants. Ses petites sœurs aiment bien leur grand frère ! William est son meilleur ami.

119

09. Comment forme-t-on le féminin des noms ?

As-tu bien compris ?

VRAI ou FAUX ?
1. Pour former le féminin d'un nom, on ajoute toujours un -e.
2. Les noms en -er prennent un accent grave (ex. : *boulangère*).
3. Certains noms se prononcent de la même manière au féminin et au masculin (ex. : *un ours - une ourse*).
4. Tous les noms masculins peuvent être mis au féminin.
5. Certains noms sont identiques au masculin et au féminin.

Le féminin convient-il ?
6. un bourdon – *une abeille*
7. un loup – *une loupe*
8. un musicien – *une musicienne*
9. un tas – *une tasse*
10. un poussin – *une poussine**

Récréation

FÉMININ OU PAS ?
Certains prénoms masculins peuvent se mettre au féminin, comme Karim et Karima ou Fabien et Fabienne. Avec ton voisin, créez des paires avec les prénoms de la classe. N'oubliez pas le maître ou la maîtresse !

AUTOUR DES TEXTES

Le drapeau est un morceau de tissu, à l'origine de drap, que l'on fixe sur un manche et qui représente un pays. Il y a sept couleurs de base qui permettent de les différencier : le rouge, le blanc, le jaune, le noir, le vert, l'orange et le bleu.

• Recherche dans ton dictionnaire à quels pays appartiennent ces drapeaux, puis écris le nom de leurs habitantes.

LE FÉMININ DES NOMS

• Le plus souvent, pour former le féminin d'un nom on ajoute un **-e** au masculin : *un cousin → une cousin**e** / un ami → une ami**e***.
• Mais certains noms forment leur féminin différemment. Si le nom masculin se termine par :
-er → -ère : *boucher → bouch**ère*** ;
-eur → -euse ou **-trice** : *serveur → serv**euse** / instituteur → institu**trice*** ;
-en ou **-on → -ienne** ou **-onne** : *chien → chi**enne** / lion → li**onne***.
• Certains noms sont identiques au masculin et au féminin. C'est le déterminant qui indique le genre du nom : *un camarade → **une** camarade / un fleuriste → **une** fleuriste*.
• Parfois, le féminin du nom n'appartient pas à la même famille que le nom au masculin :
*un garçon → une **fille** / le mâle → la **femelle** / le taureau → la **vache***.

Les mots du jour

• **Féminin** : (adj.) de la famille du nom *femme*.
• Un **veuf** : homme dont l'épouse est morte.
• Un **putois** : petit mammifère dont la particularité est de sentir mauvais.
• Une **poussine** : fillette qui fait partie d'une équipe de sport.

RÈGLE

Orthographe grammaticale

O10 — Comment forme-t-on le féminin des adjectifs ?

🟡 PETIT PROBLÈME

- Une (beau) et (chaud) nuit d'été (étoilé).
- Une (doux) et (agréable) brise.
- Une (bon) barbe à papa (rose), (sucré), (odorant) et (délicieux).
- Une (gentil) fille (roux) en robe (bleu*) et (léger).

La maîtresse a demandé de mettre les adjectifs entre parenthèses au féminin. Peux-tu m'aider à faire mon exercice ?

🟡 Construisons la règle

- Vérifie et corrige avec ton voisin. Quelles erreurs aurais-tu pu éviter ?
- Quels points communs peux-tu repérer entre la formation des noms et des adjectifs au féminin ? Donne des exemples.
- Quelles modifications as-tu apportées aux adjectifs *beau*, *bon* et *gentil* ?
- Comment as-tu transformé le *-x* de *doux** et *roux** ?

coup de pouce
**un grand ami
une grande amie**

Règle p. 123

🗨️ LE TRAIN DES ADJECTIFS

Le premier joueur propose un nom féminin accompagné d'un adjectif et dit sa phrase à haute voix. Le deuxième ajoute un adjectif et dit sa nouvelle phrase. Son voisin à son tour ajoute un adjectif. Le dernier participant doit donner la phrase en entier, puis la mettre au masculin.
*Exemple : chienne - joli : La **jolie** chienne joue. / La jolie **petite** chienne joue. / La jolie petite chienne **blanche** joue. → Le joli petit chien blanc joue.*

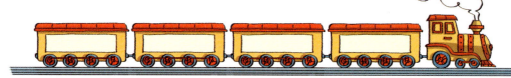

4 joueurs

🟢 TEST

Relève les adjectifs qui ne sont pas au féminin et corrige-les.
1. une nouvelle voiture
2. une élève têtu
3. une fleur coupé
4. une chose utile
5. une lionne courageuse

Entraînement

010. Comment forme-t-on le féminin des adjectifs ?

Itinéraire A

1. Recopie les GN et souligne les adjectifs au féminin.
une pie noire et blanche - une belle princesse avec des cheveux blonds et une robe longue - une grenouille verte dans de hautes herbes

2. Écris les adjectifs suivants au féminin.
gris - long - vieux - nouveau - méchant - rusé - froid

3. Écris les adjectifs au féminin et souligne ceux qui ne changent pas. *Ex. : Une fille gentille et dynamique.*
une rue (étroit) et (sombre) - une cerise (mûr) et (rouge) - la (grand) échelle des pompiers - une table (bancal) - une (haut) tour (grisâtre)

4. Accorde l'adjectif au féminin.
Ex. : une chienne (malicieux) → malicieuse.
une enfant (peureux) - une pie (voleur) - une mère (soucieux) - une fillette (rieur) - une personne (malheureux)

5. Écris les adjectifs au féminin et entoure la partie que tu as modifiée. *Ex. : cruel → cruelle.*
bon - bas - manuel - naturel - épais - mignon

6. Écris les adjectifs au féminin. Que remarques-tu quand tu les prononces ?
vrai - cher - public - net - endormi - gai

7. Avec ton voisin, décrivez ce tableau d'Édouard Manet en utilisant un maximum de GN au féminin.

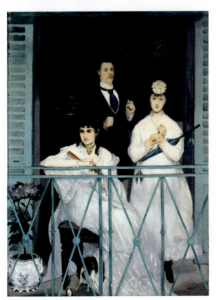

Itinéraire B

8. Écris ces GN au féminin.
un garçon rêveur - un chant joyeux - un chien noir - un enfant calme - un renard roux - un cheval rapide - un chat persan - un ours blanc

9. Classe les adjectifs de l'exercice 9 dans le tableau suivant.

J'ajoute un -e	Je modifie la finale du mot	Je ne change rien
...	...	...

10. Pour chacune des séries, écris les adjectifs au féminin et indique l'intrus.
a. menteur - enchanteur* - boudeur - porteur
b. copieux - vieux - malheureux - peureux - envieux
c. inquiet - discret - complet - muet
d. cruel - seul - naturel - réel - superficiel

11. Cherche quatre adjectifs concernant la géométrie qui changent à l'écrit, mais pas à l'oral.

12. En t'aidant du dictionnaire, complète les phrases suivantes. Que remarques-tu ?
J'ai fêté le (nouveau) an à la campagne.
William a acheté une (nouveau) console de jeu.
Lili a une (beau) robe.
Elle a déchiré sa robe, elle est dans un (beau) état !
La (vieux) maison a été détruite.
Le (vieux) homme est hospitalisé.

13. Transforme ces titres pour mettre l'adjectif au féminin.
*Ex. : Le **petit** Poucet → La **petite** Poucette*
Le Vilain Petit Canard
Le Chat botté
Chien bleu
Le Prince amoureux
Le Chasseur accompli

14. Recopie ce texte documentaire en remplaçant *loup* **par** *louve*, **et** *animal* **par** *proie*.
Le loup féroce et intelligent teste sa proie. Si l'animal est rapide, il en cherche un autre, plus fatigué ou faible. L'animal encerclé et immobilisé meurt rapidement. Le loup le plus fort mange le premier.

010. Comment forme-t-on le féminin des adjectifs ?

As-tu bien compris ?

VRAI ou FAUX ?
1. Pour former le féminin des adjectifs, on ajoute toujours un -e au masculin.
2. Tous les adjectifs ont une forme différente au féminin.
3. Les adjectifs qui se terminent par un -e ont la même forme au féminin et au masculin.
4. Les adjectifs qui se terminent par -on (*mignon*) ont leur féminin en -onne (*mignonne*).
5. Les adjectifs qui se terminent par -eux (*peureux*) ont leur féminin en -euse (*peureuse*).

Les adjectifs sont-ils au féminin ?
6. un vrai diamant / une affirmation ☐ → *vraie*
7. un bon gâteau / une ☐ journée → *bonne*
8. un garçon tranquille / une fille ☐ → *tranquille*
9. un garçon inquiet / une fille ☐ → *inquiète*
10. un pantalon bleu / une robe ☐ → *bleue*

AUTOUR DES TEXTES

Demain, dès l'aube...

Demain, dès l'aube, à l'heure où blanchit
[la campagne,
Je partirai. Vois-tu, je sais que tu m'attends.
J'irai par la forêt, j'irai par la montagne.
Je ne puis demeurer loin de toi plus longtemps.

Je marcherai les yeux fixés sur mes pensées,
Sans rien voir au dehors, sans entendre aucun
[bruit,
Seul, inconnu, le dos courbé, les mains croisées,
Triste, et le jour pour moi sera comme la nuit.

Je ne regarderai ni l'or du soir qui tombe,
Ni les voiles au loin descendant vers Harfleur,
Et quand j'arriverai, je mettrai sur ta tombe
Un bouquet de houx vert et de bruyère en fleur.

Victor Hugo, *Les Contemplations*.

• La personne qui dit « je » dans ce poème est-elle une femme ou un homme ?
• Relève les indices qui te permettent de répondre.

LE FÉMININ DES ADJECTIFS

• Pour former le féminin des adjectifs, on ajoute généralement un -**e** au masculin : *gai → gaie / entraînant → entraînante / clair → claire*.

• Les adjectifs qui se terminent par un -**e** sont identiques au masculin et au féminin : *un garçon dynamique → une équipe dynamique*.

• Les adjectifs en -**eur** et -**eux** forment leur féminin en -**euse** : *curieux → curieuse / menteur → menteuse*.

• Certains adjectifs doublent leur consonne finale : *bon → bonne / coquet → coquette / gentil → gentille*.

RÈGLE

Les mots du jour

• **Bleu** : adjectif de couleur qui s'écrit **bleue** au féminin et **bleus** au pluriel.
• Les adjectifs qui se terminent par -*oux* forment leur féminin en -*ouce* (**douce**) ou -*ousse* (**rousse**).
• **Enchanteur** : (adj.) qui signifie très beau et très agréable (un paysage enchanteur).

Orthographe grammaticale

O11 Comment forme-t-on le pluriel des noms et des adjectifs ?

◯ PETIT PROBLÈME

Vers 8000 avant Jésus-Christ, les habitants du Moyen-Orient découvrent l'agriculture et l'élevage. Ils se mettent à cultiver la terre et à domestiquer les animaux. Pour leurs travaux, ils fabriquent de nouveaux outils, en pierre polie. Comme ils peuvent produire leurs propres aliments, ils deviennent sédentaires. Ils fondent les premières villes.

Les hommes préhistoriques, Les Univers, La Préhistoire, © Éditions Sed.

Comment écrit-on un mot au pluriel ?

Tu le sais déjà, tu l'as appris en CE1

Et toi, peux-tu répondre à cette question en observant ce texte ?

◯ Construisons la règle

- Sépare les noms et les adjectifs au pluriel et écris leur singulier.
- Entoure les terminaisons de chaque mot. Ajoute-t-on toujours la même lettre pour former le pluriel ?
- Dans chaque catégorie, classe les mots en fonction de la formation du pluriel.
- Quelles ressemblances remarques-tu entre le pluriel des noms et celui des adjectifs ?

coup de pouce

Le petit chien.
Le**s** petit**s** chien**s**.

Règle p. 126

😊 -S OU -X ?

Avant de commencer, chaque joueur écrit un nom ou un adjectif sur une étiquette qu'il place dans une boîte. Le premier joueur tire un mot au hasard, le prononce, donne son pluriel et l'épelle*. Son voisin pioche à son tour un nouveau mot...
Exemple : (petit) ➔ p-e-t-i-t-s / (travail) ➔ t-r-a-v-a-u-x

Classe entière

◯ TEST

Mets les GN au pluriel ou au singulier.
1. un désert chaud
2. une ville très poussiéreuse
3. des plateaux boueux
4. des pays tropicaux
5. un feu* violent

Entraînement

O11. Comment forme-t-on le pluriel des noms et des adjectifs ?

Itinéraire A

1. Repère dans le texte les adjectifs au pluriel et classe-les dans le tableau suivant.

Ajout d'un -s	Identiques au singulier et pluriel
...	...

Les massifs montagneux français peuvent être classés en deux catégories : les hauts massifs récents aux altitudes élevées et les massifs moyens.

2. Écris les noms au pluriel.
fourmi - kangourou - hibou - pou - renard - cerf - blaireau - sanglier - cheval

3. Écris les adjectifs au pluriel.
beau - mou - jolie - bleu - gai - loyale - aimable - nouveau

4. Écris ces adjectifs au singulier. Que remarques-tu ?
peureux - joyeux - frileux - malheureux

5. Classe les groupes nominaux dans le tableau. Que remarques-tu pour certains mots ?

Singulier	Pluriel
...	...

un pas cadencé - des pas rapides - des gaz incolores - un gaz inodore - des choix judicieux* - un choix judicieux* - un prix bas - des prix bas

6. Écris ces noms au pluriel. Quel est l'intrus ?
un neveu - un pneu - le feu - un jeu - un cheveu

7. Observe ce dessin et écris tous les mots au pluriel.

Itinéraire B

8. Repère dans le texte les noms et les adjectifs au pluriel et classe-les dans le tableau suivant.

Ajout d'un -s	Ajout d'un -x	Identiques au singulier et au pluriel
...	...	...

Lili avait des joues roses et rebondies. Elle tressait ses longs cheveux roux avec des rubans multicolores. Ses yeux étaient gris quand le temps était nuageux. Elle portait des boucles d'oreille en forme d'oiseaux.

9. Écris les noms suivants au pluriel et entoure la terminaison.
un fou - un tatou - une grenouille - un chameau - une feuille - un œuf - une faux - une roue - une vis

10. Écris les mots au singulier et classe-les dans le tableau. Que remarques-tu ?

Adjectif	Nom
...	...

des pieux - vieux - des vœux - des feux - paresseux - des essieux

11. Écris les noms au pluriel. Encadre ensuite l'intrus dans chaque série.
a. bambou - sou - cou - caillou - voyou
b. rail - portail* - épouvantail - travail - gouvernail
c. landau - fabliau - tuyau - noyau
d. hôpital - cheval - bocal - journal - local - bal

12. Mets les mots au pluriel et classe-les dans le tableau.

Je n'entends pas et je vois le pluriel	J'entends et je vois le pluriel
...	...

le carnaval - la malle - le travail - génial - le portail - un rival - le tribunal - glacial - un aïeul - une filleule - automnal - le cardinal - numéral - le numéro - le métal - le vaisseau - un escabeau - un végétal - monsieur

13. Qui suis-je ?
1) Au singulier, je sers à observer les étoiles. Au pluriel, je sers à voir de près ou de loin.
2) Au singulier, je sers à tailler le bois ou la pierre. Au pluriel, je sers à découper le papier.

011. Comment forme-t-on le pluriel des noms et des adjectifs ?

As-tu bien compris ?

VRAI ou FAUX ?
1. Tous les mots en -*ou* prennent un -*x* au pluriel.
2. Le plus souvent, les mots en -*al* s'écrivent -*aux* au pluriel.
3. Tous les adjectifs s'écrivent avec un -*s* au pluriel.
4. Tous les mots en -*eu* prennent un -*s* au pluriel.
5. Les noms et adjectifs féminins forment leur pluriel en -*s*.

Les pluriels proposés conviennent-ils ?
6. des chameaux - des cheveaux - des lionceaux
7. joyeux - frileux - heureux
8. des fous - des trous - des clous
9. des crayons - des bonbons - des thons
10. matinales - originales - géniales

récréation

MOTS DANS LE DÉSORDRE

Retrouve les mots écrits dans le désordre. Indice : ils ont la même orthographe au singulier et au pluriel.

SSEN
ASAM
ÉHORS
SITAP
SNNAAA
USNIBIM

ananas - minibus - ems - sens - tapis - héros -

AUTOUR DES TEXTES

Les Hiboux

Ce sont les mères des hiboux
Qui désiraient chercher les poux
De leurs enfants, leurs petits choux,
En les tenant sur les genoux
Leurs yeux d'or valent des bijoux
Leur bec est dur comme des cailloux,
Ils sont doux comme des joujoux,
Mais aux hiboux point de genoux !

Votre histoire se passait où ?
Chez les Zoulous ? Les Andalous ?
Ou dans la cabane bambou ?
À Moscou ? Ou à Tombouctou ?
En Anjou ou dans le Poitou ?
Au Pérou ou chez les Mandchous ?
Hou ! Hou !
Pas du tout, c'était chez les fous.

D'après *Chantefables et chantefleurs*, Robert Desnos. © Gründ.

- **Observe les mots qui sont au pluriel en fin de vers. Que remarques-tu ?**
- **À ton avis, pourquoi l'auteur a-t-il composé ce poème ?**

LE PLURIEL DES NOMS ET DES ADJECTIFS

Les mots du jour

- Le plus souvent, pour former le pluriel des noms et des adjectifs, on ajoute un **-s** au mot singulier : *une ville déserte → des villes désertes*.
- On ajoute un **-x** aux noms qui se terminent par **-au**, **-eau** et **-eu** : *un tuyau → des tuyaux / un cerceau → des cerceaux / un feu → des feux*.
- Les noms et les adjectifs qui se terminent par **-ou** s'écrivent **-ous** au pluriel sauf sept noms qui prennent un **-x** : hibou**x**, joujou**x**, caillou**x**, chou**x**, bijou**x**, genou**x** et pou**x**.
- La majorité des noms et des adjectifs en **-al** s'écrivent **-aux** au pluriel.
- Les noms et les adjectifs qui se terminent par **-s**, **-x** ou **-z** ne changent pas au pluriel : *un choix judicieux → des choix judicieux*.

- **Épelle** : du verbe *épeler*, nommer l'une après l'autre les lettres d'un mot.
- **Le feu** : les noms qui se terminent par -*eu* prennent un -*x* au pluriel, sauf *pneu* et *bleu*.
- **Judicieux** : (adj.) intelligent.
- **Un portail** : nom de la famille de *porte*. Grande porte qu'on peut trouver à l'entrée d'une église ou d'un jardin.

Comment fait-on les accords dans le groupe nominal ?

Orthographe grammaticale — O12

PETIT PROBLÈME

Les habitations de la savane africaine sont construites avec du bois ou de la terre mélangée de paille. Parfois, ce sont des huttes de forme ronde, regroupées autour d'une place. Les entrées peu nombreuses gardent le plus de fraîcheur possible à l'intérieur de la maison. Dans les villes africaines, les rues étroites protègent du soleil brûlant et de la chaleur étouffante.

D'après *Regards sur le monde*, Les Univers, © Éditions Sed.

En observant ce texte, peux-tu m'expliquer comment on accorde les mots dans le groupe nominal ?

Construisons la règle

- Relève tous les groupes nominaux : encadre le nom, souligne en bleu le déterminant et en rouge les adjectifs. Indique pour chaque mot son genre et son nombre. Que remarques-tu ?
- Relève le même adjectif écrit deux fois dans le texte. Quelle différence remarques-tu ? Pourquoi ?
- Dans la deuxième phrase, quel mot l'adjectif *regroupé* complète-t-il ? Transforme la phrase en commençant par : *Parfois, ce sont des logis de forme...*

coup de pouce
Le **GN** = déterminant + nom (+ adjectif).
Le **nombre** = singulier ou pluriel.
Le **genre** = féminin ou masculin.

Règle p. 129

PLURIEL OU FÉMININ SONORES

4 joueurs

Chaque joueur propose un GN au masculin singulier ; les autres joueurs doivent le transformer au féminin ou au pluriel, de manière à faire entendre les changements. *Exemple : un rat gris → une rate grise (mais on refusera des rats gris), un pays équatorial* → des pays équatoriaux ou une région équatoriale.*

TEST

Corrige l'accord des GN quand c'est nécessaire.

1. *Le chat* possède *des crocs acérés*.
2. *Le chat* mange *de joli petite souris*.
3. *Le chat* a *un régime carnivore*.
4. *Les canine du chat* ressemblent à *de véritable poignards*.
5. *Mes gentil chaton* aiment jouer.

Entraînement

O12. Comment fait-on les accords dans le groupe nominal ?

Itinéraire A

1. Recopie les GN dans la colonne correspondante.

Singulier	Pluriel
...	*des couleurs vives*

des tableaux anciens - une musique classique - les danseurs folkloriques* - les images coloriées et découpées - une banane trop mûre

2. Relie le GN à l'adjectif qui convient.
Ex. : une maîtresse → gentille.

- des maîtres •   • triste
- un enfant •   • gentilles
- des fillettes •   • joyeuse
- une enfant •   • attentionnés

3. Recopie ce problème. Souligne en bleu les GN au pluriel et en vert les GN au féminin.
Les lignes horizontales d'une feuille quadrillée sont parallèles entre elles. Sur chacune des deux lignes pointillées, compte le même nombre de carreaux, à partir de A et B, et joins les deux points obtenus.

4. Écris les GN suivants au féminin.
un lapin sauvage - des rois autoritaires - un nouveau voisin étranger - un gentil petit chat - un vieux berger fatigué - un comédien gai, insolent et amusant

5. Recopie le nom noyau de chaque GN et indique son genre et son nombre.
Ex. : un lapin sauvage → lapin, masculin (m.) singulier (sing.).
une chouette blanche - un temps estival - des canards sauvages - les sucettes anisées - les joueurs blessés - un jour férié

6. Observe ce tableau. Associe les fruits que tu reconnais à un adjectif pour constituer les GN et varier les accords.
Ex. : une fraise rouge / des pêches blanches.

Itinéraire B

7. Classe les GN dans le tableau suivant.

Masculin singulier	Féminin singulier	Masculin pluriel	Féminin pluriel
...	...	...	...

de magnifiques roses rouges - les jours pluvieux* - un enfant scolarisé - des voitures accidentées - les oiseaux migrateurs - une sauterelle verte - l'arc-en-ciel irisé - son petit frère - nos beaux manuels neufs

8. Associe le GN à l'adjectif qui convient. Que remarques-tu ?
1) le temps - 2) une femme - 3) une soirée - 4) une ligne - 5) des histoires - 6) des garçons
a) sympathiques - b) automnal - c) drôles - d) fraîche - e) sévère - f) droite

9. Recopie le texte en ajoutant les déterminants qui conviennent.
Il était ... fois ... roi et ... reine qui voulaient ... enfant. ... reine accoucha d'... fille : on fit ... beau baptême. On donna pour marraines à ... petite Princesse toutes ... fées que l'on pût trouver dans ... pays afin que chacune d'elles lui fît ... don.
D'après *La Belle au bois dormant*, Charles Perrault.

10. Recopie les GN en italique et indique pour chacun son genre et son nombre.
Un jour sa mère, ayant cuit et fait *des galettes*, lui dit : « Va voir comme se porte ta Mère-grand car on m'a dit qu'elle était malade, porte-lui *une galette* et *ce petit pot de beurre* ». Le Petit Chaperon rouge partit aussitôt pour aller chez *sa Mère-grand* qui habitait *un autre village*.
D'après *Le Petit Chaperon rouge*, Charles Perrault.

11. Récris la phrase en remplaçant le nom *histoire* par *récit*. Écris-la ensuite au pluriel.
Une nouvelle histoire intéressante, passionnante, drôle, pleine d'humour et merveilleuse.

12. Avec ton voisin, choisissez des titres de fables, de chansons ou de poèmes et mettez-les au pluriel ou au féminin quand c'est possible.
Ex. : Le Corbeau et le Renard
→ *Les Corbeaux et les Renards*
→ *Le Corbeau et la Renarde*

012. Comment fait-on les accords dans le groupe nominal ?

As-tu bien compris ?

VRAI ou FAUX ?
1. Un nom au pluriel est précédé d'un déterminant au pluriel.
2. L'adjectif s'accorde en genre et en nombre avec le nom qu'il complète.
3. Un nom féminin sera suivi d'adjectifs au masculin.
4. Le déterminant *les* indique qu'un GN est au masculin pluriel.
5. Tous les mots du GN ont le même genre et le même nombre.

Les GN sont-ils bien accordés ?
6. un chat désobéissant
7. un élève disciplinée
8. des garçons insolent et paresseux
9. un nouvel ami
10. les Mille et Une Nuit

Récréation

MOTS MÊLÉS

Retrouve trois GN et indique pour chacun son genre et son nombre.

M	E	C	H	A	N	T	E
L	O	N	G	F	E	E	S
F	I	L	U	N	L	E	S
S	O	R	C	I	E	R	E
L	A	B	O	N	N	E	S

la méchante sorcière : féminin singulier – les bonnes fées : féminin pluriel – un long fil : masculin singulier

AUTOUR DES TEXTES

Le lézard fait partie des [race - espèces - groupes] les plus [lointaine - féroce - anciennes] de [saurien - reptiles]. Certains [bêtes - iguane - lézards] [primitifs - ancien] ressemblent à une race qui vit aujourd'hui en Asie. Le « dragon volant » possède de [belle - longues - immense] [nervure - ailes - bras] [recouvertes - couverts - ornée] de peau, dont il se sert comme d'un [parachute - liens] pour passer d'un arbre à l' [autres - autre].

D'après *Les animaux préhistoriques*, Doc en Poche, © Éditions Nathan.

• **En observant les accords dans le GN, retrouve le texte d'origine.**

LES ACCORDS DANS LE GROUPE NOMINAL

RÈGLE

Dans le groupe nominal, le déterminant et les adjectifs s'accordent avec le nom. Ils ont le **même genre** (masculin, féminin) et le **même nombre** (singulier, pluriel) :
une bicyclette bleu*e* = **féminin singulier**
→ *des* bicyclett*es* bleu*es* = **féminin pluriel** ;
un oiseau migrateur = **masculin singulier**
→ *des* oiseau*x* migrateur*s* = **masculin pluriel**.

Les mots du jour

• **Équatorial** : (adj.) formé à partir du mot *équateur*.
• **Folklorique** : (adj.) qui se rapporte aux traditions d'une région ou d'un pays. Il appartient à la famille de *folklore*.
• **Pluvieux** : (adj.) formé sur le mot *pluie*. Un temps pluvieux signifie qu'il pleut.

Dictées

ORTHOGRAPHE

01 Les correspondances lettres/sons

Auto-dictée
Les enfants découpent des images d'animaux : un faon, un éléphant, un lapin, un louveteau. **Ils collent les photos choisies.**

02 Les sons [s] et [z]

Dictée à trous
En classe, le garçon sage recopie un exercice difficile de français. Il fait des additions **et des** divisions en calcul.

03 Les sons [g] et [ʒ]

Dictée préparée
Avant le déjeuner, je dois passer une radiographie de la jambe et du genou gauches. **Je suis tombé au judo.**

04 Le son [k]

Auto-dictée
Un kangourou et un koala se regardent dans le parc. Ils veulent jouer aux quilles. **C'est une histoire fantastique !**

05 Les accents sur le -e

Dictée à trous
L'éléphante cache son bébé dans les fourrés de la forêt équatoriale pour le protéger **des** lions et animaux féroces.

06 La transformation du -n en -m devant -p, -b et -m

Dictée préparée
Grand-père m'a emmené voir un championnat de ping-pong. Les gagnants ont reçu un triomphe. **Quelle ambiance gaie et sympathique !**

07 Chercher un mot dans le dictionnaire

Auto-dictée
À la tombola, j'ai gagné une bonbonnière, une lampe, une panthère et une timbale. **Papa n'a rien remporté.**

08 Les homophones

Dictée à trous
Le comte chasse à courre le cerf dans les champs de blé de ses serfs. **Son cheval** franchit **un** pont.

09 Le féminin des noms

Dictée préparée
L'institutrice lit aux fillettes des histoires avec des princesses, des ogresses et des sorcières. **La directrice attentive l'écoute.**

010 Le féminin des adjectifs

Auto-dictée
Durant les grandes vacances, je profite des longues journées chaudes et ensoleillées pour me promener **dans les vertes prairies fleuries.**

011 Le pluriel des noms et des adjectifs

Dictée à trous
Les pandas mangent des bambous, les chevaux des choux pommelés et les souris des gâteaux. **Les** oiseaux **picorent des** graines.

012 Les accords dans le groupe nominal

Dictée préparée
Le lapin sauvage gambadait dans la montagne. Avec ses dents, il cueillait de délicieuses herbes. **Le renard malin l'observait.**

VOCABULAIRE

V1. Comment et pourquoi classer les mots par ordre alphabétique ? .... p. 132

V2. Comment chercher un mot dans le dictionnaire ? .... p. 135

V3. Comment trouver le sens d'un mot ? .. p. 138

V4. Comment classer les noms ? .... p. 141

V5. Quel sens exact donner à un mot ? .... p. 144

V6. Comment reconnaît-on les mots de la même famille ? .... p. 147

V7. Comment les mots sont-ils construits ? .. p. 150

V8. Comment construire des mots nouveaux ? (1) .... p. 153

V9. Comment construire des mots nouveaux ? (2) .... p. 156

V10. Comment trouver des mots de sens proche ? .... p. 159

V11. Comment dire le contraire ? .... p. 162

Dictées .... p. 165

Le dictionnaire

V1 — Comment et pourquoi classer les mots par ordre alphabétique ?

PETIT PROBLÈME

Peux-tu m'aider à classer mes fiches comme dans le dictionnaire ?

coup de pouce

A B C D E F
G H I J K L
M N O P Q R S T
U V W X Y Z
a b c d e f
g h i j k l
m n o p q r s t
u v w x y z

Règle p. 134

Construisons la règle

- Comment as-tu fait pour classer les fiches ?
- Quels sont les éléments que tu as repérés pour classer les mots ?
- Comment fais-tu pour classer deux mots qui commencent par la même lettre ?
- À ton avis, quel est l'intérêt de classer les mots par ordre alphabétique ?

LA DEUXIÈME LETTRE

Classe entière

Un joueur prononce un mot au hasard. Son voisin doit alors trouver un mot commençant par la deuxième lettre du mot cité. Un troisième joueur dit ensuite un mot qui débute par la deuxième lettre… *Exemple : licorne → ibis → ballon → arbre → radis…*
Pour ajouter une difficulté supplémentaire, on peut prendre la troisième lettre ou choisir un thème (noms d'animaux, de fruits, de pays…).

TEST

Pour chaque série, trouve le premier mot dans l'ordre alphabétique.

1. opération - carré - addition - multiplication
2. résoudre - problème - solution - résolution
3. triangle - rectangle - polygone - octogone
4. sommet - schéma - segment - situer
5. solution - solide - souligner - soustraction

Entraînement

V1. Comment et pourquoi classer les mots par ordre alphabétique ?

Itinéraire A

1. Range chaque série de lettres dans l'ordre alphabétique.
1. I O A E U   2. Y X Z W O   3. G L H C D

2. Complète chaque lettre par les trois suivantes dans l'ordre alphabétique.
Q - - -   D - - -   L - - -   W - - -

3. Recopie chaque série de mots dans l'ordre alphabétique.
a. lion - éléphant - zèbre - tigre - perroquet - girafe
b. roman - conte - histoire - poésie - poème - théâtre

4. Classe les mots dans l'ordre alphabétique en repérant leur deuxième lettre.
*Ex. : p**a**ge...*
plante - pendre - prendre - peser - possible - pigeon - photographie - public

5. Recopie les mots dans l'ordre alphabétique et encadre la lettre qui t'a renseignée.
Ex. : tig[e] - tig[r]e.
catastrophe - castor - cacatoès - cafard - casier - caramel

6. Recopie la liste suivante en plaçant le mot *fée* dans l'ordre alphabétique.
enchanteur - magicien - ogre - sorcière

7. Cherche dans le dictionnaire le mot placé avant et après chacun des mots suivants.
*Ex. : **calcium** - calcul - **calculateur**.*
algèbre - règle - triangle - hexagone

8. Repère l'intrus dans chaque série.
a. balance - banane - bijou - baobab
b. batelier - bateau - balle - bâton

9. Avec ton voisin, videz vos trousses et classez par ordre alphabétique tous les objets qu'elles contiennent.

Itinéraire B

10. Retrouve la lettre qui manque dans chaque série alphabétique.
1. F G I J K   2. O P Q S T   3. S T V W X

11. Complète chaque lettre par les trois précédentes dans l'ordre alphabétique.
- - - E   - - - K   - - - R   - - - W

12. Recopie chaque série de mots dans l'ordre alphabétique.
a. éléphant - épaulard - escargot - émeu - étourneau - écureuil
b. poésie - poète - poétesse - poétique - poème

13. Recopie les mots dans l'ordre alphabétique et encadre la lettre qui t'a renseigné.
singe - scorpion - serpent - scolopendre* - serin - sanglier - serpentaire*

14. Repère l'intrus dans chaque série.
a. castor - casserole - casier - casse-noix - cassis - catamaran
b. fenouil - femme - fête - fatigue - félin - feuille

15. Recopie les listes alphabétiques en ajoutant *cercle, compas, carré* à la place qui convient.
a. comparution, compassion
b. cerceau, cerclé
c. carreau, carrefour

16. Cherche dans le dictionnaire le verbe placé avant et après chacun des mots suivants.
saut - course - vélo - voile - parachute

17. Fais l'inventaire* de tout ce que tu as dans ton cartable et classe les mots par ordre alphabétique.

18. Avec ton voisin, continuez cet alphabet des animaux.
alouette - bouc - chèvre...

V1. Comment et pourquoi classer les mots par ordre alphabétique ?

AS-tu bien compris ?

VRAI ou FAUX ?
1. Pour classer par ordre alphabétique, il faut connaître l'alphabet.
2. Les mots du dictionnaire sont classés par ordre alphabétique.
3. L'alphabet se compose de vingt-cinq lettres.
4. Quand des mots commencent par les trois mêmes lettres, c'est la quatrième qui donne l'ordre alphabétique.
5. Quand on recherche un mot dans le dictionnaire, on regarde la lettre finale.

Es-tu d'accord avec ces affirmations ?
6. *Scolopendre* est placé après *sauterelle** et avant *serpentaire*.
7. *-h* est la huitième lettre de l'alphabet.
8. *casserole - casier - castor* sont dans le bon ordre.
9. Le mot *singe* suit le mot *singerie*.
10. *-w* est l'avant-dernière lettre de l'alphabet.

récréation

RÉBUS
Les petits enfants apprennent l'alphabet avec lui.

abécédaire (A - bée - C - d' - air)

AUTOUR DES TEXTES

Le jeune Robert Robert a fait tomber le dictionnaire.

Il y a des mots partout, comme un sac de billes renversé, des noms communs, des noms propres, des mots simples comme « bonjour » et d'autres très compliqués, comme « zygomatique, xérodermie, yttrialite », etc. Catastrophe ! on dirait des insectes grouillant sur le parquet, des chenilles noires qu'on n'ose pas toucher tant elles sont longues et sinueuses. D'autres mots plus courts, comme « ah ! eh ! » sautent, pareils à des puces, dès qu'on veut les attraper.

Quelle histoire ça ferait si son père ou sa mère entrait à l'instant dans sa chambre !
Tant bien que mal, Robert ramasse ce qu'il peut et remet tout en vrac entre les pages du dico. Heureusement qu'il n'y a pas de gros mots, il n'aurait jamais pu le refermer. Il reste bien quelques « tétragone, clafoutis, mobylette, alpaga », etc. qui traînent encore par-ci par-là, mais on les utilise tellement rarement que personne ne s'en apercevra.

D'après *Dico dingo*, Pascal Garnier, © Éditions Nathan, 1996.

• **Range les mots qui sont tombés du dictionnaire.**

L'ORDRE ALPHABÉTIQUE

• Dans le dictionnaire, les mots sont classés par **ordre alphabétique**.

• Quand des mots commencent par la même lettre, c'est la deuxième lettre qui donne l'ordre alphabétique : s**e**rin - s**o**uris.

• Quand les mots commencent par les deux mêmes lettres, c'est la troisième qui donne l'ordre alphabétique, puis la quatrième...
cas**i**er - cas**s**erole - cas**t**or.

RÈGLE

Les mots du jour

• Une **scolopendre** : mille-pattes.
• Un **serpentaire** et une **sauterelle** : mots formés à partir des mots *serpent* et *sauter*.
• Un **inventaire** : liste détaillée d'objets que l'on possède.
• Un **abécédaire** : livre illustré dans lequel les jeunes enfants apprennent l'alphabet.

Le dictionnaire

V2 — Comment chercher un mot dans le dictionnaire ?

PETIT PROBLÈME

Construisons la règle

- Comment as-tu écrit les mots soulignés ? Vérifie dans ton dictionnaire.
- Quels sont les mots qui changent et ceux qui restent identiques ? Relève les différences.
- Quels moyens te donne le dictionnaire pour trouver plus rapidement un mot ?

Coup de pouce
disparition *n.f.*
disparu *adj.*
dispenser *v.*

L'ÉLÈVE MYSTÈRE

Chaque joueur choisit un camarade de la classe et cherche dans le dictionnaire trois adjectifs commençant par la même lettre que l'initiale de son prénom pour le décrire. Il écrit les adjectifs sur son ardoise. *Exemple : Lisa → **l**ibre, **l**égère et **l**oyale.*
Ensuite, il dit ses trois adjectifs. Le premier qui trouve l'élève concerné a gagné.

TEST

Pour chaque mot souligné, indique sa forme dans le dictionnaire.
1. Les animaux ont des régimes alimentaires variés.
2. Le cheval saisit l'herbe de ses lèvres mobiles.
3. Il la coupe avec ses incisives tranchantes.
4. Il bouge la mâchoire inférieure de droite à gauche.
5. La salive se mélange aux morceaux d'aliments.

Entraînement

V2. Comment chercher un mot dans le dictionnaire ?

● Itinéraire A

1. Relie les mots à leur forme dans le dictionnaire.

maîtresse • • professeur
mangeront • • lion
professeurs • • chiot
chiots • • végétal
lionne • • manger
végétaux • • maître

2. Écris l'infinitif des verbes conjugués.
Ex. : il sort → sortir.
je mange - tu finiras - il est - nous avions - vous dites - elles sauront

3. Écris le mot du dictionnaire qui correspond aux mots suivants. *Ex. : parents → parent.*
alphabets* - belles - joujoux - horizontaux - verticales - droites

4. Recopie dans l'ordre alphabétique les mots placés entre les deux mots repères.
a. **où** - **ouvert** : ours, oui, oublier, oursin, ouest.
b. **enfant** - **engraisser** : engourdir, engager, enfler, enfermer, enfer.
c. **visible** - **vivarium** : visiteur, vivace, vision, vison, vivant.

5. Place les mots suivants entre leurs mots repères :
vorace, ombre, carnivore, herbivore.
cardigan ... carte   volière ... vouvoyer
ombilical ... opérer   haut-parleur ... hérésie

6. Complète chaque série entre les mots repères par un mot de ton choix.
Ex. : pour la série a., tu peux ajouter chouette.
a. **chocolat**, choix, chose, chouchou, ..., **chronomètre**
b. **envie**, envol, envoyer, épais, ..., **épaule**
c. **zapper**, zèbre, zébu, zen, ..., **zizanie**

7. Associe à chaque mot le dessin qui convient et écris ceux que tu trouves dans le dictionnaire.
fleur - renards - grenouilles - sorcière - sorcier

● Itinéraire B

8. Relie les mots à leur forme dans le dictionnaire.

beaux •
vas •
irons • • chat
chatte • • beau
belle • • aller
allais •
chats •

9. Pour chaque adjectif, écris la forme qu'il a dans le dictionnaire.
belles - splendides - jolis - claires - infernaux - heureuse

10. Écris le mot du dictionnaire qui correspond aux mots suivants.
ancêtres - métaux - sédentaires - enterrent - pierre - polie

11. Recopie dans l'ordre alphabétique les mots placés entre les deux mots repères.
a. **vautour** - **vendredi** : veau, vent, vendange, ventre, vaurien.
b. **plancton** - **plat** : plâtrier, plante, presse, plantation, planche.
c. **gorille** - **gouverner** : gothique, guerre, goût, gracieux, géant.

12. Retrouve des mots repères qui pourraient encadrer chaque série alphabétique.
a. jolie, jonque, jouer, joufflu
b. génisse, genou, gentille, géographe

13. Complète chaque série par deux mots de ton choix.
a. gare, garer, gâter, gauche, gaz.
b. mappemonde, maquette, marâtre, marche, marécage.
c. qualité, quantité, quart, quatre, que.

14. Transforme ces mots du dictionnaire pour écrire deux phrases de ton choix.
un - le - ogre - enfant - comptine - gentil - méchant - désobéissant - amusant - effrayer - chanter

V2. Comment chercher un mot dans le dictionnaire ?

As-tu bien compris ?

VRAI ou FAUX ?
1. Dans le dictionnaire, les verbes sont à l'infinitif.
2. Les adjectifs ont la même forme dans le dictionnaire et dans les textes.
3. Le mot repère est placé en haut de la page.
4. Pour trouver un mot, on doit lire toutes les pages du dictionnaire commençant par la même lettre.
5. Dans le dictionnaire, les verbes sont conjugués.

Es-tu d'accord avec ces affirmations ?
6. Dans le dictionnaire, *chacal* se trouve à la page du mot repère *chocolat*.
7. Pour trouver *blanches*, on cherche *blanc*.
8. Pour trouver *courons*, on cherche *courir*.
9. Pour trouver *belles*, on cherche *beaux*.
10. Pour trouver *directrices*, on cherche *directrice*.

Récréation

LE JEU DU N + 7
Voici une phrase :
Le blaireau croque une racine dans la forêt.

Cherche les noms soulignés dans ton dictionnaire et remplace-les par le 7ᵉ nom qui les suit. Recopie ensuite ta nouvelle phrase.

AUTOUR DES TEXTES

Morcelé*
Une, du, un, la (articles indéfinis et définis)
Poule, mur, pain, queue (noms communs)
Sur (préposition)
Qui (pronom relatif)
Picoter, lever, s'en aller (verbes)
Picoti, picota (cri qui tue)
Dur (adjectif)
Et (conjonction)
Puis (adverbe)

D'après *27 poules sur un mur*, Thierry Dedieu, © Éditions du Seuil, 2002.

L'auteur s'est amusé à écrire tous les mots d'une comptine à la manière du dictionnaire.
• Reconnais-tu la comptine ? Quel est son titre ?
• Quels sont les mots que tu ne trouves pas dans le dictionnaire ?

CHERCHER DANS LE DICTIONNAIRE

RÈGLE

• Pour chercher un mot dans le dictionnaire, on utilise l'**ordre alphabétique**. Un **mot repère** placé en haut de la page permet de le trouver plus facilement.

• Pour trouver certains noms et les adjectifs, il faut chercher leur forme au masculin singulier ; pour les autres noms, leur singulier ; pour les verbes, leur infinitif :
voisines → **voisin** / *belles* → **beau** / *le chat bondit* → **bondir**.

• Pour chaque mot, le dictionnaire indique par une **abréviation*** s'il s'agit d'un nom : **n.**, d'un adjectif : **adj.**, d'un verbe : **v.**

Les mots du jour

• **Cisaillent** : du verbe *cisailler*, qui appartient à la famille de *ciseaux*.
• **L'alphabet** : liste de toutes les lettres servant à transcrire les sons d'une langue. Ce mot est formé à partir des deux premières lettres de l'alphabet grec, *alpha* et *bêta*.
• **Morcelé** : (adj.) partagé en plusieurs parties ; appartient à la famille de *morceau*.
• **Une abréviation** : mot raccourci dont on a gardé les premières lettres.

Comment trouver le sens d'un mot ?

Le sens des mots — V3

PETIT PROBLÈME

Construisons la règle

- Et toi, qu'as-tu compris ?
- Cherche dans le dictionnaire le mot *rat*. Qu'observes-tu ?
- Quel est le sens du mot dans la phrase ?
- Pourquoi le dictionnaire est-il nécessaire quand on ne comprend pas un mot ?

Règle p. 140

coup de pouce

Chien *n.m.*
chienne *n.f.*
1. Animal domestique carnivore. Le chien aboie.
2. Pièce coudée d'un fusil ou d'un pistolet.

Extrait du dictionnaire *Le Robert Junior*.

« SENS » DESSUS DESSOUS

Chaque joueur cherche dans le dictionnaire un mot ayant plusieurs sens et le recopie sur une étiquette. Les étiquettes sont placées dans une boîte et mélangées. Un joueur tire alors un mot et doit trouver au moins deux sens pour marquer des points. S'il ne trouve pas, un autre joueur prend sa place. Bien sûr, celui qui a cherché le mot n'a pas le droit de jouer !

Classe entière

TEST

Choisis le sens du mot souligné dans la phrase.

1. Les mots d'un dictionnaire sont rangés dans l'<u>ordre</u> alphabétique. (rangement / classement)
2. Son <u>écriture</u> est parfois illisible. (signes pour noter le langage / manière d'écrire)
3. J'ai reçu une <u>lettre</u> ce matin. (texte écrit / signe de l'alphabet)
4. J'utilise des <u>tables</u> de multiplication en calcul. (meuble / tableau)
5. Respectons les <u>règles</u> de vie. (instrument de mesure / loi)

Entraînement

V3. Comment trouver le sens d'un mot?

Itinéraire A

1. Relie chaque mot à ses deux sens.

avocat •
cher •
petit •

• jeune être humain
• fruit exotique*
• qui coûte beaucoup d'argent
• homme qui défend la loi
• que l'on aime beaucoup
• jeune animal

2. Recopie la phrase que tu pourrais utiliser en géographie.
Lili colorie sa carte de France.
Arthus a reçu une carte d'anniversaire.
Arthus et Lucie jouent aux cartes.

3. Remplace le verbe *faire* dans les phrases suivantes. Attention, tu devras parfois supprimer ou transformer des mots.
Ex. : Arthus **fait** du cheval. → Arthus **monte** à cheval.
Lili et son frère font du piano.
Lili a fait une lettre à sa grand-mère.
William fait du ski.
Papa fait des gâteaux.
Arthus fait la sieste.

4. Auquel de ces deux mots correspondent les trois définitions suivantes : *pièce, élément*?
a. Petit rond de métal.
b. Partie d'un appartement.
c. Partie d'un ensemble.

5. Pour chaque mot souligné, recopie la définition du dictionnaire qui convient le mieux.
Le maître écrit la date au tableau.
Le chirurgien est en salle d'opération.
Le garagiste a changé les bougies.
L'eau devient solide quand elle gèle.

6. Qui suis-je ?
Elle me permet de calculer, mais je mange aussi dessus.

7. À partir des mots *verre*, *course* et *bombe*, rédige à ton tour des devinettes.

Itinéraire B

8. Relie chaque nom à ses différents sens.

vol •
cours •
dos •

• partie du corps humain
• déplacement dans l'air
• mouvement de l'eau
• séance d'enseignement
• action de prendre quelque chose qui ne nous appartient pas
• envers de certains objets

9. Pour chaque nom, cherche son sens en mathématiques et emploie-le dans une phrase.
mesure - figure - problème - résolution

10. Remplace le verbe *mettre* dans les phrases suivantes. Attention, tu devras parfois supprimer ou transformer des mots.
Je mets mes affaires dans l'armoire.
Il met son livre sur la table.
Lili met sa veste.
Arthus met le papier à la poubelle.
Tu mets ton nom sur la feuille.

11. À quel mot correspondent ces trois définitions : *propriétaire, maître, éducateur*?
a. Personne qui possède un animal.
b. Personne qui enseigne*.
c. Personne qui a une autorité sur quelqu'un.

12. En t'aidant des dessins, écris les mots qui correspondent aux définitions.
a. fleur et couleur
b. fruit et couleur
c. poisson et couleur

13. Qui suis-je ?
On me trouve sur la tête du roi ou dans la bouche.
À ton tour, fabrique des devinettes et propose-les à tes camarades.

14. Choisis le sens que tu veux pour chaque mot et écris une phrase qui l'explique.
une histoire - une lettre - une glace

V3. Comment trouver le sens d'un mot ?

As-tu bien compris ?

VRAI ou FAUX ?
1. Un mot peut avoir plusieurs sens.
2. On trouve tous les sens d'un mot dans un manuel de grammaire.
3. La phrase aide à comprendre le sens d'un mot.
4. Certains mots n'ont qu'un seul sens.
5. Le dictionnaire aide toujours à comprendre un mot qui n'est pas dans une phrase.

Les mots *lettre* et *caractère** sont-ils bien employés ?
6. Il y a 26 *caractères* dans l'alphabet.
7. Ce livre est écrit en grosses *lettres*.
8. Les mots sont écrits avec des *lettres*.
9. Le père Noël reçoit des *lettres*.
10. Ma petite sœur a mauvais *caractère*.

Récréation

MOTS IDENTIQUES

Que représentent ces deux dessins ? Amuse-toi à dessiner des choses différentes qui sont désignées par le même mot.

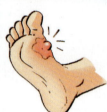

une ampoule

AUTOUR DES TEXTES

Le Blaireau

Pour faire ma barbe
Je veux un blaireau
Graine de rhubarbe*,
Graine de poireau.

Pour mes poils de barbe
S'écrie le blaireau,
Graine de rhubarbe,
Graine de poireau.

Tu feras ta barbe
Avec un poireau,
Graine de rhubarbe,
T'auras pas ma peau.

D'après *Chantefables et chantefleurs*, Robert Desnos, © Gründ.

- Cherche dans ton dictionnaire les différents sens du mot *blaireau* et tu comprendras le poème.
- Quel est le sens du mot dans la première strophe ? Dans la deuxième ?

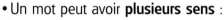

LES DIFFÉRENTS SENS D'UN MOT

- Un mot peut avoir **plusieurs sens** :
*Une **règle** est un instrument pour tirer des traits et une formule pour indiquer ce qu'il faut faire.*

- Le dictionnaire aide à connaître les différents sens d'un mot. C'est la phrase dans laquelle le mot est utilisé qui permet d'en comprendre le sens exact :
*Explique-moi la **règle** du jeu. / Mesurez avec votre **règle**.*

RÈGLE

Les mots du jour

- **Exotique** : (adj.) qui vient des pays chauds et lointains.
- **Enseigne** : du verbe *enseigner*, apprendre quelque chose à quelqu'un. Ta maîtresse est une enseignante.
- **Un caractère** : un de ses sens désigne une lettre d'imprimerie.
- **La rhubarbe** : plante dont on fait de la confiture.

Le sens des mots

V4 Comment classer les noms ?

● PETIT PROBLÈME

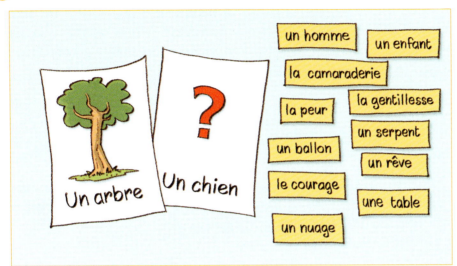

Nous devons compléter l'imagier pour la classe des CP. Quel dessin proposerais-tu pour illustrer chacun des noms ?

● Construisons la règle

Règle p. 143

- Compare tes dessins avec ceux de ton voisin.
- Quels noms vous ont semblé difficiles ou impossibles à illustrer ? Pourquoi ?
- Essaie de trier ces noms en deux groupes. Quel titre peux-tu donner à chaque groupe ?

coup de pouce
Le chat est un animal.
Le crayon est un objet.
La peur est un sentiment*.

😊 CONCRET OU ABSTRAIT

4 joueurs

Chaque joueur prépare deux étiquettes : sur la première, il écrit un nom abstrait et sur la seconde un nom concret. Elles sont ensuite placées dans une boîte et mélangées. Un premier joueur pioche une carte, la lit et dit si le nom est abstrait ou concret. Si le nom est concret, il précise s'il s'agit d'une personne, d'un animal, d'un objet ou d'un végétal. S'il réussit, il marque un point par bonne réponse. Celui qui a marqué le plus de points a gagné.
Exemple : la camaraderie = abstrait / un canard = concret + animal.

⊙ TEST

Écris en bleu les noms qui désignent un être humain et en rouge les noms qui désignent un animal.

1. Le fermier nourrit ses lapins.
2. Le maître interroge les élèves.
3. Arthus et ses camarades ont étudié la fable : « Le Chat, la Belette et le Petit Lapin ».
4. Ma sœur a adopté un hamster.
5. Le pédiatre soigne les nourrissons et les enfants.

141

Entraînement

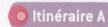

V4. Comment classer les noms ?

Itinéraire A

1. Classe les noms dans le tableau suivant.

Noms qui désignent des objets	Noms qui désignent des sentiments
...	*la peur*

la liberté - une porte - un cahier - un journal - une idée - une pierre - la sagesse - un mur - une bouteille

2. Classe ces noms concrets dans le tableau suivant.

Noms qui désignent des humains	Noms qui désignent des animaux
...	*un poisson*

un saumon - un pêcheur - une baleine - un cuisinier - une crevette - un restaurateur - un Canadien - un terre-neuve - un sauveteur

3. Recopie ces titres de contes, puis souligne en rouge les noms qui désignent des animaux et en bleu les noms qui désignent des humains.
Le Chat botté - Le Petit Chaperon rouge - Les Trois Petits Cochons - Blanche-Neige - La Petite Poule rouge - Le Vilain Petit Canard - Le Vaillant Petit Tailleur

4. Associe chaque nom de sentiment à l'adjectif correspondant. *Ex. : le courage → courageux*
a) la gentillesse - b) la colère - c) la méchanceté - d) l'amour - e) l'amitié - f) la peur - g) le bonheur

1) méchant - 2) peureux - 3) amoureux - 4) heureux - 5) gentil - 6) coléreux - 7) amical

5. Recopie le texte et souligne les noms abstraits qui désignent une sensation.
Ex. : La chaleur est accablante.
Le soleil est haut dans le ciel. Les plantes et les animaux souffrent de la soif. L'herbe des champs a jauni et les troupeaux ont faim. La nuit apportera-t-elle un peu de fraîcheur ?

6. Retrouve les noms abstraits formés à partir de ces verbes. Tu peux t'aider de ton dictionnaire.
Ex. : penser → la pensée.
aimer - comprendre - juger - imaginer - réfléchir

7. Souvent on associe un animal à un sentiment ou une idée qu'il symbolise : *Ex. : le renard → la ruse.* **Cherche d'autres exemples.**

Itinéraire B

8. Classe les noms dans le tableau suivant.

Noms concrets	Noms abstraits
...	...

la pluie - la tranquillité - une fraise - un arrosoir - la force - la vitesse - une voiture - la gaité - l'amitié - un cadeau - un arbre - la sympathie - des chaînes - l'entraide

9. Classe ces noms abstraits, selon qu'ils expriment un sentiment positif ou négatif, dans le tableau suivant.

Sentiments positifs	Sentiments négatifs
la joie	*la méchanceté*

la camaraderie - la méchanceté - la peur - la joie - la tristesse - l'amitié - la sympathie - la colère - la haine - la gentillesse

10. Recopie ces titres de fables de La Fontaine, puis souligne en rouge les noms qui désignent des animaux et en bleu les noms qui désignent des humains.
La Laitière et le Pot au lait - L'Âne et ses Maîtres - Le Berger et son Troupeau - Les Deux Perroquets - le Roi et son Fils - Les Deux Chèvres - Le Fermier, le Chien et le Renard

11. Retrouve les noms abstraits formés à partir de ces verbes que tu utilises en sciences. Ils se terminent tous par *-tion*. *Ex. : respirer → la respiration*
germer - fermenter - féconder - nourrir - digérer

12. Recopie le texte suivant et souligne les noms abstraits.
« Notre monde a été balayé par une puissance dévastatrice. C'est une catastrophe. Le tremblement de terre a tout détruit.
– Courage, courage !
– Regarde ! Tout n'est que désolation et destruction. »

13. Retrouve le nom abstrait formé à partir de chaque verbe. Que remarques-tu ?
attirer - venger - souffrir - croire - ignorer - croître - naître

14. *Liberté, égalité, fraternité* **est la devise* de la France. Indique si les noms qui la composent sont concrets ou abstraits. Cherche d'autres devises.**

142

V4. Comment classer les noms ?

As-tu bien compris ?

VRAI ou FAUX ?
1. Les noms abstraits s'opposent aux noms concrets.
2. Les noms qui désignent des sentiments sont des noms abstraits.
3. Un nom abstrait désigne une chose que l'on peut toucher.
4. Un nom concret désigne une chose que l'on peut toucher.
5. Les noms qui désignent des êtres humains sont des noms abstraits.

Les noms abstraits sont-ils correctement soulignés ?
6. L'<u>origine</u> de l'homme reste encore incertaine.
7. Les fossiles sont des os ou des <u>empreintes</u>.
8. Manon est très en <u>colère</u>.
9. Ce garçon courageux n'a jamais <u>peur</u>.
10. Ce sauveteur a montré son <u>courage</u>.

Récréation

Reconnais-tu cet oiseau ?
Que porte-t-il dans son bec ?
Quelle idée abstraite symbolise*-t-il ?

colombe - rameau d'olivier - la paix

AUTOUR DES TEXTES

Le Vilain Petit Canard

Le vilain petit canard a découvert qu'il était un cygne magnifique. Les vieux cygnes se penchaient vers lui avec bienveillance. Alors il se sentit transporté de joie. Il renversa la tête en arrière sur son aile, sans savoir pourquoi. C'était trop de bonheur. Mais il ne se montrait nullement fier. […]
Que je suis heureux ! pensait-il. Jamais je n'aurais rêvé ce bonheur, même dans mes songes de vilain petit canard !
Hans Christian Andersen.

• Relève les noms qui désignent des sentiments.
• Quels sont les deux adjectifs qui désignent également des sentiments ? Retrouve le nom du sentiment exprimé.

NOMS ABSTRAITS ET NOMS CONCRETS

RÈGLE

• Les mots de la langue peuvent être classés en différentes catégories selon leur sens.

• Les **noms concrets** désignent des objets ou des éléments que l'on peut toucher ou voir : *un pied, un brin d'herbe*. Les noms qui désignent des êtres humains ou des animaux sont aussi des noms concrets.

• Les **noms abstraits** désignent des éléments qui n'ont pas d'existence matérielle* comme les idées, les sentiments : *la gentillesse, le rêve*.

Les mots du jour

• Un **sentiment** : manière de penser, ce que l'on ressent.
• Une **devise** : phrase courte ou suite de mots qui expriment une pensée.
• **Symbolise** : du verbe *symboliser*, représenter une notion abstraite (idée) par quelque chose de concret (objet, animal).
• **Matériel** : (adj.) de la famille de *matière*, que l'on peut voir, toucher ou entendre.

143

Le sens des mots

V5 — Quel sens exact donner à un mot ?

PETIT PROBLÈME

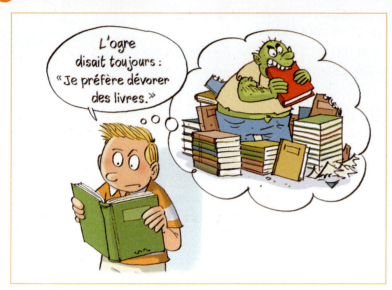

Construisons la règle

Règle p. 146

- Pourquoi Arthus ne comprend-il pas le texte ?
- Quels points communs et quelles différences peux-tu trouver entre le sens habituel du mot *dévorer* et celui qu'il a dans le texte ?

coup de pouce

QUEL SENS DONNER ?

Classe entière

Chaque groupe cherche des mots ayant un sens propre et un sens figuré (les joueurs peuvent vérifier dans le dictionnaire). Puis, il réalise un dessin qui sera présenté aux autres groupes en annonçant le mot illustré. Les autres joueurs devront expliquer les deux sens du mot.

TEST

Indique si le mot souligné est au sens propre (SP) ou au sens figuré (SF).

1. Le soleil réchauffe la maison.
2. Arthus est plongé dans son livre pour résoudre son exercice.
3. Manon a plongé dans la rivière.
4. L'été, j'aime prendre des bains de soleil.
5. Lucie joue dans le grand bain.

Entraînement

V5. Quel sens exact donner à un mot ?

Itinéraire A

1. Recopie les phrases et indique si le mot souligné est utilisé dans son sens propre (SP) ou figuré (SF).
a. La fouine* a dévoré les poules.
b. Manon est très curieuse : c'est une vraie fouine.
c. Le petit frère de Lili répète tout ce qu'elle dit : quel perroquet !
d. En Amazonie vivent des perroquets aux couleurs chatoyantes*.
e. Lili a raté son contrôle, elle est verte de rage.
f. Au printemps, les champs de blé sont verts.

2. Pour désigner une personne, on utilise parfois un nom dans son sens figuré. Relie comme il convient.

très méchant • • vipère
bavard • • roc
stupide • • tortue
malin • • flèche
très rapide • • pie
lent • • renard
fort, solide • • âne

3. Pour chaque adjectif, écris deux phrases : une utilisant son sens propre et l'autre utilisant son sens figuré.
gros - vert - sombre - large

4. Trouve l'expression* figurée qui correspond à chaque dessin. Associe ensuite chacune de ces expressions à son sens.

a. Se sauver d'une pièce. - b. Être bavard.

5. Complète les phrases avec un des mots suivants :
cochon, fourmi, chêne, escargot.
a. Arthus est très lent, c'est un véritable ... .
b. William s'est sali : quel ... !
c. Cet homme est très solide, c'est un ... .
d. Lili travaille énormément, c'est une vraie petite ... .

6. Utilise les mots de l'exercice précédent dans des phrases où ils auront leur sens propre.

Itinéraire B

7. Recopie les phrases et indique si les mots soulignés sont utilisés dans leur sens figuré (SF) ou dans leur sens propre (SP).
a. La girouette* est placée sur le toit, le vent la fait bouger.
b. Arthus a de la chance : il a du pot.
c. Arthus est un véritable petit diable.
d. J'ai croqué une pomme.
e. Elle est belle à croquer.
f. Camille change toujours d'avis, c'est une véritable girouette.

8. Recopie ces phrases contenant *prendre* dans la bonne colonne. Tu peux t'aider du dictionnaire.

Sens propre	Sens figuré
...	...

Lili prend son manteau. - Elle prend du sirop. - Arthus en colère a pris la porte. - L'architecte prend des mesures. - Fatiguée, Lili se prend la tête entre les mains. - Son frère lui a dit : « Le bébé a pris du poids. »

9. Explique le sens de chaque expression.
a. En tête de phrase. - b. Faire la tête. - c. La tête de classe. - d. Ne pas avoir de tête. - e. Lili a une tête de plus que Camille. - f. Arthus a perdu la tête.

10. Souvent les couleurs sont associées à des sentiments. Relie comme il convient et retrouve l'expression d'origine.
Ex. : jaune et contrarié → rire jaune

rouge • • peur
vert • • colère
noir • • être heureux
rose • • être contrarié
jaune • • tristesse

11. Retrouve le sens propre des mots soulignés et écris une phrase que tu pourrais employer en géographie.
a. Un climat de confiance règne dans cette classe.
b. Le peintre n'en croyait pas ses yeux, il apercevait un océan de verdure.
c. Mon père est en colère, il y a de l'orage dans l'air !

V5. Quel sens exact donner à un mot ?

○ As-tu bien compris ?

VRAI ou FAUX ?
1. Dans le dictionnaire, le sens figuré est signalé par l'abréviation *fig*.
2. Les verbes peuvent avoir un sens figuré.
3. Tous les mots ont un sens propre et un sens figuré.
4. Le sens propre est le sens premier du mot.
5. Le sens figuré d'un mot exprime une comparaison.

Ces expressions sont-elles au sens figuré ?
6. Lili est maligne, c'est *une fine mouche*.
7. Arthus a *la tête dans les nuages*.
8. « Quelle *faim de loup* ! » dit l'ogre.
9. Marion se *creuse la cervelle*.
10. « *J'ai faim* », dit le loup en avalant le premier petit cochon.

récréation

APPÉTITS FÉROCES !
Complète ces expressions qui sont toutes en rapport avec la nourriture.

avoir une faim de …
avoir l'estomac dans …
avoir un appétit …

loup – les talons – d'ogre

✺ AUTOUR DES TEXTES

• **Relève et explique les expressions au sens figuré.**
• **Imagine la suite de l'histoire en utilisant des mots ou des expressions au sens figuré.**

Jojo n'avait pas froid aux yeux.

Quand les autres se faisaient un sang d'encre pour un devoir mal fait.

il gardait son sang-froid.

D'après *Jojo sans peur*, Bruno Heitz, © Circonflexe.

○ LE SENS PROPRE ET LE SENS FIGURÉ

○ Les mots du jour

• Une **fouine** : petit animal carnivore.
• **Chatoyant** : (adj.) vient de *chatoyer*. Changer de couleurs avec la lumière.
• Une **expression** : groupe de mots employés ensemble et qui ont un sens particulier.
• Une **girouette** : plaque de métal placée au-dessus d'un toit pour indiquer la direction du vent.

RÈGLE

Un mot peut avoir plusieurs sens.
• Le **sens propre** est le sens habituel du mot :
Les cochons se roulent dans la boue. (Le mot *cochon* désigne l'animal.)

• Le **sens figuré** indique qu'il y a une comparaison :
Quel cochon, cet enfant ! (Le mot *cochon* désigne une personne sale, car on pense que les cochons sont sales.)

• Certains dictionnaires indiquent le sens figuré par l'abréviation *fig*.

146

La formation des mots

V6 — Comment reconnaît-on les mots de la même famille ?

✹ PETIT PROBLÈME

Ma maîtresse m'a demandé de ranger ma boîte à mots par familles. Que penses-tu de mon rangement ? Aide-moi à le finir.

Mots au tableau : terre, atterrir, banane, banal*, bananier
Mots épars : déterrer, fleuve, fleuriste, fleur, enterrement, bananeraie, fleurir

Règle p. 149

✹ Construisons la règle

- As-tu apporté des changements au classement d'Arthus ? Lesquels ? Pourquoi ?
- As-tu pu classer tous les mots par familles ? Si non, pourquoi ?
- Quels points communs ont les mots d'une même famille ?

Coup de pouce

Le **poissonnier** est une personne qui vend des **poissons** dans une **poissonnerie**.

DES FAMILLES FANTAISISTES

Classe entière

Chaque joueur cherche un nom et deux mots de la même famille qu'il note sur une ardoise. Le premier dit le nom à haute voix. Les autres doivent donner des mots qui lui ressemblent, mais qui n'appartiennent pas à la même famille. *Exemple : chatte → château, châtain.* Le premier joueur indiquera ensuite les mots de la même famille. *Exemple : chatière, chaton.*

✹ TEST

Réponds à la question par le mot de la même famille.

1. Comment appelle-t-on la *maison des poules* ?
2. De quel verbe vient le mot *sauterelle* ?
3. Quel verbe appartient à la famille des mots *écrivain, écriture, écriteau* ?
4. Quel nom peux-tu ajouter à cette série : *laitage, laiterie, allaitement* ?
5. Quel mot désignant un légume appartient à cette famille : *terrestre, enterrer, atterrissage* ?

Entraînement

V6. Comment reconnaît-on les mots de la même famille ?

Itinéraire A

1. Relie les mots de la même famille

germination • • expérimenter
plantation • • observer
expérience • • reproduire
observation • • germer
reproduction • • plante

2. Recopie chaque série en barrant l'intrus.
a. neige - neigeux - nuage - enneiger - enneigement
b. rosette - rosier - roseraie - roseau - rose

3. Classe les mots suivants dans la colonne correspondante.

Famille de *nourrir*	Famille de *nouveau*
...	...

nourriture - nouveauté - renouvellement - nourrissant - nutrition - nouvelle

4. Recopie chaque famille de mots et entoure le radical. *Ex. : dé(règle)r*
a. règle - règlement - dérèglement - régler - réglementation
b. sursaut - saut - sautoir* - sauterelle - sautiller

5. Complète chaque famille par trois mots. Tu peux t'aider de ton dictionnaire.
a. laver, délavé...
b. écrire, écriture...

6. Complète le texte avec des mots de la famille de *panne*.
Catastrophe ! Ma voiture est en ... ! Je téléphone au garagiste pour qu'il m'envoie une ... et remorque ma voiture jusqu'à son atelier, afin qu'il puisse me ... .

7. Recopie les mots de la famille d'*oiseau* **et emploie chacun d'eux dans une phrase.**
oiseleur* - oie - oisillon - oisellerie - oignon

Itinéraire B

8. Relie les mots de la même famille.

segment • • triangulaire
triangle • • segmentation
unité • • résoudre
calcul • • unitaire
solution • • calculer

9. Recopie chaque série en barrant l'intrus.
a. histoire - historique - historien - hit-parade - préhistoire
b. souffrir - souffrant - soufre - souffrance - souffre-douleur
c. camp - campement - campanile - campeur - camping

10. Classe les mots suivants dans la colonne correspondante.

Famille de *vent*	Famille d'*inventer*
...	...

invention - venter - paravent - inventeur - ventilation - venteux

11. Classe les mots de ces familles selon leur nature grammaticale. Tu peux t'aider de ton dictionnaire.

Verbe	Nom	Adjectif
...	...	...

connaître - connaissance - reconnaissance - connu - reconnaissable - connaisseur - inconnu - méconnaître - table - tablier - tablée - s'attabler - tablette

12. Recopie chaque famille de mots et entoure le radical.
a. terrine - atterrir - déterrer - enterrement - atterrissage
b. prison - emprisonner - prisonnier - emprisonnement
c. éditer - édition - éditeur - éditorial

13. Complète ces mots par trois mots de la même famille. Tu peux t'aider de ton dictionnaire.
changer - école

14. Recopie les mots de la famille de *penser* **et emploie chacun d'eux dans une phrase.**
pension - penseur - dépenser - pensif - pensée - pense-bête

148

V6. Comment reconnaît-on les mots de la même famille ?

As-tu bien compris ?

VRAI ou FAUX ?
1. Pour réunir les mots d'une même famille, on cherche leur sens commun.
2. Les mots d'une même famille ont tous la même nature grammaticale.
3. Tous les mots qui se ressemblent appartiennent à la même famille.
4. Les mots d'une même famille ont une partie commune : le radical.
5. Le dictionnaire peut aider à retrouver les familles de mots.

Y a-t-il un intrus dans chaque famille de mots ?
6. jouet - joueur - joue - jouer
7. château - châtaigne - châtelain
8. invention - inventer - inventeur
9. danse - danseur - danser - danseuse
10. soleil - ensoleillé - ensoleillement - sol

Récréation

RÉBUS

Quelle famille de mots peux-tu reconstituer ? Quel est l'intrus ?

 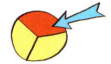

— famille de chat : chaton (chat - thon) — châtière (chat - tiers) — pacha (pas - chat) est l'intrus

AUTOUR DES TEXTES

1. Il était fort petit, et quand il vint au monde, il n'était guère plus gros que le pouce, ce qui fit qu'on l'appela le Petit Poucet.
2. Il vint une année très fâcheuse, et la famine fut si grande que les parents se désolèrent et dirent : « Quelle douleur ce serait de les voir mourir de faim. »
3. Le père dit : « Tandis qu'ils s'amuseront à fagoter, nous n'avons qu'à nous enfuir sans qu'ils nous voient ». […] Le bûcheron se mit à couper du bois et ses enfants à ramasser les petites branches pour faire des fagots*.
4. L'ogre avait sept filles, qui n'étaient encore que des enfants. Ces petites ogresses avaient toutes le teint fort beau, parce qu'elles mangeaient de la chair fraîche comme leur père.

D'après *Le Petit Poucet*, Charles Perrault.

• Dans chacun des ces quatre extraits du *Petit Poucet*, retrouve les mots de la même famille et indique pour chacun sa nature (nom ou verbe).

LES FAMILLES DE MOTS

RÈGLE

• Une **famille de mots** est un groupe de mots ayant une partie commune et qui évoque la même idée :
poule - poulailler - poulet.

• Cette partie commune est appelée le **radical**. Attention, l'orthographe du mot peut parfois être trompeuse.
Invention n'appartient pas à la famille de vent.

Les mots du jour

• **Banal** : (adj.) commun, sans originalité.
• Un **sautoir** : très long collier.
• Un **oiseleur** : personne qui vend des oiseaux.
• Un **fagot** : ensemble de petites branches.

La formation des mots

V7 Comment les mots sont-ils construits ?

PETIT PROBLÈME

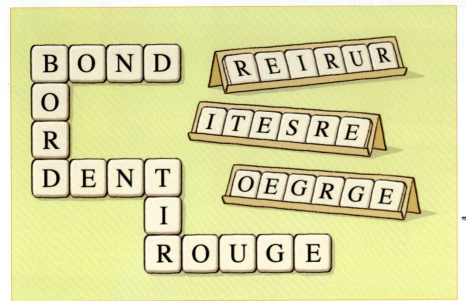

Joue avec moi ! En utilisant les lettres proposées, on peut compléter tous les mots pour en construire de nouveaux.

Construisons la règle

- Quels mots as-tu trouvés ?
- Où as-tu placé les lettres pour construire ces nouveaux mots ?
- Les mots que tu as trouvés sont-ils tous construits de la même manière ? Justifie ta réponse.

Règle p. 152

Coup de pouce
cerf-volant
vol
envoler
voler

DEVINETTE

4 joueurs

Chaque joueur pense à un mot composé. *Exemple : pomme de terre, arc-en-ciel*. Il le décrit sans le nommer aux autres participants. Le joueur qui trouve la bonne réponse propose à son tour sa devinette. Pour limiter le temps, on peut utiliser un sablier ou donner un indice (par exemple, l'initiale de chaque mot).

TEST

Dans chaque phrase, encadre le nom simple et souligne le nom construit.
1. Je cherche mon taille-crayon et ma gomme.
2. Le parachutiste a fait une mauvaise chute.
3. Les bandits ont ouvert les coffres-forts.
4. Le journal est livré chaque matin.
5. « À l'abordage* ! » cria le pirate.

Entraînement

V7. Comment les mots sont-ils construits ?

Itinéraire A

1. Écris le mot de base de chaque famille.
a. solaire - solarium - soleil - ensoleiller - parasol
b. fourneau - fournil - four - enfourner
c. flotter - flotte - flot - flotteur - flottille

2. Recopie le texte et souligne les noms qui ont un radical commun.
La culture traditionnelle est de moins en moins pratiquée. L'agriculteur a changé ses méthodes, il pratique une agriculture intensive.

3. Ajoute -er ou -ir pour former des verbes.
camp - fin - port - jet - chant - rôt - cher

4. Associe les étiquettes pour former des mots composés. Une même étiquette peut servir plusieurs fois.
Ex. : chien / loup ➜ un chien-loup.
porte   chou   oiseau   bateau   monnaie   plume
fleur   mouche   bagages

5. Recopie le mot en fonction de sa construction dans le tableau.

Mot composé	Élément ajouté avant	Élément ajouté après
...	**re**partir	bond**ir**

malheureux - ventilation - paysage - partage - violoniste - gazeux - sursaut - passe-montagne - pare-brise - enlever - revenir

6. Recopie les mots suivants et entoure le radical.
Ex. : (pass)er - (pass)age - dé(pass)er.
a. décoller - collage - coller
b. portail - portier - porte
c. mille - milliard - million

7. Associe le verbe conjugué (a) au nom (b) afin de former des mots composés.
Ex. : porte et plume ➜ un porte-plume.
a. casse - ouvre - tire - porte - vide
b. grenier - noisettes - serviette - boîte - bouchon

8. Trouve des mots composés construits avec *sous*. Tu peux t'aider du dictionnaire.
Ex. : sous-sol.

Itinéraire B

9. Entoure le radical des mots suivants.
a. plumage - plumier - plumeau - plumer
b. pile - pilier - empiler - pilotis*
c. passager - dépasser - passeport - passage
d. formation - former - déformation - formalité*

10. Recopie le texte, souligne les mots de la même famille et entoure le radical commun.
Les marchands gaulois vendent leurs marchandises dans tout l'Empire romain. La Gaule s'enrichit.

11. À partir de ces mots simples, ajoute des éléments pour former des mots nouveaux.
saut - frein - pot - jour - mètre

12. Retrouve le nom composé de ces animaux.

a   b
c   d

13. Voici des mots de la famille de *porter*. Classe-les dans un tableau à trois colonnes selon leur construction. Donne un titre à chaque colonne.
emporter - déporter - exporter - porte-bonheur - remporter - porte-monnaie - porte-bagages - portable - portant - porte-clés

14. Forme des mots composés en ajoutant le verbe conjugué aux mots suivants : *noix, clés, poche, barrière, parole, cou, malade*.
porter - garder - casser - vider

15. Trouve des mots composés construits avec *arrière*. Tu peux t'aider de ton dictionnaire.

16. Avec ton voisin, lancez-vous un défi ! À celui qui trouvera le maximum de mots de la famille de *libre* et de *composer*.

V.7. Comment les mots sont-ils construits ?

As-tu bien compris ?

VRAI ou FAUX ?
1. Pour construire un mot, on ajoute toujours des éléments au radical.
2. Un mot simple est un mot que l'on peut décomposer.
3. Pour construire un mot, on peut ajouter des éléments avant et après le radical.
4. À partir de deux mots simples, on peut construire des mots composés.
5. Le mot construit à partir du radical est toujours un nom.

Le mot simple est-il présent dans chaque série ?
6. chaudière - chaudement - chaudron - chaud
7. employer - employeur - emploi - employé
8. grand-mère - mère - arrière-grand-mère - belle-mère
9. rangée - rangement - déranger - arranger
10. droite - droitier - adroit - adroitement

AUTOUR DES TEXTES

Comment se fait-il qu'il y ait des chauves-souris ?

Une souris, désorientée, grimpa sur un clocher où une hirondelle avait fait son nid et lui demanda si elle voulait l'accueillir pendant quelques jours. L'hirondelle venait de perdre son mari et cela l'arrangeait bien que la souris lui tienne compagnie : cela lui permettrait de se changer les idées. Elle l'admit donc chez elle à la condition qu'elle l'aiderait à couver ses œufs. La souris accepta. Au bout de trois ou quatre jours, elle partit vivre sa vie ailleurs.

Quand les œufs furent éclos, il en sortit, au lieu d'hirondelles, des chauves-souris, c'est-à-dire des bêtes mi-souris et mi-oiseaux. La mère hirondelle mourut de honte. Le roi des oiseaux se chargea des oisillons, mais il les obligea à vivre le jour dans des grottes et des endroits cachés : ils ne pouvaient sortir que la nuit, pour que personne ne les voie et que la honteuse aventure de la pauvre hirondelle reste autant que possible secrète.

D'après *L'origine des bêtes*, Joan Amades, © Éditions Garae-Hesiode.

- Qu'est-ce qu'une chauve-souris d'après ce conte ? Comment explique-t-on l'apparition de cet animal sur la terre ?
- Cherche un nom composé d'animal et invente l'histoire imaginaire de sa création.

LA CONSTRUCTION DES MOTS

RÈGLE

- Il existe des **mots simples** qu'on ne peut pas décomposer* : *la mer, la fleur.*
- Il existe deux sortes de **mots construits** :
  - les mots construits à partir d'éléments que l'on ajoute avant et/ou après le mot de base ou le radical et que l'on appelle les **dérivés** : *bond → rebondir ; la terre → la terrasse.*
  - les mots construits à partir d'autres mots et que l'on appelle des **mots composés** : *une pomme de terre.*

Les mots du jour

- Un **abordage** : attaque d'un navire par des pirates. Cela vient de l'expression *être à bord d'un bateau*.
- Des **pilotis** : pieux enfoncés dans la terre sur lesquels on construit une maison.
- Une **formalité** : démarche administrative obligatoire.
- **Décomposer** : séparer les parties d'un mot ou d'un objet.

La formation des mots

V8 — Comment construire des mots nouveaux ? (1)

✱ PETIT PROBLÈME

Pour construire un mot nouveau, on peut ajouter un élément au début du mot. Relisez votre leçon sur la construction des mots.

| im / in / re / dé / ré | nouer* / faire / possible / suffisant / poli / donner / écrire / action / ouverture / apparition / nature / histoire / brûler |

À partir de ces deux colonnes, aide-moi à former le maximum de mots nouveaux.

✱ Construisons la règle

- Quels mots as-tu trouvés ?
- As-tu toujours réussi à construire des mots nouveaux ?
- Sinon, quels sont les mots que tu n'as pas modifiés ? Pourquoi ?
- Comment as-tu choisi l'élément que tu as ajouté au mot ?
- Le mot nouveau a-t-il toujours le même sens ? Donne des exemples.

Coup de pouce
~~défroidir~~
refroidir
~~reranger~~
déranger

RESTONS SIMPLES !

Chaque joueur prépare trois étiquettes sur lesquelles il écrit un nom, un verbe ou un adjectif commençant par *re-* ou *in-*. Toutes les étiquettes sont mélangées dans une boîte. Le premier joueur tire une étiquette et la lit à haute voix à l'ensemble de la classe. Celui qui trouve le premier le mot simple a gagné. C'est à son tour de tirer une nouvelle étiquette.
Exemple : redescendre → descendre / insoluble → soluble / imprudence → prudence.

✱ TEST

Souligne les mots construits avec un préfixe*.
1. Quelle incroyable histoire !
2. Il m'a traité d'imbécile !
3. Après son départ, j'ai rangé ma chambre.
4. Cette rédaction est illisible.
5. Je me dépêche de rentrer à la maison.

153

Entraînement

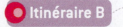

V8. Comment construire des mots nouveaux ? (1)

Itinéraire A

1. Recopie les mots en entourant le préfixe.
Ex. : (anti)*vol.*
repassage - débattre - imprécis - déranger - antipoison

2. Retrouve le mot de base correspondant au mot construit avec un préfixe.
Ex. : revenir → venir.
transporter - incapable - illisible - relier - triangle - décomposition

3. Trouve l'intrus dans cette liste de mots.
inactif - inattendu - incertain - incalculable - insolent

4. Construis de nouveaux mots en ajoutant le préfixe *in-*. Attention à l'orthographe.
Ex. : attendu → inattendu.
connu - buvable - pair - possible - patient - visible - prudent - divisible

5. Dans cette liste de mots commençant par *dé-*, écris ceux qui n'ont pas de préfixe.
Ex. : déçu → le mot « çu » n'existe pas.
débarras - démolition - dénoncer - déchirer - défi - démentir

6. Construis de nouveaux verbes en ajoutant le préfixe *re-*.
faire - poser - lire - mettre - prendre - lancer

7. Écris les verbes dans lesquels le préfixe *re-* ne signifie pas « faire une deuxième fois ».
relier - relire - reprendre - remarquer

8. Quel est le sens du préfixe *bi-* dans *bimoteur* ? Cherche quatre autres mots construits avec ce préfixe.

9. Avec ton voisin, continuez ce texte en utilisant un maximum de verbes commençant par le préfixe *re-*. Ensuite, vous pourrez le lire à vos camarades.
Catastrophe ! J'ai oublié mon cartable et mes cahiers ! Il va falloir que je refasse tous mes exercices. Je vais devoir…

Itinéraire B

10. Entoure le préfixe dans chaque verbe et explique son sens.
souligner - surligner - récrire - recopier

11. Classe les mots en deux colonnes, selon leur préfixe. Attention aux intrus ! Tu peux t'aider de ton dictionnaire.
bipède - bilatéral - trident - tribunal - bicolore - biberon - triomphe - trimestre - triangle - bimensuel

12. Associe les préfixes et les mots pour former de nouveaux mots.

- il •
- ir •

- • responsable
- • réalisable
- • lisible
- • lettré
- • réel
- • légalité

13. Trouve le verbe correspondant à chacun des noms suivants.
Ex. : relecture → relire.
reconduite - reconnaissance - redécouverte - recharge

14. Construis de nouveaux verbes en ajoutant le préfixe *dé-*.
passer - pendre - nouer - peigner - peupler - maquiller

15. Quel est le sens du préfixe *pré-* dans *préhistoire* ? Cherche quatre autres mots construits avec ce préfixe.

16. Cherche un maximum de mots construits avec un préfixe que tu utilises dans ces différents domaines : grammaire, sciences, histoire, sport.

17. Avec ton voisin, continuez ce texte en utilisant un maximum de mots commençant par les préfixes *in-, im-, il-, ir-*. Ensuite, vous pourrez le lire à vos camarades.
Je suis perdu… Impossible de me rappeler où je suis. Je suis en terrain inconnu…

V8. Comment construire des mots nouveaux ? (1)

As-tu bien compris ?

VRAI ou FAUX ?
1. Le préfixe se place à la fin du mot.
2. Le préfixe *in-* s'écrit *im-* devant -p et -b.
3. Le préfixe *bi-* signifie trois.
4. Tous les mots ont un préfixe.
5. Le préfixe change le sens du mot.

La définition convient-elle ?
6. *Refaire* : faire de nouveau.
7. *Déshabiller* : enlever des vêtements.
8. *Prémolaire* : dent placée après la molaire.
9. *Indivisible* : qui ne peut pas être divisé.
10. *Redire* : annoncer un événement qui va se produire.

Récréation

RÉBUS
Trouve le verbe représenté dans ce rébus.

dégeler

✹ AUTOUR DES TEXTES

Le narrateur assiste à un tremblement de terre.

Et, devant nous, la montagne s'est déchirée. Dans un bruit terrifiant, assourdissant, la pierre s'est brisée, elle s'est écartelée. D'immenses roches roulaient dans la vallée dans un fracas* interminable. Nous avions si peur que nous pleurions en nous étreignant. […] Puis, d'un coup les tremblements se sont arrêtés. Le sol s'est figé. Nous avons attendu un moment, immobiles, en retenant notre respiration, mais c'était bien fini. Le silence était revenu dans la vallée. […] Après quelques instants, le temps de retrouver nos esprits, nous avons parcouru notre contrée*. C'était abominable. Le tremblement de terre avait tout détruit. Partout dans la forêt, des arbres étaient tombés. […] Tout était détruit, et les animaux étaient partis. Notre monde si paisible, si tranquille, a été balayé d'un seul coup par une puissance dévastatrice. Aujourd'hui, tout est à refaire. Tout est à reconstruire.

D'après *Garuel et l'elfe fou*, Olivier Ka, © Éditions Sed.

• Relève les verbes des deux dernières phrases. Entoure le préfixe qu'ils ont en commun. Quel sens a-t-il ? À ton avis, pourquoi le narrateur utilise-t-il ces deux verbes ?

LES PRÉFIXES

RÈGLE

• Pour construire un mot nouveau, on peut ajouter un **préfixe** au **début** du mot de base. Il change le sens du mot : *faire* → *défaire, refaire*.

• Chaque préfixe a **un sens** et n'est pas choisi au hasard pour construire un mot nouveau. En voici trois : *re-* indique qu'on fait une action une deuxième fois : *recommencer, refaire* ; *in-* indique le contraire : *indifférent, impoli* ; *dé-* indique également le contraire : *défaire, déraisonnable, déranger*.

• Attention, il n'est pas toujours possible d'ajouter un préfixe à un mot existant.

Les mots du jour

• **Nouer** : appartient à la famille de *nœud*. Tu peux retrouver le -o dans les deux mots.
• Un **préfixe** : mot formé à partir de *pré-*, qui signifie *devant*, et de *fixer*, *accrocher à*.
• Un **fracas** : un bruit violent.
• Une **contrée** : une région.

La formation des mots

V9 — Comment construire des mots nouveaux ? (2)

◉ PETIT PROBLÈME

Ma maîtresse a classé ces couples de mots en deux colonnes. À ton avis, pourquoi ?

◉ Construisons la règle

• Dans chaque colonne, entoure la partie du mot qui a changé.
À quel endroit du mot se trouve-t-elle ?
• Dans quelle colonne peux-tu mettre un déterminant devant chaque mot ?
• Utilise chaque mot de l'autre colonne dans une phrase.
Que constates-tu ?
• La partie du mot qui ne change pas forme-t-elle toujours un mot complet ?

coup de pouce
Le **dent**iste soigne
   nom
les **dent**s.
   nom
Je **plonge** du grand
   verbe
plongeoir.
   nom

😊 ÉCRIRE, C'EST DIRE

Un joueur choisit un suffixe* et le dit à toute la classe. Les autres joueurs, en un temps limité, écrivent sur leur ardoise le plus de mots possibles contenant ce suffixe. Chacun annonce le nombre de mots trouvés. Celui qui en a trouvé le plus les énonce à la classe. Si toutes les propositions sont correctes, il marque un point par mot et choisit un nouveau suffixe. Mais s'il s'est trompé, il n'a aucun point et un autre joueur prend la parole.

◉ TEST

Complète chaque phrase par un mot construit avec un suffixe.
1. Cet homme pratique le *chant* : c'est un … .
2. Les animaux de la ferme *mangent* dans une … .
3. Le nom qui correspond au verbe *habiter* est … .
4. Les habitantes de l'*Italie* sont les … .
5. Les fruits du … sont les *pommes*.

Entraînement

V9. Comment construire des mots nouveaux ? (2)

Itinéraire A

1. Écris le mot de base.
Ex. : gentillesse → gentil.
montagne - jardinier - poulet - journal - hivernal - rondeur - filet - filmer - citronnade - chanteur

2. En ajoutant le suffixe -on ou -eau, trouve le nom des petits de ces animaux.
Ex. : chat → chaton.
baleine - chèvre - dindon - girafe - éléphant - âne - rat

3. Associe chaque adjectif à son verbe. Souligne le radical et entoure le suffixe.
a) cass(able) - b) réalisable - c) lisible - d) visible - e) critiquable - f) divisible
1) diviser - 2) lire - 3) voir - 4) casser - 5) critiquer - 6) réaliser

4. Ajoute le suffixe -ement aux verbes suivants pour construire des noms.
Ex. : ranger → rangement.
aligner - habiller - loger - échauffer - enlever

5. Ajoute le suffixe -age aux verbes suivants pour construire des noms qui désignent une action
Ex. : piloter → pilotage.
élever - plier - gaver - saler - jardiner - décoller

6. Trouve le nom construit avec le suffixe -ation correspondant au verbe.
Ex. : opérer → opération.
multiplier - inviter - fabriquer - autoriser - isoler - expliquer - former

7. Les suffixes -et et -ette signifient « plus petit que ». Écris le mot qui correspond à chaque définition.
Ex. : petite maison → maisonnette.
elle sert à allumer le feu - petite fille - jeune coq - petit jardin - elle permet d'attacher les cheveux

8. Qui sommes-nous ?
Nous nous terminons par *-tion* et désignons trois opérations mathématiques.

Itinéraire B

9. Entoure le suffixe et souligne le radical.
Ex. : opér(er) → opér(ation).
livreur / livraison - animer / animateur - déménager / déménagement - passer / passable - exploser / explosif - île / îlot

10. Trouve le nom des petits de ces animaux. Attention, certains ont une construction plus difficile.
chien - loup - oiseau - lapin - vache - souris - lion

11. Trouve l'intrus dans cette liste.
ruisselet - fléchette - belette - wagonnet - agnelet - tablette

12. En t'aidant de ton dictionnaire, trouve l'adjectif construit avec les suffixes -able ou -ible correspondant au verbe.
construire - prévoir - calculer - dénombrer - faire - expliquer - démontrer - rire

13. Ajoute les suffixes -ation ou -tion aux verbes proposés afin de former des noms désignant une action.
coloniser - dater - finir - abolir - unifier - punir

14. Repère l'intrus dans chaque série. Justifie ton choix.
a. passable - câble - postable - acceptable - variable
b. étirement - allongement - événement - aménagement
c. parution - variation - habitation - édition - lion

15. Écris l'adjectif à partir duquel le nom a été formé.
fraîcheur - impatience - fragilité - noirceur* - égalité - douleur - excellence

16. Retrouve pour chacun des mots suivants un mot qui contient les suffixes -ot ou -otte, qui signifient « plus petit que » ou « un petit peu ».
main - Pierre - pâle - vieille - petite - frère

17. Qui suis-je ?
Je me termine par *-tion* et désigne la première étape de la croissance d'une plante.

18. Avec ton voisin, inventez des devinettes comme dans l'exercice 17.

V9. Comment construire des mots nouveaux ? (2)

As-tu bien compris ?

VRAI ou FAUX ?
1. Le suffixe se trouve à la fin du mot.
2. Le suffixe ne change pas le sens du mot.
3. Le préfixe se place au début du mot et le suffixe à la fin.
4. Le suffixe change toujours la nature grammaticale du mot.
5. Le radical est un mot.

Les mots soulignés ont-ils un suffixe ?
6. un <u>champion</u> - un chaton - une opération
7. pâlot - un îlot - un <u>dépôt</u>
8. un plumet - Poucet - une <u>tablette</u>
9. cassable - réalisable - <u>impensable</u>
10. un découpage - un collage - une <u>image</u>

Récréation

LES SURNOMS*

Les personnages de contes ont souvent des noms formés à l'aide de suffixes. Par exemple, Cendrillon est appelée ainsi car elle dort dans les cendres. Retrouve l'origine des noms suivants :

Petit Poucet
Blanquette, la chèvre de monsieur Seguin
Porcinet et Bourriquet, les compagnons de Winnie

pouce - blanc - porc et bourrique

Autour des textes

La population

Même en dehors des déserts, les huit cents millions d'Africains sont inégalement répartis. Ils se sont rassemblés dans les parties les plus humides : les hautes montagnes d'Éthiopie, l'étroite vallée du Nil, les Grands Lacs et toute la zone équatoriale. De nos jours, ils se concentrent de plus en plus le long des côtes où se développent rapidement les plus grandes villes.

Atlas junior, D. Mendibil et M. Solonel, © Hachette Éducation.

• Cherche le nom des habitants de différentes zones géographiques (ville, pays, continent).
• Écris-les et entoure le suffixe.

LES SUFFIXES

RÈGLE

• Pour construire un mot nouveau, on peut ajouter un **suffixe** à la fin du mot de base ou du radical : *chat → chat**on** ; école → écol**ier**.*

• Le suffixe permet de construire des mots de **nature grammaticale différente** : *servir (**verbe**) → un servi**teur** (**nom**), servi**able** (**adjectif**).*

• Pour construire des noms, on utilise les suffixes : *-eur → un serv**eur** ; -ement → un déménag**ement** ; -tion, -ition ou -ation → une solu**tion**, une pun**ition**, une document**ation** ; -age → un pilot**age**.*

• Certains suffixes ne changent pas la nature grammaticale du mot mais son **sens** : *un garçon**net** est un petit garçon, un îl**ot** est une petite île.*

Les mots du jour

• Un **suffixe** : tu retrouves le radical *fixe*, comme dans *préfixe*.
• La **noirceur** : couleur noire, ou encore méchanceté.
• Un **surnom** : nom donné à quelqu'un à la place de son nom.

V10 Comment trouver des mots de sens proche ?

Le sens des mots

PETIT PROBLÈME

TEXTE 1

Il était une fois une petite fille de village, la plus jolie qu'on eût su voir ; sa mère en était folle, et sa mère-grand plus folle encore. Cette bonne femme lui fit faire un petit chaperon rouge, qui lui seyait si bien, que partout on l'appelait le Petit Chaperon rouge.

Un jour, sa mère, ayant cuit et fait des galettes, lui dit : « Va voir comme se porte ta mère-grand, car on m'a dit qu'elle était malade, porte-lui une galette et ce petit pot de beurre. »

Le Petit Chaperon rouge, in Contes de ma mère l'Oye, Charles Perrault.

TEXTE 2

Il était une fois une petite fille qui était si mignonne que tout le monde l'aimait. Sa grand-mère, qui la chérissait plus que tout autre, lui fit cadeau d'un capuchon de velours rouge ; il lui allait si bien qu'on l'appelait le Petit Chaperon rouge.

Un jour sa maman lui dit : « Petit Chaperon rouge, va voir comment va ta grand-mère. Il paraît qu'elle est malade. Apporte-lui de la galette et un petit pot de beurre. »

D'après *Le Petit Chaperon rouge*, Charles Perrault.

Observe ces deux versions* du *Petit Chaperon rouge* et repère les différences.

Construisons la règle

- Quelles différences remarques-tu ? Changent-elles le sens de l'histoire ?
- Écris les mots ou expressions qui ont été changés dans le texte n° 1 et, à côté, ceux qui les remplacent dans le texte n° 2.
- Dans le texte, le verbe *aller* est utilisé plusieurs fois. A-t-il toujours le même sens ?

Coup de pouce
Mère-grand est un nom ancien désignant la grand-mère.

Règle p. 161

COURANT OU FAMILIER ?

Certains mots appartiennent au langage familier. Le but du jeu consiste à retrouver leurs synonymes dans le langage courant. *Exemple : rigoler → rire, s'amuser.*

Chaque joueur écrit sur une première étiquette un mot familier et, sur une seconde, son synonyme en langage courant. Les étiquettes sont placées dans une boîte et mélangées. Un premier joueur tire une carte au hasard. Il doit préciser si le mot est familier ou courant, et donner dans tous les cas des synonymes en langage courant.

Classe entière

TEST

Choisis le synonyme qui convient.
1. Arthus *fait* du football. (*pratiquer - effectuer*)
2. Manon *fait* des confitures. (*cuisiner - préparer*)
3. Lucie *fait* 1,45 mètre. (*mesurer - paraître*)
4. William *fait* un cerf-volant en technologie. (*construire - pratiquer*)
5. Arthus *fait* la vaisselle. (*laver - lessiver*)

Entraînement

V10. Comment trouver des mots de sens proche ?

Itinéraire A

1. Relie les synonymes.

manger • • sans excès*
nourriture • • corps
carence • • se nourrir
équilibré • • alimentation
organisme • • manque

2. Recopie chaque série de synonymes et souligne l'intrus.
a. danger - risque - péril - tranquillité
b. grand - faible - gigantesque - énorme

3. Réunis les adjectifs de sens proche pour former deux séries.
Ex. : méchant - cruel - brutal.
beau - laid - hideux - affreux - magnifique - splendide - vilain - joli

4. Recopie chaque phrase en remplaçant l'adjectif *grand* par un des adjectifs suivants : *célèbre - haut - important - immense*. Attention aux accords.
Pasteur est un grand homme. - Lyon est une grande ville. - Versailles possède un grand jardin. - Ce basketteur remporte tous les matchs grâce à sa grande taille.

5. Recopie le texte en remplaçant les mots soulignés par des synonymes : *frapper - imiter - arriver - cabane - répondre.*
Le Loup ne fut pas longtemps à <u>parvenir</u> à la <u>chaumière</u> de la mère-grand ; il <u>heurte</u> : toc, toc […]
– C'est votre fille, <u>dit</u> le Loup en <u>contrefaisant</u>* sa voix.

6. Pour chaque couple de synonymes, recopie les mots dans la bonne colonne.

Langage courant	Langage familier
travail	*boulot*

livre / bouquin - copain / camarade - voiture / bagnole - se balader / se promener - gamin / enfant

7. Récris le texte en remplaçant les mots familiers par des mots courants.
Elle pue. Elle est moche. Elle a un gros pif. Je la vois tous les jours, j'ai envie de le lui dire.
La Chauffeuse de bus, Vincent Cuvelier, © Éditions du Rouergue.

Itinéraire B

8. Relie les synonymes et souligne les mots que tu pourrais utiliser en sciences.

maman • • venue au monde
bébé • • faire son nid
naissance • • mère
nicher • • s'ouvrir
éclore • • petit

9. Recopie chaque série de synonymes et souligne l'intrus.
a. drôle - amusant - comique - gai
b. réussite - succès - chance - victoire

10. Réunis les verbes de sens proche pour former trois séries.
parler - crier - chuchoter* - murmurer - dire - hurler - clamer - s'exprimer - parler à voix basse

11. Recopie les phrases en remplaçant le mot *petit* par un des mots suivants : *léger - jeune - minuscule - étroit*. Attention aux accords.
Cet enfant est trop petit pour savoir lire. - Cette pièce est petite. - Les Lilliputiens sont de petits êtres. - On entend de petits bruits dans le grenier.

12. Recopie le texte en remplaçant les verbes soulignés pour éviter les répétitions.
– Mêle-toi de ce qui te regarde, il m'a <u>répondu</u>.
– Justement, je lui ai <u>dit</u>, Aude est ma meilleure amie.
– Et alors ? il m'a <u>répondu</u>.
– Alors, laisse-la tranquille ! je lui ai <u>dit</u>.
Mon je-me-parle, Sandrine Pernusch, © Casterman.

13. Retrouve les couples de synonymes et classe-les en deux colonnes que tu nommeras.
pipi - blague - godasse - urine - plaisanterie - chaussure

14. Aide Arthus à choisir les formules de lettres qui conviennent pour chacun des destinataires.

A   B   C

Chers Parents – Bonjour, Madame – Salut
À très bientôt – Gros bisous – Je vous embrasse

V10. Comment trouver des mots de sens proche ?

As-tu bien compris ?

VRAI ou FAUX ?
1. Un synonyme est un mot qui a plusieurs sens.
2. Un mot peut avoir plusieurs synonymes.
3. On choisit le synonyme d'un mot en fonction de son sens dans la phrase.
4. Un mot familier s'emploie à l'écrit.
5. Le synonyme d'un mot courant peut être un mot familier.

Tous les mots de chaque série sont-ils des synonymes ?
6. maître - professeur - enseignant
7. trouver le résultat - trouver la solution - trouver la réponse
8. gentil - sympathique - beau
9. ranger - classer - trier
10. mettre sa veste - enfiler sa veste - garder sa veste

Récréation

MOTS MÊLÉS

Retrouve le mot livre dans ces mots mêlés et trois de ses synonymes.

bouquin - ouvrage - manuel - livre

AUTOUR DES TEXTES

Façons de parler

Papa, il est prof de français… Oh, pardon : mon père enseigne la langue et la littérature françaises. C'est pas marrant tous les jours ! Je veux dire : parfois, la profession de mon père est pour moi cause de certains désagréments.
L'autre jour, par exemple. En sciant du bois, je me suis coupé le pouce. Profond ! J'ai couru trouver papa qui lisait dans le salon.

– Papa, papa ! Va vite chercher un pansement, je pisse le sang ! ai-je hurlé en tendant mon doigt blessé.
– Je te prie de bien vouloir t'exprimer correctement, a répondu mon père sans même lever le nez de son livre.
– Très cher père, ai-je corrigé, je me suis entaillé le pouce et le sang s'écoule abondamment de la plaie.

Nouvelles histoires pressées, Bernard Friot, © Éditions Milan.

• Que fait le narrateur à chaque fois qu'il affirme quelque chose ? À ton avis, pourquoi ?

LES SYNONYMES

RÈGLE

• Certains mots peuvent être remplacés par d'autres mots qui ont le même sens ou un sens proche et qu'on appelle des **synonymes** :
mignonne *jolie* ;
faire des opérations *effectuer* des opérations.

• Les synonymes permettent souvent de préciser certains mots ou d'éviter les répétitions :
*Il **fait** du tennis.* → *Il **pratique** le tennis.*

• Connaître les synonymes permet de choisir les mots selon la personne à laquelle on parle :
*Ce fromage **pue**.* (langage familier) → *Ce fromage **sent mauvais**.* (langage courant)

Les mots du jour

• Une **version** : manière de raconter des événements.
• Un **excès** : en trop grande quantité. L'adjectif *excessif* désigne des choses qui dépassent la mesure habituelle.
• **Contrefaisant** : du verbe *contrefaire*, imiter, copier ; appartient à la famille de *faire*.
• **Chuchoter** : parler à voix basse. Le nom de la même famille est *chuchotement*.

Le sens des mots

V11 Comment dire le contraire ?

● PETIT PROBLÈME

savoir	heureux	beau
laideur	impoli	laid
ignorer	injuste	poli
juste	rangement	malheureux
beauté	tristesse	joie
	dérangement	

Aide-moi à compléter mon carnet de vocabulaire en associant les mots à leur contraire.

● Construisons la règle

- Comment as-tu fait pour réunir un mot et son contraire ?
- Essaie de classer les paires* de mots en justifiant tes choix.
- Le contraire d'un mot appartient-il toujours à la même famille ? Donne des exemples.
- Peux-tu constituer la paire *beauté / laid* ? Pourquoi ?

Règle p. 164

Coup de pouce
possible → **im**possible

😊 TITRES DÉTOURNÉS

Chaque joueur cherche un titre de conte, roman, fable ou chanson. Il le propose au groupe. Celui qui réussit à trouver le contraire a gagné. Exemple : *La Belle au bois dormant* → *La Laide à la ville éveillée* ; *Ali Baba et les quarante voleurs* → *Ali Baba et les quarante hommes honnêtes*. Si personne ne trouve le contraire, le joueur marque un point et propose un autre titre. Les joueurs peuvent chercher des titres dans le coin bibliothèque ou en BCD.

4 joueurs

● Test

Quel contraire ne convient pas ?

1. Le climat de cette région est *sec*. (*pluvieux - humide - mouillé*)
2. Les averses sont *rares*. (*fréquentes - nombreuses - abondantes*)
3. Les vents sont *violents*. (*doux - calmes - modérés*)
4. La région s'est *appauvrie*. (*enrichie - développée - étendue*)
5. Le taux de mortalité a *augmenté*. (*diminué - baissé - raccourci*)

Entraînement

V11. Comment dire le contraire ?

Itinéraire A

1. Écris les paires de contraires.
Ex. : propre / sale
vrai - triste - petit - méchant - faux - gai - grand - gentil

2. Trouve le contraire de chaque mot. Tu peux utiliser ton dictionnaire.
bavard - triste - aimer - prendre - rire - mâle - ville

3. Forme le contraire des mots avec les préfixes *in-* ou *anti-*.
vol - probable - intelligent - gel - possibilité - populaire - rides

4. Relie chaque mot à son contraire.
clair • • fermer
se taire • • parler
plein • • vide
ouvrir • • sombre

5. Relève les adjectifs qui ont un préfixe et entoure-le. Écris ensuite le contraire du mot.
incroyable - désagréable - aimable - malheureux - illisible - déraisonnable - courageux

6. Écris le contraire de chaque adjectif.
pauvre - éloigné - ancien - facile - fort - bas - court - chaud - léger

7. Remplace chaque mot souligné par son contraire.
Lili est <u>rapide</u>. - William est <u>chanceux</u>. - <u>Ferme</u> la fenêtre et <u>descends</u> à la cuisine. - Mes grands-parents habitent <u>en ville</u>. - Ce garçon travaille <u>régulièrement</u>.

8. Remplace chaque mot souligné par son contraire pour aider Arthus à se rendre chez son ami.
– Pour venir chez moi, c'est <u>difficile</u> ! J'habite <u>loin</u> de l'école. <u>À gauche</u> de chez toi, tu prendras la route qui passe <u>en dessous</u> du pont. Puis tu feras dix <u>pas de fourmi</u>, tu tourneras <u>derrière</u> la librairie et tu verras une <u>petite</u> maison <u>sans</u> portail : c'est là !

9. Avec ton voisin, choisissez cinq adjectifs de l'exercice 6 et leur contraire. Employez chaque paire de mots dans une phrase qui montrera leur différence.
Ex : Le lièvre court vite, il est <u>rapide</u>, alors que la tortue est <u>lente</u>.

Itinéraire B

10. Relie chaque mot à son contraire.
construire • • antidote*
cuit • • incertaine
poison • • cru
sur • • détruire
sûre • • sous

11. Trouve le contraire de chaque mot et précise sa nature grammaticale (adjectif, nom, verbe).
gros - chuchoter - ville - pluie - faire - sympathique - élève

12. À l'aide des préfixes *dé-* ou *dés-*, forme de nouveaux adjectifs.
agréable - intéressé - obéissant - tendu - congelé - ordonné - cousu - fait

13. Écris le contraire de chacun des verbes.
naître - maigrir - fleurir - croître - grandir

14. Écris un contraire de l'adjectif *fort* en fonction du sens de la phrase.
Lili est <u>forte</u> en calcul. - Le café est trop <u>fort</u>, je n'arrive pas à le boire. - Le boxeur est <u>fort</u>. - Arthus a collé ses images avec de la colle <u>forte</u>. - Hier, il a fait une <u>forte</u> chaleur. - Le chanteur possède une voix <u>forte</u>.

15. Voici de curieux conseils ! Rétablis le sens en utilisant le contraire qui convient.
<u>Laisser</u> les papiers par terre. - Faire tes devoirs en <u>allumant</u> la télé. - En sortant de l'école, rentrer <u>lentement</u> chez toi. - Avoir les mains <u>sales</u> avant de manger. - <u>Baisser</u> le doigt pour demander la parole.

16. Observe ces deux photos et décris tous les éléments qui s'opposent.

V11. Comment dire le contraire ?

As-tu bien compris ?

VRAI ou FAUX ?
1. Un nom a pour contraire un nom.
2. On peut fabriquer des mots de sens contraire en ajoutant un préfixe.
3. Tous les mots n'ont pas forcément de contraire.
4. Les mots de sens contraire appartiennent toujours à la même famille.
5. Le préfixe *re-* indique le contraire.

Les couples de mots sont-ils des contraires ?
6. récréation - création
7. récréation - travail
8. garçon - fille
9. malheureux - heureux
10. être au soleil - bronzer

Récréation

PAROLES ET GESTES

Trouve des couples de mots de sens contraire (assis / debout - devant / derrière).

Amuse-toi ensuite à les dire ou à les mimer* à tes camarades.

AUTOUR DES TEXTES

L'esprit de contradiction*

Anne (d'un ton joyeux)
– Aujourd'hui, je suis heureuse et j'ai envie de sortir toute la journée.
David (d'un ton triste)
– Eh bien moi, je suis malheureux et j'ai envie de rester à la maison.
Anne
– C'est dommage, car la journée est ensoleillée et le vent faible. La mer doit être chaude. Profitons-en !

David
– Je rêve d'une journée pluvieuse, de vent fort, de mer froide. J'aime les tempêtes !
Anne (d'un ton agacé)
– Et je suppose que si je te dis que j'ai envie d'adopter un petit chien blanc, tu préféreras un énorme molosse noir !

• Construis à ton tour un dialogue dans lequel les personnages se contrediront en utilisant des contraires.

LES CONTRAIRES

RÈGLE

• Les mots ne sont pas isolés, ils ont des relations de sens entre eux. Les mots qui ont un sens opposé sont appelés **contraires**.

• Le contraire d'un mot a **obligatoirement** la même nature grammaticale : *la laideur ≠ la beauté* (**noms**) ; *laid ≠ beau* (**adjectifs**) ; *enlaidir ≠ embellir* (**verbes**).

• On peut former le contraire d'un mot en lui ajoutant un préfixe :
– *in-* : *la justice ≠ l'**in**justice* ;
– *mé-* ou *mal-* : *la chance ≠ la **mal**chance / content ≠ **mé**content*.

Les mots du jour

• Une **paire** : ensemble de deux objets. À ne pas confondre avec *pair*.
• Un **antidote** : il permet d'annuler les effets d'un poison comme un contrepoison.
• **Mimer** : reproduire par des gestes ou imiter.
• Une **contradiction** : vient du verbe *dire*. Avoir *l'esprit de contradiction* signifie dire *le contraire*.

Dictées

VOCABULAIRE

V1 L'ordre alphabétique

Auto-dictée
L'escargot se cache sous une feuille de peuplier. La sauterelle saute sur une fleur. **La scolopendre frotte ses pattes.**

V2 Chercher dans le dictionnaire

Dictée à trous
Pour compléter ton abécédaire, ouvre ton dictionnaire et cherche un mot à la lettre correspondante. **Pense à observer le mot repère.**

V3 Les différents sens d'un mot

Dictée préparée
Pendant que je colorie ma carte de géographie, ma voisine range ses fiches d'histoire. **Notre rangée est très studieuse.**

V4 Noms abstraits, noms concrets

Dictée préparée
La sécheresse dure depuis plusieurs jours. Les plantes et les animaux souffrent de la soif. **L'herbe des champs jaunit.**

V6 Les familles de mots

Dictée à trous
Malgré le vent et les nuages, nous avons atterri sur la piste de l'aéroport. **Les voyageurs récupèrent leurs bagages.**

V7 La construction des mots

Dictée préparée
Les pirates attaquèrent le navire pour voler le trésor. Leur chef cria : « À l'abordage ! » **Les marins, très effrayés, tremblaient.**

V8 Les préfixes

Auto-dictée
Je rentre de l'école. Je dois refaire mes exercices, relire et récrire ma rédaction. **Mon petit frère me dérange.**

V9 Les suffixes

Dictée à trous
La fillette trouva une maisonnette entourée d'un jardinet. Elle entendit des petits miaulements plaintifs. **Un chaton maigrelet était perdu.**

V10 Les synonymes

Dictée à trous
Le chiot est né dans la niche, et les œufs ont éclos dans le nid. **Les mamans nourrissent leurs petits.**

V11 Les contraires

Auto-dictée
Je pleure pendant que tu ris, je n'ai vraiment pas de chance, je travaille. **Et toi, tu te reposes.**

V11 Les contraires

Dictée préparée
Hier, il faisait chaud et le sol était sec. Mais maintenant, l'averse est violente. **Quelle malchance, je suis trempé !**

Dictées

VOCABULAIRE

01 Les sons et les lettres
V1 L'ordre alphabétique

Dictée à trous
Au zoo, j'ai vu des autruches, des gorilles qui faisaient de drôles de sauts, **des koalas et des otaries.**

02 Les sons [s] et [z]
V2 Chercher un mot dans le dictionnaire

Dictée préparée
Je cherche le sens des mots compliqués qui me serviront pour mon exposé en histoire. **Mes camarades m'écouteront attentivement.**

03 Les sons [g] et [ʒ]
V3 Le sens des mots

Auto-dictée
Dans le jardin, le geai gazouille au-dessus du jet d'eau et les grenouilles coassent. **Je cueille des groseilles rouges.**

04 Le son [k]
V4 Noms abstraits, noms concrets

Dictée préparée
Les esquimaux pêchent des maquereaux avec leurs kayaks et chassent le phoque sur la banquise. **La chasse est une nécessité.**

05 Les accents sur le -e
V5 Le sens propre et le sens figuré

Dictée à trous
Les écoliers épellent les mots employés dans le texte. Ils repèrent le sens figuré des expressions, **afin de préparer la dictée.**

06 Le -m devant p, b et m
V6 Les familles de mots

Auto-dictée
Avec mes parents nous emménageons dans un nouvel appartement. Les déménageurs emportent nos meubles emballés. **Je porte mon ours préféré.**

07 Chercher l'orthographe d'un mot
V7 La construction des mots

Dictée préparée
Le loup affamé est malheureux. Il est impatient de capturer un agnelet pour son déjeuner. **La louve prépare la soupe.**

08 Les homophones
V8 Les préfixes

Dictée à trous
Les rennes ont faim. Impatients, ils courent dans la neige. Ils recherchent du pain dur **et des** pommes de pin.

09 Le féminin des noms
V9 Les suffixes

Dictée préparée
L'ogresse capture les garçonnets qui approchent de son habitation. Elle prépare alors sa cuisinière **et va chercher une allumette.**

010 Le féminin des adjectifs
V10 Les synonymes

Auto-dictée
Les pompiers dressent la grande échelle dans une rue étroite et sombre. Les gamins observent. **Ils parlent à voix basse.**

011 Le pluriel des noms et des adjectifs
V11 Les contraires

Dictée préparée
La jolie petite princesse avait de grandes tresses blondes et des joues roses et rebondies. **Elle portait une robe brodée.**

012 Les accords dans le groupe nominal
G3 L'accord sujet-verbe

Dictée à trous
Un roi et une reine voulaient attraper la chouette blanche car elle était une fée. **Les canards** sauvages la protégeaient.

CHAMPS LEXICAUX

CL1. Les mots de l'école . . . . p. 168

CL2. Les mots des cinq sens . . . . p. 170

CL3. Les mots du temps . . . . p. 172

CL4. Les mots de la maison . . . . p. 174

CL5. Les mots de mon manuel . . . . p. 176

CL6. Comment classer les mots ? . . . . p. 178

Enrichir ton vocabulaire

CL 1 — Les mots de l'école

Le Cancre

Il dit non avec la tête
Mais il dit oui avec le cœur
Il dit oui à ce qu'il aime
Il dit non au professeur
Il est debout
On le questionne
Et tous les problèmes sont posés
Soudain le fou rire le prend
Et il efface tout
Les chiffres et les mots
Les dates et les noms
Les phrases et les pièges
Et malgré les menaces du maître
Sous les huées des enfants prodiges
Avec des craies de toutes les couleurs
Sur le tableau noir du malheur
Il dessine le visage du bonheur.

Jacques Prévert, *in Paroles*, © Éditions Gallimard.

Ce poème évoque un lieu que tu connais bien. Lequel ? Recopie les mots qui te permettent de le trouver.

1. Les lieux de l'école

Relie chaque mot à sa définition.

cantine • • Tu y empruntes des livres.
cour de récréation • • Lieu où les élèves se rassemblent.
bibliothèque / BCD • • On y pratique des sports.
préau • • Tu y passes la plus grande partie de la journée.
gymnase • • Les élèves s'y détendent.
bureau de la directrice • • C'est là que toutes les décisions sont prises.
salle de classe • • Tu y déjeunes.

2. Ta classe

Dessine le plan de la classe sur ton cahier et complète avec les mots proposés. Tu peux ajouter des mots qui ne sont pas dans cette liste :
bureau du maître - tables - chaises - tableau - armoire - coin bibliothèque - ordinateurs.

3. Ta case

Écris les noms de tous les objets qui se trouvent à l'intérieur de ta case.

4. Tes cahiers

Explique à quoi servent ces différents cahiers.
Ex. : le répertoire
→ *J'y écris les mots par ordre alphabétique.*

a. cahier de textes ou agenda
b. cahier de brouillon ou cahier d'essais
c. carnet de liaison
d. cahier du jour
e. cahier de français
d. cahier de poésies et de chansons

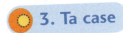

CL1. Les mots de l'école

5. Ce que tu apprends

Recherche dans ces mots mêlés les mots suivants :
anglais - arts - chimie - classer - écrire - géographie - géométrie - histoire - lire - poésie - règle - science - do - ré - mi - fa - sol - la - si.

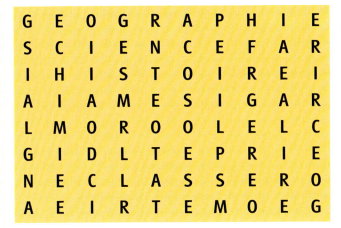

6. Le matériel

Réponds à ces devinettes. Attention, il y a parfois plusieurs solutions.
a. La maîtresse se sert de moi pour écrire au tableau.
b. Avec moi, les fautes disparaissent.
c. Tu nous utilises pour colorier.
d. Tu te sers de moi pour écrire.
e. Tu corriges avec moi.

7. Les différentes étapes de ta scolarité

a. Complète le texte avec les mots proposés :
collège - école élémentaire - faculté - lycée - maternelle.
De 3 à 6 ans, tu es allé à la … . Puis, tu es rentré au CP à l'… . Après le CM2, tu rentreras en 6ᵉ au … . Ensuite, tu iras au … . Enfin, tu iras peut-être à la … poursuivre tes études.

b. Associe ensuite à chaque lieu le nom correspondant : *collégien - écolier - étudiant - lycéen.*

8. Le personnel de l'école

Par groupe de quatre, menez l'enquête. Allez voir les différentes personnes qui travaillent dans l'école et, pour chacune d'elles, inscrivez son nom, sa fonction et son rôle.
Ex. : Élodie, maîtresse des CM2.

9. Une famille de mots

Complète les phrases avec les mots suivants :
école - écoliers - scolarisés - scolaires - scolarité.
a. En France, la … est obligatoire jusqu'à seize ans.
b. Arthus et ses camarades vont à l' … élémentaire.
c. Aujourd'hui, le maître donne les livrets … .
d. Lili et ses amis sont … à l'école Jules Ferry.
e. Arthus, Lili et William sont des … .

10. Jeu de mots

Comment s'appelle l'inspecteur ? Comprends-tu le jeu de mots ? Récris l'expression d'origine.
Quel arrangement avaient passé M. Ponque et le petit Spirou ?

D'après *Le Petit Spirou*, « Dis bonjour à la dame », Tom et Janvry, © Éditions Dupuis.

Enrichir ton vocabulaire

Les mots des cinq sens

Avec ton voisin, observez ces illustrations. Quels sont les sens qui sont représentés ? Justifiez votre réponse.

1. Un organe, un sens

Associe chaque organe au sens correspondant.
a) la langue - b) la peau - c) le nez - d) l'œil - e) l'oreille
1) l'ouïe - 2) le goût - 3) le toucher - 4) l'odorat - 5) la vue

Classe les verbes dans le tableau suivant.

La vue	L'odorat	L'ouïe	Le goût	Le toucher
…	…	…	…	…

goûter - sentir - entendre - écouter - voir - tâter - regarder - toucher - déguster - observer

2. Les cinq sens (1)

Complète cette comptine par un verbe à l'infinitif :
Ex. : J'ai deux mains pour toucher.
J'ai deux oreilles pour … .
J'ai un nez pour … .
J'ai deux yeux pour … .
J'ai une bouche pour … .

Tu peux ensuite comparer ce que tu as écrit avec ton voisin.

3. La vue

Indique quelle partie de l'œil désignent les mots suivants : *les cils - l'iris - la paupière - la pupille - le sourcil.*

4. Le toucher

Récris ces propositions dans le bon ordre.
Ex. : Quand je caresse un chat, c'est doux.
Quand je caresse un chat, ça chatouille.
Quand je touche une plume, c'est doux.
Quand je touche des épingles, ça brûle.
Quand je touche une bougie, c'est mouillé.
Quand je touche des glaçons, ça pique.
Quand je touche du sable quand il pleut, c'est froid.

CL2. Les mots des cinq sens

 5. Les cinq doigts de la main

Place le nom des doigts : *annulaire, auriculaire, index, majeur, pouce.*

 6. L'ouïe

a. Le nom *ouïe* vient du verbe *ouïr* qui signifiait *entendre* et qui n'est plus utilisé. Il a la même origine que le nom *audition* que tu connais. Complète chaque phrase par un mot de cette famille : *audition - auditif - auditeur - auditorium.* N'oublie pas le déterminant devant les noms !
Arthus se rend à … pour assister au concert. Ma grand-mère a … réduite. Ma sœur qui veut devenir artiste a passé … . Les sourds ont des troubles … . Cette station de radio a de nombreux … .

b. Les noms *pavillon, limaçon, marteau, enclume* et *étrier* sont des parties de l'oreille. Cherche dans ton dictionnaire l'autre sens de ces noms.

 7. L'odorat

Embaumer ou empester ? Cherche, puis recopie la définition de ces deux verbes. Ensuite, classe les verbes et expressions suivantes dans un tableau à deux colonnes.

Embaumer	Empester
…	…

sentir bon - puer - exhaler - empuantir - fleurer - sentir mauvais - aromatiser - parfumer

 8. Le goût

Cherche des aliments que tu placeras dans le tableau des saveurs.

Sucré	Salé	Acide	Amer
bonbon	*chips*	*vinaigre*	*endives*
…	…	…	…

 9. Les handicaps

Associe chaque mot à sa définition.
a) aveugle - b) sourd - c) manchot - d) muet
1) qui ne peut pas parler - 2) privé de l'un ou de ses deux bras - 3) qui n'entend pas - 4) qui ne voit pas.

 10. Les expressions

À ton avis, que signifient ces expressions ?
Les murs ont des oreilles. - Avoir les yeux plus grands que le ventre. - Avoir du nez. - Avoir un poil dans la main. - Avoir un cheveu sur la langue.

11. Les cinq sens (2)

Recopie les phrases en les complétant par un adjectif : *inodore - inaudible - invisible - insipide - rugueux.* **Attention aux accords !**
Je n'entends pas le message, il est … . - Ces roses n'ont aucun parfum, elles sont … . - Je n'aime pas marcher sur ces rochers … qui font mal aux pieds. - Lucie a oublié de mettre du sucre dans le gâteau, il est … . - Grâce à sa peau, le caméléon se rend … aux autres animaux.

Autour des textes

Tom est en voiture avec son papa et son chien.
« Les premiers tournants propulsent Lézieu sur mes genoux ; on a quitté le village […].
Autrefois, pour savoir le chemin, je comptais les virages. Pour être comme tout le monde. Maintenant je n'ai plus besoin. À leur forme, à la façon du chauffeur de les négocier, je pourrais vous dire exactement où l'on est. Là, ça se calme. Sur la grande ligne droite, on passe, sur la gauche, la bergerie aux oliviers. Il paraît que le paysage est magnifique. »
Sur le bout des doigts, Hanno, © Thierry Magnier, 2004.

À ton avis, de quel handicap Tom est-il atteint ? Relève les indices du texte qui te le prouvent. Qui est Lézieu ? Pourquoi s'appelle-t-il ainsi ?

Enrichir ton vocabulaire

 CL3 **Les mots du temps**

Par groupes de quatre, observez ces photographies. À quelle saison correspond chacune d'entre elles ? Justifiez vos réponses.

1. Les saisons

a. Classe les activités en fonction des saisons où elles sont pratiquées (automne, hiver, printemps, été).
skier - cueillir des cerises - cueillir du muguet - ramasser des marrons - faire de la luge - construire un bonhomme de neige - ramasser des coquillages - marcher dans les feuilles mortes
b. Associe ces quatre adjectifs aux saisons correspondantes. Emploie ensuite chacun d'eux dans une phrase.
printanier - hivernal - estival - automnal

2. L'année

a. En t'aidant du dictionnaire, associe chaque mot à sa définition.
a) mensuel - b) hebdomadaire - c) quotidien - d) trimestre - e) semestre - f) mois - g) année
1) période de 365 jours - 2) période de 30 jours - 3) période de 3 mois - 4) qui a lieu chaque semaine - 5) qui a lieu chaque mois - 6) qui a lieu chaque jour - 7) période de 6 mois
b. Recherche des titres de publications quotidiennes, hebdomadaires et mensuelles. Si tu trouves d'autres types de publications, note-les sur ton cahier.

3. La chronologie

a. Sur une ligne du temps, place les indications suivantes dans l'ordre chronologique.
Souligne ensuite en bleu tous les éléments qui renvoient au passé, en rouge au présent et en vert au futur.
a. la semaine dernière b. le mois prochain
c. aujourd'hui   d. demain
e. avant-hier   f. après-demain
g. hier

b. Recopie les verbes conjugués dans la colonne correspondante.

Hier	Aujourd'hui	Demain
...	...	...

je mangerai - tu dors - on chante - il prendra - elle courait - nous courions - vous courez - ils sont - elles étaient - je réfléchissais - tu liras - elle apprend - nous danserons

CL3. Les mots du temps

c. Dans ta classe ou dans ton manuel, il y a une frise chronologique. À quoi sert-elle ?
Dans l'adjectif chronologique, on trouve l'élément *chronos*, comme dans les noms chronomètre et chronologie. À ton avis, quel est son sens ?

 4. Le calendrier

a. *Septembre* était le septième mois du calendrier romain. Tu reconnais le radical *sept*. Les mois d'octobre, novembre et décembre correspondent au huitième, neuvième et dixième mois du calendrier romain.
Dans chaque nom, souligne le radical qui rappelle ces nombres et trouve deux autres mots de la même famille.

b. Les noms romains Junon, Jules et Auguste ont donné leur nom aux mois d'été. Écris le nom de chaque mois en l'associant à son nom d'origine. Recherche ensuite qui étaient ces personnages.

c. Les jours de la semaine sont formés sur des noms de planète. Relie chaque jour à sa planète.
Ex. : lune → lundi.

lundi	•	• Mars
mardi	•	• Saturne
mercredi	•	• Lune
jeudi	•	• Mercure
vendredi	•	• Jupiter
samedi	•	• Vénus

d. Avec ton voisin, répondez au questionnaire.
1. Quel jour aura lieu Noël ?
2. Et le 14 Juillet ?
3. Quand fêteras-tu la Sainte-Lucie ?
4. La Saint-Jean ?
5. Arthus va à la piscine tous les mardis et jeudis du mois de septembre. Combien de fois ira-t-il à la piscine ?
6. Lili aura 9 ans le 19 mars. Elle veut faire une fête avec ses amis le mercredi qui suit son anniversaire. Quelle date va-t-elle choisir ?
7. Liste les jours fériés du mois de mai. Combien y en aura-t-il ?
8. William part la semaine de mardi gras chez sa grand-mère. Donne la date du lundi.

Autour des textes

Hiver, vous n'êtes qu'un vilain ;
En témoin plaisant et gentil
En témoin de Mai et d'Avril
Qui l'accompagnent soir et matin.

Été revêt champs, bois et fleurs
De sa livrée de verdure
Et de maintes autres couleurs
Par l'ordonnance de Nature

Mais vous Hiver, trop êtes plein
De neige, vent, pluie et grésil ;
On vous dût bannir en exil.
Sans vous flatter je parle plain :
Hiver, vous n'êtes qu'un vilain.

Lis ce poème de Charles d'Orléans (1391-1465). À quelle saison s'adresse le poète ? L'apprécie-t-il ? Pourquoi ? Quelle est sa saison préférée ?

Enrichir ton vocabulaire

CL4 Les mots de la maison

En approchant, Hansel et Gretel remarquèrent que cette maisonnette était bâtie en pain et couverte de gâteaux, tandis que les fenêtres étaient de sucre transparent.
« Voici ce qu'il nous faut, dit Hansel, et nous allons faire un bon repas. Je vais manger un morceau du toit, Gretel ; toi, mange à la fenêtre, c'est doux. »
Hansel grimpa en haut et cassa un morceau de toit, pour essayer quel goût cela avait, pendant que Gretel se mit à lécher les carreaux. Tout à coup, une voix douce cria de l'intérieur :
« Liche, lache, lèchette !
Qui lèche ma maisonnette ? »
Et les enfants répondirent :
« C'est le vent qui lèche ainsi ;
c'est l'enfant du paradis. »
Et ils continuèrent à manger sans se troubler. Hansel, qui prenait goût à la toiture, en descendit un grand morceau, et Gretel arracha de la fenêtre une grande vitre ronde, s'assit et s'en régala.

Hansel et Gretel, les frères Grimm.

Quelle est la particularité de cette maison de conte de fées ?
Quelles parties de cette maison trouve-t-on dans une maison ordinaire ?

1. La maison

Associe chaque numéro à la pièce de la maison : *cave - salle de bains - cuisine - chambre - grenier - toilettes - salon - escalier - garage.*

2. Dans la cuisine

Complète les phrases avec les mots : *lave-linge - lave-vaisselle - chauffe-biberon - réfrigérateur - four - congélateur.*
Arthus range les couverts sales dans le …, tandis que Lili remet les yaourts dans le … . Maman fait chauffer le lait du bébé dans le … . Bébé, maladroit, a renversé son bol : il faut mettre ses vêtements dans le … . Pour le dîner, un gratin cuit dans le … et une glace attend dans le … .

3. Les points d'eau

Légende les dessins avec les mots suivants : *une baignoire - une cabine de douche - un évier - un lavabo.*

CL4. Les mots de la maison

4. Les rangements

Associe chaque mot à sa définition.
a) armoire - b) placard - c) bibliothèque - d) coffre - e) penderie - f) commode
1) Pour classer les livres. - 2) Pour conserver les aliments. - 3) Pour ranger les jouets. - 4) Pour suspendre les robes et les manteaux. - 5) Pour y ranger les draps et les serviettes. - 6) Pour y placer les vêtements.

5. Les animaux de compagnie

Réponds à ces devinettes.
a. Il miaule et il ronronne, c'est le ... .
b. Il est jaune et siffle dans sa cage, c'est le ... .
c. Il garde la maison et dort dans la niche, c'est le ... .
d. Très affectueux, il ronge toute la journée, c'est un ... *(2 possibilités)*.

6. Une famille de mots

Recopie les phrases en les complétant par un mot de la famille d'*habiter* : *habitat, habitation, habitant, habitable, habitacle, inhabité.* **Attention aux accords !**
Cette fusée a un ... réduit. - Mes parents ont aménagé le grenier pour le rendre ... . - Ce pavillon ... reste abandonné. - À cause de la déforestation, l'... des grands singes est menacé. - J'ai visité cet été des ... troglodytes. - Les ... sont de plus en plus nombreux dans notre ville.

7. Des habitations différentes

Recopie les noms suivants dans la colonne correspondante.

Habitations collectives	Habitations individuelles
...	...

appartement - bâtiment - bungalow - cabanon - chalet - cité - immeuble - pavillon - résidence - villa

8. Des habitations dans le monde

Associe chaque habitant à sa demeure. Puis, nomme chacune de ces habitations en t'aidant de la liste suivante : *un chalet - une ferme - une case - un igloo - un palais - un tipi.*

9. Les animaux de la ferme

Les animaux ont aussi des maisons. Retrouve pour chaque animal la sienne.
chien - vache - lapin - poussin - cochon - mouton
bergerie - clapier - étable - niche - porcherie - poulailler

175

Enrichir ton vocabulaire

CL5 Les mots de mon manuel

1

2

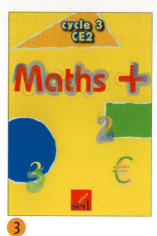
3

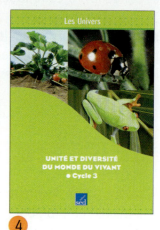
4

A

B

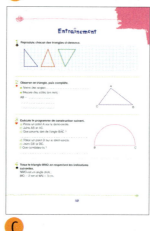
C

D

Associe chaque page à sa couverture et nomme les différents livres présentés.
Dans quel livre unique vas-tu trouver des explications concernant
les conjugaisons, le sens des mots et l'organisation des mots dans la phrase ?

1. Classe les notions dans les catégories suivantes.

Grammaire et conjugaison	Orthographe	Vocabulaire
...	...	...

le présent - sens propre - les synonymes - les compléments - l'accord dans le GN - l'accord des adjectifs féminins - le futur - l'imparfait - la ponctuation - le groupe verbal - le son [z] - les suffixes - les préfixes - les verbes du 1er groupe

2. Remets les mots suivants dans l'ordre alphabétique.

homophone - orthographe - infinitif - féminin - impératif - singulier - verbal - verbe

3. Recopie les mots qui contiennent un *h* muet. Indique, pour les autres mots, quel est le rôle du *h*.

alphabet - orthographe - homophone - phrase

CL5. Les mots de mon manuel

4. Associe chaque abréviation au mot, ou groupe de mots, qu'elle désigne.
a) n.f. - b) sing. - c) GN - d) CC - e) n.m. - f) 1re pers. du plur. - g) plur.
1) complément circonstanciel - 2) nom masculin - 3) pluriel - 4) nom féminin - 5) première personne du pluriel - 6) singulier - 7) groupe nominal

5. Pour chaque verbe, retrouve le nom de la même famille.
conjuguer - accorder - orthographier - ponctuer - compléter - dicter

6. Dans quelle partie du manuel trouveras-tu la réponse à ces questions ?
a) Comment écrire le son [o] ?
b) Quelle est la nature exacte du mot *les* ?
c) Comment conjuguer *être* au futur ?
d) Comment retrouver un mot du jour déjà étudié ?
e) Comment retrouver la page d'une leçon ?
f) Est-ce que le mot *alors* s'écrit avec un -s à la fin ?

1) sommaire - 2) liste des mots invariables - 3) tableau des sons - 4) tableau des déterminants - 5) tableau des conjugaisons - 6) index des mots du jour

7. Vrai ou faux ?
a) Un suffixe se place à la fin du mot.
b) Un mot invariable s'écrit toujours de la même manière.
c) Un synonyme indique le contraire du mot.
d) Il existe plusieurs sortes de compléments.
e) *Je, tu, il* sont des déterminants.
f) Le déterminant fait partie du groupe verbal.
g) L'adjectif fait partie du groupe nominal.
h) Le futur désigne les actions qui n'ont pas encore eu lieu.

8. En répondant à chaque définition, tu pourras trouver un mot utilisé dans ton manuel.
a) C'est lui qui détermine l'action.
→ V _ _ _ _
b) Qualificatif, il apporte des précisions au nom.
→ A _ _ _ _ _ _ _
c) Deux mots qui s'opposent.
→ C _ _ _ _ _ _ _ _ _
d) Deux mots qui sont de sens proche.
→ S _ _ _ _ _ _ _
e) Élément qui se place devant un mot pour en construire un nouveau.
→ P _ _ _ _ _ _
f) Contraire de féminin.
→ M _ _ _ _ _ _ _
g) Certains mots ont un sens propre et un autre sens. Lequel ?
→ F _ _ _ _ _

9. Pour chaque mot proposé, écris deux phrases où ce mot aura un sens différent. Une des deux phrases montrera le sens du mot dans ton manuel d'étude de la langue.
règle - tableau - index - nature - sens - temps

10. Recopie les mots qui peuvent avoir des natures différentes. Emploie chacun d'eux dans une phrase et indique sa nature.
sommaire - manuel - adjectif - son - présent - complément

11. La lettre qui figure sous chaque mot de la phrase suivante correspond à sa nature.
Ex. : Cet exercice amusant apprend la grammaire
       D   N   A   V   D   N
à de nombreux élèves.
P D   A   N

Invente des phrases à partir des formules proposées.

1. D + N + A + V
2. D + N + A + V + V + D + N
3. D + A + N + A + V + P + D + N + A

Enrichir ton vocabulaire

Comment classer les mots ?

🔸 PETIT PROBLÈME

Observe ces quatre ensembles de mots. Pourquoi les a-t-on classés de cette manière ?

🔸 Construisons la règle

- Quel est le point commun entre les mots de chaque ensemble ?
- Relève dans chaque sac le mot qui pourrait désigner le thème* de chaque ensemble ?
- Quelle est la nature des différents mots de chaque ensemble ?
- Quel est le point commun entre *auditif* et *audition*, *maîtresse* et *institutrice* ?

Coup de pouce

Chien
niche
laisse
aboyer
caniche

🔸 THÈME OU CHAMP* ?

Chaque joueur écrit sur des étiquettes soit le nom d'un thème, soit les mots d'un champ lexical* de son choix. Selon le tirage, les joueurs doivent indiquer quel est le thème du champ lexical proposé :
Ex. : père, parenté, divorcer, oncle…, le **thème** est la famille, ou donner des mots du champ lexical :
Ex. : sport, le **champ lexical** *est : sportif, ballon, stade, gymnase, etc.*
On compte un point par réponse juste. Celui qui a le plus de points a gagné.

🔸 LE CHAMP LEXICAL

Les mots peuvent être classés de différentes manières selon leur sens.

- Un **champ lexical** est un ensemble de mots qui se rapportent à un même **thème** : *la maison, l'école*.
- Les mots du champ lexical sont de **natures différentes** (noms, verbes, adjectifs) : *un cahier (nom) - enseigner (verbe) - scolaire (adjectif)*.
- Ils peuvent appartenir ou non à la même famille de mots : *une école - scolaire - une classe*.
- Ils peuvent également être synonymes : *une maîtresse - une institutrice*.

🔸 Les mots du jour

- Un **thème** : idée sur laquelle on parle ou on réfléchit. On peut aussi parler du thème d'une histoire.
- Un **champ** : désigne ici un ensemble de mots.
- **Lexical** : (adj.) vient du nom *lexique*, qui a pour synonyme *vocabulaire*.

Règle p. 178

Classe entière

RÈGLE

PAGES OUTILS

Tableau des principaux déterminants .... p. 180

Les homophones grammaticaux .... p. 181

Les mots que tu dois connaître .... p. 182

Glossaire des termes techniques .... p. 183

Index des mots du jour .... p. 184

Les principaux sons et leur écriture .... p. 186

Présent de l'indicatif .... p. 188

Imparfait de l'indicatif .... p. 189

Futur de l'indicatif .... p. 190

Passé composé de l'indicatif .... p. 191

Tableau des principaux déterminants

	GENRE (masculin ou féminin)	NOMBRE Singulier		NOMBRE Pluriel	
Articles indéfinis	masculin	un	un village (m. sing.)	des	des villages (m. pl.)
	féminin	une	une école (f. sing.)		des écoles (f. pl.)
Articles définis	masculin	le	le tableau (m. sing.)	les	les tableaux (m. pl.)
	masculin ou féminin	l'	l'école (f. sing.) l'avion (m. sing.)		les écoles (f. pl.) les avions (m. pl.)
	féminin	la	la classe (f. sing.)		les classes (f. pl.)
Déterminants possessifs	masculin	mon	mon jouet (m. sing.)	mes	mes jouets (m. pl.)
	féminin	ma	ma robe (f. sing.)		mes robes (f. pl.)
	masculin	ton	ton dessin (m. sing.)	tes	tes dessins (m. pl.)
	féminin	ta	ta gomme (f. sing.)		tes gommes (f. pl.)
	masculin	son	son vêtement (m. sing.)	ses	ses vêtements (m. pl.)
	féminin	sa	sa poupée (f. sing.)		ses poupées (f. pl.)
	masculin ou féminin	notre	notre voisin (m. sing.) notre idée (f. sing.)	nos	nos voisins (m. pl.) nos idées (f. pl.)
	masculin ou féminin	votre	votre dessin (m. sing.) votre trousse (f. sing.)	vos	vos dessins (m. pl.) vos trousses (f. pl.)
	marculin ou féminin	leur	leur crayon (m. sing.) leur amie (f. sing.)	leurs	leurs crayons (m. pl.) leurs amies (f. pl.)

Les homophones grammaticaux

Ce tableau va t'aider à ne plus confondre les mots qui se prononcent de la même manière et qui ont une orthographe différente. Observe bien les aides qui sont écrites en rouge.

a

Papa **a** dormi pendant une heure.
*Papa **avait** dormi pendant une heure.*

Il **a** invité ses amis.
*J'**ai** invité mes amis.*

Manon **a** mal à la tête.
*Manon **avait** mal à la tête.*

ont

Les enfants **ont** un cartable neuf.
*Les enfants **avaient** un cartable neuf.*

Ils **ont** de bons résultats.
*J'**ai** de bons résultats.*

Les hirondelles **ont** rejoint l'Afrique.
*L'hirondelle **a** rejoint l'Afrique.*

Dans tous ces exemples, tu as reconnu le verbe **avoir**.

à

Les parents offrent des cadeaux **à** Noël.
*Les parents offrent des cadeaux **pour** Noël.*

J'offre des jouets **à** mon petit frère.
*J'offre des jouets **aux** enfants.*

Le bateau nous conduit **à** Bastia.
*Le bateau nous conduit **vers** Bastia.*

on

Demain après-midi, **on** prendra le car.
*Demain après-midi, **nous** prendrons le car.*

On n'a jamais vu une tortue courir.
***Personne** n'a jamais vu une tortue courir.*

On nous a rangé nos livres.
***Quelqu'un** a rangé nos livres.*

est

Manon **est** une grande pianiste.
*Manon **était** une grande pianiste.*

Elle **est** en retard.
*Je **suis** en retard.*

La lettre **est** arrivée à huit heures.
*Les lettres **sont** arrivées à huit heures.*

sont

Ils **sont** arrivés ce matin.
*Nous **sommes** arrivés ce matin.*

Les enfant **sont** courageux.
*Les enfants **étaient** courageux.*

Les roses **sont** belles.
*Les roses **étaient** belles.*

Dans tous ces exemples, tu as reconnu le verbe **être**.

et

Le matin, Manon s'habille **et** déjeune.
*Le matin, Manon s'habille **et puis** elle déjeune.*

William aime le tennis **et** le rugby.
*William aime le tennis **et aussi** le rugby.*

Il ira à la piscine le mardi **et** le jeudi.
*Il ira à la piscine le mardi **ou** le jeudi.*

son

Son école a organisé une tombola.
***Ton** école a organisé une tombola.*

Arthus nourrit **son** cochon d'Inde.
*Arthus nourrit **un** cochon d'Inde.*

Léa a invité **son** grand-père pour **son** anniversaire.
*Léa a invité **ses** grands-parents pour **sa** fête.*

Les mots que tu dois connaître

à	derrière	me	sans
aller	deux	moins	se
alors	devant	ne	sens
après	dire	non	ses
au	du	notre	sous
aujourd'hui	elle	nous	souvent
aussi	en	on	sur
aussitôt	en ce moment	ou	ta/ton/tes
autrefois	encore	où	tout
avant	ensuite	oui	toujours
avant-hier	entendre	par	tu
avec	et	pas	un/une
bien	être	personne	vers
ce	faire	peut-être	votre
cela	faux	plus	vous
comme	hier	pour	vrai
comment	ici	pourquoi	y
dans	il	puis	
de	jamais	quand	
déjà	je	que	
demain	le/la/les/l'	quel/quelle	
depuis	leur	quelqu'un	
des	longtemps	qui	
dès que	lui	quoi	
dessous	ma/mon/mes	rien	
dessus	mais	sa/son/ses	

Glossaire des termes techniques

Pour t'aider à te rappeler le sens des mots utilisés dans ton manuel et leurs abréviations.

Accent : signe que l'on place sur certaines lettres pour en indiquer la prononciation.

Accord : on dit qu'il y a accord entre deux mots quand on retrouve le même renseignement de genre et/ou de nombre : *la petite fille / les petits chiens jouent.*

Adjectif qualificatif : mot qui complète le nom pour donner des informations supplémentaires.

Auxiliaire : *être* et *avoir* sont auxiliaires lorsqu'ils servent à former le passé composé.

Complément : fonction d'un mot ou groupe de mots qui complète le verbe ou le nom.

Complément circonstanciel (CC) : complément du verbe qui peut être supprimé et déplacé.

Complément d'objet (CO) : complément du verbe ni supprimable ni déplaçable. Il est construit directement (COD) ou indirectement (COI).

Conjugaison : ensemble des formes du verbe qui changent avec la personne et le temps.

Déterminant : petit mot qui précède un nom : *le, la, les, sa, ses...*

Féminin (f.) : un nom est féminin s'il peut être précédé du déterminant *la*.

Fonction : rôle d'un mot dans la phrase : *sujet, complément...*

Genre : il y a deux genres, le *féminin* ou le *masculin*.

Groupe nominal (GN) : groupe constitué d'un déterminant et d'un nom, et parfois d'autres mots.

Groupe verbal (GV) : groupe constitué d'un verbe et de ses compléments.

Homophone : mot qui se prononce de la même manière qu'un autre mot, mais qui s'écrit différemment : *paire / père.*

Infinitif : forme invariable du verbe que l'on trouve dans le dictionnaire.

Invariable : se dit d'un mot qui s'écrit toujours de la même manière.

Lettre : signe qui sert à noter les sons de la langue. Les 26 lettres constituent l'alphabet.

Masculin (m.) : un nom est masculin s'il peut être précédé du déterminant *le*.

Nature : catégorie grammaticale à laquelle appartient un mot : *nom, adjectif, verbe, déterminant, pronom.*

Nom : mot qui désigne un être ou une chose. Il existe des noms communs (*fille, robe*) et des noms propres (*Lucie, Paris*).

Nombre : on parle du nombre d'un mot pour indiquer qu'il est au singulier ou au pluriel.

Phrase : suite de mots ordonnés ayant un sens, commençant par une majuscule et se terminant par un point.

Pluriel (pl.) : un mot est au pluriel lorsqu'il désigne plusieurs personnes ou plusieurs choses.

Ponctuation : ensemble des signes (points, virgules, tirets, guillemets) qui organisent la phrase ou le texte.

Préfixe : élément ajouté au début d'un mot pour former un nouveau mot : *rechercher.*

Préposition : petit mot qui sert à relier certains compléments au verbe ou au nom : *à, de, vers...*

Pronom personnel : mot qui indique la personne dans les conjugaisons : *je, tu, il, elle* ou *on, nous, vous, ils* ou *elles.*

Radical : partie fixe d'un mot ou du verbe qui indique son sens et à laquelle on ajoute un préfixe et/ou un suffixe, ou la terminaison verbale : *atterrissage / il viendra.*

Singulier (sing.) : un mot est au singulier lorsqu'il désigne une seule personne ou une seule chose.

Suffixe : élément ajouté à la fin d'un mot ou du radical pour en former un nouveau : *renardeau.*

Sujet : fonction que l'on reconnaît en entourant le mot par « c'est... qui » : *c'est le chien qui aboie.*

Synonymes : mots de sens proches : *manger / se nourrir.*

Terminaison : élément ajouté au radical du verbe pour indiquer le temps et la personne : *il viendra.*

Verbe : mot qui varie en fonction du temps et du sujet : *je viendrai / les enfants viennent.*

Index des mots du jour

Abécédaire, 134
Abordage, 152
Abréviation, 137
Adjectif, 49
Admiratif, 81
Adverbe, 63
Alphabet, 137
Amateur, 22
Antidote, 164
Aristocrate, 99
Asexué, 46
Athlète, 81
Aujourd'hui, 102

Banal, 149
Banquet, 46
Bécasse, 52
Bleu, bleue, 123
Bonbonnière, 111
Butiner, 69

Caractère, 140
Carnivore, 34
Cédille, 99
Chaleureux, 49
Champ, 178
Chatoyant, 146
Chorale, 114
Choriste, 114
Chorégraphie, 105
Chuchoter, 161
Cisailler, 137
Cobaye, 96
Cohue, 52
Coing, 117
Commenter, 72
Commode, 63
Comploter, 43
Comte, comtesse, 117
Concert, 87
Confortable, 40
Conquérir, 46
Contrée, 155
Contradiction, 164

Contrefaire, 161
Coordonné, 55
Corbeille, 25
Couvent, 31
Craindre, 60

Décliner, 63
Décomposer, 152
Devise, 143
Doux, 123

Embellir, 90
Embouchure, 40
Embrasser, 111
Émettre, 55
Enchanteur, 123
Enseigner, 140
Éolienne, 40
Épanoui, 75
Épeler, 126
Épouser, 43
Équateur, 129
Équatorial, 129
Estragon, 84
Étalon, 31
Événement, 108
Exact, 105
Excès, 161
Exemple, 108
Exotique, 140
Expression, 146
Exquis, 19

Face, 81
Fagot, 149
Famine, 28
Faon, 96
Farfelu, 87
Fauconnier, 66
Féminin, 120
Feu, 126
Fiction, 90
Folklorique, 129
Fonction, 37

Formalité, 152
Fouine, 146
Fracas, 155
Franchir, 63

Gendarme, 102
Girouette, 146
Gouffre, 72
Gouverner, 43
Gravir, 75
Guignol, 102
Gymnase, 102
Gymnastique, 102

Herbivore, 34
Hiberner, 114
Homophone, 117
Hôte, 37

Identifier, 22
Impatient, 81
Improvisation, 25
Insectivore, 34
Invariable, 60
Inventaire, 134

Jadis, 84
Jean, 75
Jonquille, 66
Journal, 102
Judicieux, 126

Kaki, 105

Langoureux, 87
Légende, 19
Lexical, 178
Lunette astronomique, 37

Mais, 99
Maïs, 99
Manuscrit, 49
Marelle, 66
Matériel, 143

Médiéval, 49
Migrateur, 84
Mime, 90
Mimer, 164
Monceau, 111
Montgolfière, 22
Morcelé, 137
Motard, 78

Négliger, 31
Néolithique, 16
Noirceur, 158
Noire, 31
Nouer, 155
Nuire, 52

Oiseleur, 149
Ombres chinoises, 90
Omnivore, 34
Opéra, 46

Paire, 164
Paroi, 78
Patiner, 72
Pédalo, 55
Permutation, 84
Pétrir, 75
Phasme, 69
Philatéliste, 114
Pilotis, 152
Planeur, 19

Pluvieux, 129
Pneu, 126
Poli, 16
Pollen, 60
Ponctuation, 16, 25
Portail, 126
Poussine, 120
Prédateur, 108
Préfixe, 155
Printemps, 111
Putois, 120

Quintal, 105

Rébus, 16
Reconstituer, 19
Record, 78
Règlement, 28
Relier, 158
Renfrogné, 55
Réverbère, 63
Rhinocéros, 114
Rhubarbe, 140
Rigolade, 96
Roucouler, 72
Roux, 123
Royaume, 43

Sablier, 28
Sautoir, 149
Scolopendre, 134

Sécateur, 66
Second, 102
Sentiment, 143
Serpentaire, 134
Suffixe, 158
Surnom, 158
Symboliser, 143
Système solaire, 22

Tain, 87
Théâtre, 96
Thème, 178
Ticket, 105
Tirer d'affaire, 78
Tradition, 60
Trisomie, 52
Tsunami, 37

Vaincre, 69
Variante, 28
Vaurien, 117
Version, 161
Veuf, 120
Vignette, 25
Virelangue, 108
Vitrine, 40
Vivarium, 69

Les principaux sons et leur écriture

Les voyelles

On entend	On écrit	Exemple
[a]	a	banal
[ə]	e	fenouil
[e]	é	contrée
	er	printanier
[ɛ]	e	basket
	è ou ê	poussière, être
	ai	mais
	ei	enseigner
[i]	i	licorne
	y	typographie
[o] [ɔ]	o	synonyme/sotte
	au	aujourd'hui
	eau	chapeau
[y]	u	suffixe
[ø]	eu	judicieux
[œ]	eu	prédateur
[u]	ou	doux
[ã]	an	pantalon
	en	gendarme
	am devant p et b	ampoule
	em devant p, b et m	temps
[ɛ̃]	in	printemps
	im devant p, b et m	impossible
	ain	main
	ein	terre-plein
	un, se prononce aussi [œ̃]	un
[ɔ̃]	on	bonbon
	om devant p et b	décomposer
[w]	oi	doigt
[j]	i	bien
	y	yack
	il	soleil
	ill	cédille

Pour t'aider à trouver dans le dictionnaire les mots qui commencent par les sons :
- [a], [e], [i], [y], cherche à la lettre correspondante (a, e, i, u) ou à la lettre h.
- [ɛ], cherche à e, ai ou, plus rarement, à haï.
- [ɛ̃], [ɔ̃], cherche à in, im, on, om. Un mot commence par ain (ainsi) et quelques-uns par h.
- [ã], cherche à en, an, am, em, am et, plus rarement, à h.
- [o], cherche à o, au ou à h.
- [œ] ouvert et fermé, cherche à eu, œ, œu et h.

Les consonnes

On entend	On écrit	Exemple
[b]	b	bleu
[d]	d	dictionnaire
[f]	f, ff	féminin, effort
	ph	philatéliste
[g]	g devant a, o et u	englober, gorille
	gu devant e et i	guépard
[ɲ]	gn	peigne
[ʒ]	j	jeu
	g devant e, i et y	gymnase
	ge devant a et o	geai
[k]	c	corps
	qu	quille
	k	kangourou
	ch	chorale
[l]	l	lumière
[m]	m	manuel
	mm	mammifère
[n]	n	nouer
	nn	anniversaire
[p]	p	portail
	pp	appareil
[s]	s	sauterelle
	ss entre deux voyelles	coussin
	c devant e, i et y	cédille
	ç devant a, o et u	garçon
	t	opération
[r]	r	radical
	rr	nourrir
[t]	t, tt	temps, attendre
[v]	v	vert
	w	wagon
[z]	z	zèbre
	s	gymnase
[ʃ]	ch	chuchoter

Pour t'aider à trouver les mots dans le dictionnaire qui commencent par les sons :
– [k], cherche à c, k, qu ou, plus rarement, à ch.
– [s], cherche à s, c, ç ou, plus rarement, à sc.
– [ʒ], cherche à j, g, ge.
– [g], cherche à g ou gu.
– [f], cherche à f ou ph.

Présent de l'indicatif

1ᴱᴿ GROUPE	2ᴱ GROUPE	3ᴱ GROUPE	
aimer j'aime tu aimes il *ou* elle aime nous aimons vous aimez ils *ou* elles aiment	**finir** je finis tu finis il *ou* elle finit nous finissons vous finissez ils *ou* elles finissent	**aller** je vais tu vas il *ou* elle va nous allons vous allez ils *ou* elles vont	**être** je suis tu es il *ou* elle est nous sommes vous êtes ils *ou* elles sont
jouer je joue tu joues il *ou* elle joue nous jouons vous jouez ils *ou* elles jouent	**applaudir** j'applaudis tu applaudis il *ou* elle applaudit nous applaudissons vous applaudissez ils *ou* elles applaudissent	**faire** je fais tu fais il *ou* elle fait nous faisons vous faites ils *ou* elles font	**avoir** j'ai tu as il *ou* elle a nous avons vous avez ils *ou* elles ont
manger je mange tu manges il *ou* elle mange nous mangeons vous mangez ils *ou* elles mangent	**rougir** je rougis tu rougis il *ou* elle rougit nous rougissons vous rougissez ils *ou* elles rougissent	**pouvoir** je peux tu peux il *ou* elle peut nous pouvons vous pouvez ils *ou* elles peuvent	**venir** je viens tu viens il *ou* elle vient nous venons vous venez ils *ou* elles viennent
lancer je lance tu lances il *ou* elle lance nous lançons vous lancez ils *ou* elles lancent	**salir** je salis tu salis il *ou* elle salit nous salissons vous salissez ils *ou* elles salissent	**prendre** je prends tu prends il *ou* elle prend nous prenons vous prenez ils *ou* elles prennent	**voir** je vois tu vois il *ou* elle voit nous voyons vous voyez ils *ou* elles voient

Imparfait de l'indicatif

1ᴇʀ GROUPE	2ᴇ GROUPE	3ᴇ GROUPE	
aimer j'aimais tu aimais il *ou* elle aimait nous aimions vous aimiez ils *ou* elles aimaient	**finir** je finissais tu finissais il *ou* elle finissait nous finissions vous finissiez ils *ou* elles finissaient	**aller** j'allais tu allais il *ou* elle allait nous allions vous alliez ils *ou* elles allaient	**être** j'étais tu étais il *ou* elle était nous étions vous étiez ils *ou* elles étaient
jouer je jouais tu jouais il *ou* elle jouait nous jouions vous jouiez ils *ou* elles jouaient	**applaudir** j'applaudissais tu applaudissais il *ou* elle applaudissait nous applaudissions vous applaudissiez ils *ou* elles applaudissaient	**faire** je faisais tu faisais il *ou* elle faisait nous faisions vous faisiez ils *ou* elles faisaient	**avoir** j'avais tu avais il *ou* elle avait nous avions vous aviez ils *ou* elles avaient
manger je mangeais tu mangeais il *ou* elle mangeait nous mangions vous mangiez ils *ou* elles mangeaient	**rougir** je rougissais tu rougissais il *ou* elle rougissait nous rougissions vous rougissiez ils *ou* elles rougissaient	**pouvoir** je pouvais tu pouvais il *ou* elle pouvait nous pouvions vous pouviez ils *ou* elles pouvaient	**venir** je venais tu venais il *ou* elle venait nous venions vous veniez ils *ou* elles venaient
lancer je lançais tu lançais il *ou* elle lançait nous lancions vous lanciez ils *ou* elles lançaient	**salir** je salissais tu salissais il *ou* elle salissait nous salissions vous salissiez ils *ou* elles salissaient	**prendre** je prenais tu prenais il *ou* elle prenait nous prenions vous preniez ils *ou* elles prenaient	**voir** je voyais tu voyais il *ou* elle voyait nous voyions vous voyiez ils *ou* elles voyaient

Futur de l'indicatif

1ᴱᴿ GROUPE	2ᴱ GROUPE	3ᴱ GROUPE	
aimer j'aimerai tu aimeras il *ou* elle aimera nous aimerons vous aimerez ils *ou* elles aimeront	**finir** je finirai tu finiras il *ou* elle finira nous finirons vous finirez ils *ou* elles finiront	**aller** j'irai tu iras il *ou* elle ira nous irons vous irez ils *ou* elles iront	**être** je serai tu seras il *ou* elle sera nous serons vous serez ils *ou* elles seront
jouer je jouerai tu joueras il *ou* elle jouera nous jouerons vous jouerez ils *ou* elles joueront	**applaudir** j'applaudirai tu applaudiras il *ou* elle applaudira nous applaudirons vous applaudirez ils *ou* elles applaudiront	**faire** je ferai tu feras il *ou* elle fera nous ferons vous ferez ils *ou* elles feront	**avoir** j'aurai tu auras il *ou* elle aura nous aurons vous aurez ils *ou* elles auront
manger je mangerai tu mangeras il *ou* elle mangera nous mangerons vous mangerez ils *ou* elles mangeront	**rougir** je rougirai tu rougiras il *ou* elle rougira nous rougirons vous rougirez ils *ou* elles rougiront	**pouvoir** je pourrai tu pourras il *ou* elle pourra nous pourrons vous pourrez ils *ou* elles pourront	**venir** je viendrai tu viendras il *ou* elle viendra nous viendrons vous viendrez ils *ou* elles viendront
lancer je lancerai tu lanceras il *ou* elle lancera nous lancerons vous lancerez ils *ou* elles lanceront	**salir** je salirai tu saliras il *ou* elle salira nous salirons vous salirez ils *ou* elles saliront	**prendre** je prendrai tu prendras il *ou* elle prendra nous prendrons vous prendrez ils *ou* elles prendront	**voir** je verrai tu verras il *ou* elle verra nous verrons vous verrez ils *ou* elles verront

Passé composé de l'indicatif

1ᴇʀ GROUPE	2ᴇ GROUPE	3ᴇ GROUPE	
aimer j'ai aimé tu as aimé il *ou* elle a aimé nous avons aimé vous avez aimé ils *ou* elles ont aimé	**finir** j'ai fini tu as fini il *ou* elle a fini nous avons fini vous avez fini ils *ou* elles ont fini	**aller** je suis allé(e) tu es allé(e) il est allé *ou* elle est allée nous sommes allé(e)s vous êtes allé(e)s ils sont allés *ou* elles sont allées	**être** j'ai été tu as été il *ou* elle a été nous avons été vous avez été ils *ou* elles ont été
jouer j'ai joué tu as joué il *ou* elle a joué nous avons joué vous avez joué ils *ou* elles ont joué	**applaudir** j'ai applaudi tu as applaudi il *ou* elle a applaudi nous avons applaudi vous avez applaudi ils *ou* elles ont applaudi	**faire** j'ai fait tu as fait il *ou* elle a fait nous avons fait vous avez fait ils *ou* elles ont fait	**avoir** j'ai eu tu as eu il *ou* elle a eu nous avons eu vous avez eu ils *ou* elles ont eu
manger j'ai mangé tu as mangé il *ou* elle a mangé nous avons mangé vous avez mangé ils *ou* elles ont mangé	**rougir** j'ai rougi tu as rougi il *ou* elle a rougi nous avons rougi vous avez rougi ils *ou* elles ont rougi	**pouvoir** j'ai pu tu as pu il *ou* elle a pu nous avons pu vous avez pu ils *ou* elles ont pu	**venir** je suis venu(e) tu es venu(e) il est venu *ou* elle est venue nous sommes venu(e)s vous êtes venu(e)s ils sont venus *ou* elles sont venues
lancer j'ai lancé tu as lancé il *ou* elle a lancé nous avons lancé vous avez lancé ils *ou* elles ont lancé	**salir** j'ai sali tu as sali il *ou* elle a sali nous avons sali vous avez sali ils *ou* elles ont sali	**prendre** j'ai pris tu as pris il *ou* elle a pris nous avons pris vous avez pris ils *ou* elles ont pris	**voir** j'ai vu tu as vu il *ou* elle a vu nous avons vu vous avez vu ils *ou* elles ont vu

Achevé d'imprimer : mars 2012
Imprimerie Dedalo Offset, Espagne
Pour les Éditions Sed - 2, rue Chappe - 78130 Les Mureaux